Lois Fisher-Ruge

Alltag in Moskau

Aus dem Amerikanischen
übersetzt von Jürgen W. Bode

Fischer Taschenbuch Verlag

Bildnachweis:
Bildarchiv Jürgens (12)
Privatbesitz G. Ruge (8)
Stern Syndication (5)
Dieter Perschke (6)

101.–130. Tausend: März 1987

Ungekürzte Ausgabe
Veröffentlicht im Fischer Taschenbuch Verlag GmbH,
Frankfurt am Main, Juli 1986

Lizenzausgabe mit freundlicher Genehmigung der
Econ Verlag GmbH, Düsseldorf und Wien
© 1984 Econ Verlag GmbH, Düsseldorf und Wien
Umschlaggestaltung: Jan Buchholz/Reni Hinsch
Umschlagfoto: Bilderberg/Wolfgang Kunz
Gesamtherstellung: Clausen & Bosse, Leck
Printed in Germany
980-ISBN-3-596-23070-5

Für die Freunde,
bei denen ich mich in Moskau
zu Hause gefühlt habe.

Inhalt

Einleitung 9

1. Kapitel
Erste Eindrücke 12

2. Kapitel
Die erste russische Freundin 34

3. Kapitel
Von der Schwierigkeit, eine Wohnung zu bekommen . . 50

4. Kapitel
Von der Schwierigkeit, ein Auto zu kaufen 72

5. Kapitel
Intime Gespräche in Küche und Dampfbad 98

6. Kapitel
Tamaras Heirat und die Probleme der Mutterschaft . . . 119

7. Kapitel
Auf dem Weg ins Sanatorium 140

8. Kapitel
Wie ich von meinen Lieblingskindern lernte 148

9. Kapitel
Erholung und Freizeit auf russisch 162

10. Kapitel
Mit Freunden und Faltboot unterwegs 167

Nachtrag 180

11. Kapitel
Eine Oase der Ruhe 188

Einleitung

Dieses Buch erzählt von den Freunden, die ich in Moskau zurückgelassen habe. Es sind Menschen, deren Wärme, Liebe und Mitgefühl stärker war als das ihnen eingepflanzte, systembedingte Mißtrauen gegenüber Menschen, die aus dem Westen kommen und die mich wie ein Mitglied ihrer Familie behandelten. Ich habe über Menschen geschrieben, die mich an ihrem Leben teilhaben ließen, die mit mir über ihre Probleme, Ängste, Hoffnungen und Freuden sprachen.

In einigen Küchen aß ich Kaviar und in anderen nur Brot und Käse, doch alle meine Freunde hatten eines gemeinsam: Sie gehörten der gebildeten sowjetischen Mittelschicht an, und trotz der unterschiedlichen Verhältnisse, in denen sie lebten, hatten sie doch zu vielen Themen ähnliche Ansichten und Meinungen.

Während der Zeit, die ich in Moskau verbrachte – von Oktober 1977 bis Januar 1981 –, und auch bei vielen späteren Besuchen führten mein Mann, ein westdeutscher Journalist, und ich dort ein Leben, das sich von dem vieler anderer Ausländer unterschied. Denn wir waren in unserer Freizeit, so oft es ging, mit Russen zusammen, deren Berufe und Interessen weitgefächert waren.

Da ich nicht arbeitete, konnte ich mit meiner Zeit machen, was ich wollte, und mir die Menschen und das Leben anschauen. Ich war entschlossen, meine Zeit dort nicht in einem abgeschlossenen Getto zu verbringen, wie es so viele Ausländer tun, sondern die Russen und ihre Welt kennenzulernen. Mit Glück und Beharrlichkeit gelang es mir, Kontakt zu Russen zu finden, die mir ihr Heim und ihre Herzen öffneten. Schließlich wußte ich so viel über das Leben so vieler Menschen, daß ich meine Erfahrungen anderen mitteilen wollte, die diese Möglichkeit nicht haben.

Aber es ist so viel über die Sowjetunion geschrieben worden, daß ich mir nicht sicher war, wie ich dem Leser das Leben in diesem Land, so wie ich es kennengelernt hatte, näherbringen sollte. Deshalb bat ich meine engsten Freunde um Rat.

Tanja sagte: »Du mußt das Leben so beschreiben, wie es ist, ohne darüber zu urteilen, wie hart es dir erscheint. Bestimmte Schwierigkeiten sind für uns normal, und wir sehen sie nicht als Probleme. Für dich sind es welche, weil du es anders gewöhnt bist. Unser Leben ist so, wie es ist, weil wir keine Alternativen haben. Wir nehmen die Dinge so, wie sie sind, und wir haben gelernt, damit zu leben.«

Rita meinte: »Du darst nicht so über unser Land schreiben, daß man glaubt, die Menschen hier seien alle unglücklich. Das stimmt einfach nicht. Wie in jedem Land gibt es auch bei uns Menschen, die glücklich sind, und andere sind es nicht. Um in unserem Land glücklich sein zu können, mußt du dich an die Regeln halten, die für das Leben hier gelten. Die, die sich daran halten, sind erfolgreich. Aber die, die die Regeln wohl kennen, sich aber nicht an sie halten oder versuchen, sie zu ändern, leben in Angst und kommen möglicherweise in Schwierigkeiten.«

Kolja, Ritas Mann, unterbrach sie: »Mein Freund Sascha kannte die Regeln schon früh, und er hatte sie auch begriffen. Er hält sich daran und ist glücklich. Er war auf einer Parteihochschule, ist Leiter seiner Abteilung und Mitglied der Kommunistischen Partei. Er geht zu den Parteitreffen und arbeitet für die Organisation. Im Büro ist er ein loyaler Kommunist und sagt dort, was man von ihm erwartet, aber wenn er nach Hause kommt, vergräbt er sich in Bücher aus dem Ausland, die zum Teil eingeschmuggelt worden sind.«

Tamara sagte: »Mein Mann kommt aus einer guten kommunistischen Familie, und seine Eltern hatten ihn davon überzeugt, daß er blendende Zukunftsaussichten hätte. Aber nachdem er sein Studium mit guten Noten abgeschlossen hatte, jedoch einen Arbeitsplatz ablehnte, der ihm von seinem Institut angeboten worden war, weil er Moskau hätte verlassen müssen, mußte er sich nach Arbeit umsehen. Ohne Beziehungen waren ihm alle Türen verschlossen, und das war für ihn ernüchternd. Sein Vater hatte ihm gesagt, daß ihm alle Türen offenstünden. Er mußte feststellen, daß das Leben nicht so war, wie seine Eltern es ihm geschildert hatten. Aber ich glaube, daß es in deinem Land nicht anders ist.«

Vera meinte dazu: »Die Einschränkungen, die es in unserem Land für die Mehrheit der Menschen gibt, wonach es zum Beispiel nicht erlaubt ist, in fremde Länder zu reisen, sind für einen Ausländer ungewöhnlich und für mich unlogisch. Anderen dagegen erscheinen sie normal. Sie leben, solange sie denken können, mit diesen Beschränkungen, so wie meine Mutter beispielsweise, und sie können sich gar nicht vorstellen, daß es auch eine andere Möglichkeit gäbe. Diese Menschen kommen sehr gut zurecht.«

Ihr Mann fügte hinzu: »Die Menschen, die versuchen, gegen diese Beschränkungen anzugehen, können erfolgreich sein, aber ebensogut zu Verlierern werden. Einige schaffen es, das Land für immer zu verlassen, aber wenn sie im Westen mit anderen Regeln und geringeren Einschränkungen konfrontiert werden, sind sie auch nicht zufrieden. Während sie die Schwierigkeiten des Lebens in der Sowjetunion nicht mehr belasten, haben sie Probleme, die Art von Freunden zu finden, die sie zurückgelassen haben – Menschen, mit denen sie ihre intimsten Gedanken austauschen und denen sie ihre persönlichen Probleme mitteilen können. Deshalb sind sie dazu verdammt, ein einsames Leben zu führen.«

Natascha sagte: »Es ist interessant, die Probleme deines und unseres Landes zu vergleichen. Die große Mehrheit hier macht sich keine Sorgen über Arbeitslosigkeit oder Gleichberechtigung. Wir sind vollauf damit beschäftigt, uns Gedanken darüber zu machen, wie wir unsere alltäglichen Bedürfnisse befriedigen. Wenn das Leben leichter wird bei uns, können wir uns vielleicht den Luxus leisten, über andere Dinge nachzudenken.«

Den Ratschlägen dieser und anderer Freunde folgend, habe ich über das Leben Tanjas, Koljas, Ritas, Veras und Nataschas geschrieben. Freilich, nur die Freunde von unseren Kajakkreisen sind wirklich in Moskau lebende Menschen. Alle anderen, die in diesem Buch beschrieben werden, setzen sich aus mehreren Personen zusammen. In ihren Ansichten wie in den Umständen und der Art ihres Lebens sind die Erfahrungen und Eigenschaften vieler Menschen, die ich kennengelernt habe, zusammengefaßt. Mit diesem Buch versuche ich, den von Xenia geäußerten Wunsch zu erfüllen – »uns als Menschen und nicht als System zu beschreiben«.

1. Kapitel

Erste Eindrücke

Wieder einmal waren wir drei mit dem Flugzeug auf dem Weg in eine ferne Hauptstadt, aber ich war die einzige von uns, die beunruhigt dreinsah. Mein Mann Gerd versuchte, mich aufzumuntern, und versicherte mir noch einmal, daß ich mich in Moskau wohl fühlen würde.

Gerd hatte Grund, sich über seine neue Aufgabe zu freuen, denn er kehrte an einen Ort zurück, an dem er in den späten fünfziger Jahren schon einmal als Korrespondent für den Rundfunk gearbeitet hatte und der für ihn ein zweites Zuhause gewesen war. Aber ich war wieder einmal aus meiner gewohnten Umgebung herausgerissen worden und auf dem Weg in ein neues Land, das nach den Berichten der westlichen Presse eher beängstigend zu sein schien.

Nur Bubbles, unsere acht Jahre alte glatthaarige Foxterrierhündin, war ganz ruhig. Sie war mittlerweile eine erfahrene Fliegerin, denn sie war schon von Deutschland nach China und danach in die USA geflogen, und Glück hieß für sie, auf meinem Schoß schlafen zu dürfen.

Als wir nach der Landung die auf Flughäfen üblichen Formalitäten über uns ergehen lassen mußten, schien mir das alles bekannt einschließlich des Durcheinanders, das dort herrschte. Denn so war es in Peking gewesen, als wir dort vor fünf Jahren ankamen, weil mein Mann für vier Jahre in der chinesischen Hauptstadt als Korrespondent arbeiten sollte. Nur waren wir jetzt in Moskau.

Zuerst mußten wir durch die Paßkontrolle, wo ein junger, allzu ernst aussehender Soldat mehrere Minuten brauchte, um meinen Paß und mein Visum eingehend zu prüfen, mich anzustarren und sich so zu vergewissern, daß ich wirklich die Person war, deren Foto vor ihm lag. Schließlich war er dann überzeugt davon, daß ich ich selbst sei, nachdem er mich auf englisch gefragt hatte »Wie ist Ihr Name?« und meine Antwort mit dem übereinstimmte, was im Paß geschrieben stand.

Danach mußten wir die Zollpapiere ausfüllen, die genaue Angaben darüber verlangten, was wir an Devisen und Schmuck bei uns hatten.

Wir waren am späten Nachmittag zu einer Zeit gelandet, in der auch Maschinen aus dem Mittleren Osten und aus Osteuropa ankamen. Als wir in die wie eine Scheune aussehende, schmucklose Hauptankunftshalle kamen, herrschte dort das totale Chaos. Reiseleiter versuchten vergeblich, ihre Schäfchen zusammenzuhalten und ihnen Anweisungen zu geben. Die Leute rannten hin und her und beschwerten sich über das allgemeine Durcheinander. Das Gepäck später gelandeter Maschinen kam vor dem früher angekommener Flugzeuge, was einen frustrierten Passagier zu der Bemerkung veranlaßte: »Zuerst laden sie die ausländischen Flugzeuge aus, und erst danach haben sie Zeit für unsere eigenen.«

Die einzige Möglichkeit, einen der wenigen Handwagen für das Gepäck zu bekommen, war, einen Träger zu nehmen, aber die, die zu sehen waren, schienen auf besondere Passagiere zu warten. Aus den Unmengen von Koffern und Kartons, die sie transportierten, schloß ich, daß die wichtig aussehenden Leute, die ihnen Anweisungen gaben, russische Diplomaten und VIPs sein müßten. Während die Träger diesen Leuten halfen, mußten alle anderen Passagiere zusehen, wie sie allein zurechtkamen, und ihr Gepäck zur nächsten Warteschlange schieben oder ziehen.

Nachdem wir über eine Stunde auf unser Gepäck gewartet hatten, dauerte es noch eine ganze Weile, bis wir durch den Zoll waren. Während dieser Wartezeit beobachtete ich die Zollbeamten und -beamtinnen, die die Leute sehr unterschiedlich behandelten. Mitglieder von Delegationen, die offiziell empfangen wurden, fertigte man schnell ab, ohne daß auch nur ein Koffer oder eine Tasche geöffnet werden mußte. Bei einigen Passagieren prüften die Beamten nur flüchtig und oberflächlich, während sie alle anderen, beispielsweise die Russen, die keine Diplomaten waren, genau unter die Lupe nahmen.

Ein Russe hatte acht große Gepäckstücke bei sich, die alle in einer Schutzhülle aus schwerer Baumwolle steckten. Der Mann war eine ganze Stunde damit beschäftigt, die Schutzhüllen jedes einzelnen Koffers aufzuschneiden, während er gleichzeitig zusehen mußte, wie die Zollbeamtin jedes einzelne

Stück, das sich in den Koffern befand, herausnahm. Als sie fertig war, mußte der Mann alles selbst wieder einpacken und die Koffer schließen. Mir tat dieser Mann, der einer solch erniedrigenden Behandlung ausgesetzt war, sehr leid.

Die Gepäckkontrolle brachte natürlich schon manches zutage. Ein junger Mann aus dem Mittleren Osten wurde mit einer großen Zahl Jeans erwischt, die er auf dem schwarzen Markt verkauft hätte, wenn der Zollbeamte sie ihm nicht weggenommen hätte. Einem anderen Mann wurde sein Playboy-Magazin abgenommen. Freunde hatten uns davor gewarnt, »unerwünschte« Druckerzeugnisse mitzunehmen, und wir hatten uns daran gehalten. Denn Illustrierte mit »Oben-ohne-Mädchen« auf dem Titelblatt oder den Innenseiten wurden als Pornographie angesehen und beschlagnahmt – wie wir ja gerade selbst gesehen hatten – und angeblich verbrannt. Man hatte uns außerdem geraten, keine Literatur mitzunehmen, die von den Zollbeamten als antisowjetisch angesehen werden könnte.

Ein anderer Reisender mußte seine Brieftasche vorzeigen, deren Inhalt kontrolliert wurde. Wir wußten, daß es strengstens verboten war, Rubel bei sich zu führen, die im Ausland zu einem wesentlich geringeren Kurs als dem offiziellen sowjetischen zu bekommen sind.

Als wir schließlich an die Reihe kamen, war ich erschöpft und nervös. Obwohl wir nur ein paar Koffer dabeihatten, war ich auf eine lange, unangenehme Verzögerung vorbereitet.

Zu meiner Überraschung war der Zollbeamte mehr an Bubbles als an uns interessiert. Er unterhielt sich zuerst mit ihr, und seine Stimme schien ihr so sympathisch zu sein, daß sie sich auf den Rücken legte und sich von ihm den Bauch kraulen ließ. Während er liebevoll mit ihr sprach, übersetzte mir Gerd, was er sagte: »Meine Süße, mein armes kleines Hundchen, mein Samtpfötchen, du mußt von dem langen Flug ja ganz kaputt sein...« Erst nachdem auch andere Mitglieder des Flughafenpersonals dazugekommen waren, Bubbles gestreichelt und sich ihre Papiere angesehen hatten, durften wir passieren – ohne daß wir auch nur eine Tasche oder einen Koffer hatten aufmachen müssen.

Erleichtert und auch ein wenig gerührt durch diese Gefühlsäußerungen verließ ich den Flughafen weitaus weniger skeptisch, als ich es noch bei unserer Ankunft gewesen war. Niemand hatte mir gesagt, daß die Russen Hunde mögen, aber da ich selbst eine Hundenärrin bin, hatte ich das Gefühl, daß ich hier doch Freunde finden könnte und würde.

Die dreißigminütige Fahrt vom Flughafen zu unserer vorläufigen Wohnung wird mir unvergeßlich bleiben, denn die Straße war schlecht beleuchtet, und die Autos fuhren mit Abblendlicht, wodurch die Sichtverhältnisse praktisch auf Null reduziert waren. Ich konnte nur vermuten, wie die Gegend, durch die wir fuhren, bei Tageslicht aussehen würde.

Als wir in die Einfahrt einbogen, die zu dem Wohnkomplex für Ausländer führte, in dem wir die ersten Monate verbringen sollten, kam mir plötzlich alles irgendwie bekannt vor. Aus einem kleinen grünen Wachhäuschen, kaum größer als eine Telefonzelle, kam ein Polizist heraus und salutierte, bevor wir das Auto einparkten. Seine Anwesenheit erinnerte mich an Peking, wo wir Ausländer auch getrennt von den Einheimischen untergebracht worden waren und wo auch ein Wächter an der Schranke postiert war, der die Besucher beim Kommen und Gehen kontrollierte.

In der Dunkelheit jenes klaren, frischen Septemberabends waren die Schönheitsfehler des Hauses nicht zu sehen, die im Licht des darauffolgenden Morgens nur allzu sichtbar wurden. Die Eingangshalle, der Gang, das Treppenhaus und die zerbrochenen Fenster bedurften ebenso wie die Fassade dringend einer Renovierung. Im Treppenhaus lagen überall Abfälle herum, die in die Müllschlucker auf jeder Etage gehört hätten. Auch der Hof war voll Unrat, der aus den übervollen Mülltonnen gefallen war.

Nachdem ich erfahren hatte, daß wir bald in eine andere Wohnung, die näher bei Gerds Büro lag, umziehen könnten, bedrückte mich die slumartige Umgebung etwas weniger, und ich beschloß, so selten wie möglich in unserem geräumigen, aber leeren neuen »Zuhause« zu bleiben.

Während der ersten Tage meines Einlebens und Eingewöhnens in den russischen Alltag tat ich das, was ich auch in Peking gemacht hatte. Ich nahm Bubbles an die Leine und ging spazieren, und wieder war sie es, die im Mittelpunkt stand. Erst nachdem die Passanten sie angesprochen hatten, nahmen sie auch meine Anwesenheit mit Stirnrunzeln zur Kenntnis und überschütteten mich mit einem Wortschwall, von dem ich nichts verstand.

Erst Monate später, nachdem ich angefangen hatte, Russischunterricht zu nehmen, erfuhr ich, daß man mich gescholten hatte, weil ich meinen Hund bei dem kalten Oktoberwetter nicht warm genug angezogen hatte. Und da war es natürlich schon zu spät, um den Leuten zu erklären, daß Bubbles ein typischer glatthaariger Terrier ist, der vor Aufregung und nicht wegen der Kälte zittert.

Durch meine mangelnden Sprachkenntnisse zum Schweigen verurteilt, versuchte ich, mit den Menschen dadurch in Kontakt zu kommen, daß ich sie anlächelte. Aber die einzige Reaktion darauf war, daß man mich erstaunt oder befremdet anschaute. Jeder, der mir begegnete, schien tief in sich selbst versunken zu sein, wobei er auf den Boden oder mit leeren Augen nach vorn blickte. Beim Anblick der ernsten Gesichter hatte ich das Gefühl, daß die Menschen Sorgen hatten und sich über irgend etwas Gedanken machten.

Es kam mir nie in den Sinn, über das Verhalten der Amerikaner nachzudenken, bis – viele Monate später – eine russische Freundin nach einem Besuch in den USA sagte: »Ich kann die Amerikaner einfach nicht verstehen. Sie kommen einem auf der Straße entgegen, lächeln und schauen sorglos drein, obwohl sie doch zu Hause sicher auch Probleme haben. Wir sind da offener und ehrlicher und versuchen nicht, unsere Sorgen zu verstecken und uns zu verstellen.«

Obwohl der Gesichtsausdruck der Menschen manchmal einschüchternd und abschreckend wirkte, machte ihr Verhalten einen ganz anderen Eindruck. Bei einem zufälligen Zusammentreffen von Freunden zeigten die Menschen so viel Wärme und Zuneigung, wie ich es kaum für möglich gehalten hätte. Frauen und Mädchen gingen ebenso wie Männer untergehakt. Ein Vater und sein erwachsener Sohn küßten sich auf offener Straße. Junge Leute zeigten ohne Scham ihre Zuneigung füreinander und umarmten oder küßten sich in der Öffentlichkeit.

Die Menschen sahen so aus, als legten sie größten Wert auf ihre äußere Erscheinung, und ihre Kleidung war in den meisten Fällen ordentlich, sauber und frisch gebügelt. Eine Ausnahme machten die Arbeiter in ihrer schwarzen Arbeitskleidung, die oft zerknittert und fleckig war. Wenn Ausländer derart nachlässig angezogen waren, ernteten sie von den Passanten mißbilligende Blicke, wie ich bemerkte.

Was mich in Erstaunen versetzte, waren die Größe, die Form und die Extravaganz der Pelzhüte und -mützen, die oft gar nicht zu den Gesichtern ihrer Träger oder Besitzer paßten, aber sie wohlhabend erscheinen ließen. Nur die »Babuschkas«, die Großmütter, und ich zogen Strickschals als Kopfbedeckung vor.

Die Generation der unter Dreißigjährigen schien modebewußter als ihre Eltern, die praktische, unförmige und zeitlose Kleidung trugen. Wenn ich durch die Straßen Moskaus ging, konnte ich einen Querschnitt durch die Mode der vergangenen zehn Jahre an mir vorbeiflanieren sehen. Es gab Minis und Maxis, Moonboots und Kniestiefel, Wadenwärmer und Strumpfhosen in vielerlei Mustern.

Bei einem meiner Spaziergänge sah ich, wie ein russischer Teenager eine Gruppe ausländischer Schulmädchen fragte, ob sie sie fotografieren dürfte. Die Mädchen trugen Armeejacken und Tarnhosen – Kleidungsstücke, die zu jener Zeit bei den jungen Leuten im Westen sehr beliebt waren. Die Mädchen stellten sich kichernd in Positur für die junge Russin, die dann ihr Foto machte, das später zweifellos bei ihren Freundinnen die Runde machen würde. Ich fragte mich, wie lange es wohl dauern würde, bis die erste Moskauerin diesen Modestil übernehmen würde.

Hochmodisch aber waren Jeans – zu jeder Jahreszeit, aber nicht irgendeine x-beliebige Marke. Als ich einmal spazierenging, sprach mich ein junger Mann von Anfang Zwanzig in gebrochenem Englisch auf der Straße an. Er wollte meine Levis-Jeans kaufen und bot mir über hundert Rubel für ein Paar Jeans dieser Marke. Ich lehnte ab und erfuhr später, daß Levis-Jeans auf dem schwarzen Markt zweihundert Rubel kosteten und daß ein Russe, der Jeans dieser Firma trägt, höchstes Ansehen genießt.

Nach einer gewissen Zeit lernte ich auch, Hausfrauen und Mütter von den ledigen Frauen zu unterscheiden, ohne auf ihren Ringfinger zu schauen. Die ledigen Frauen gingen morgens adrett aussehend, gut zurechtgemacht und ausgeruht zur Arbeit. Die Mütter dagegen hatten oft nicht die Zeit, ihr Makeup aufzutragen, um ihre müden Augen damit zu verdecken.

Manche sahen sogar so aus, als hätten sie vergessen, sich zu kämmen. Viele hatten nach der Geburt ihres ersten Kindes zugenommen, und ihre Kleider paßten ihnen nicht mehr. Außerdem waren sie ständig in Eile. Während der Mittagszeit hasteten sie an einem vorbei und kauten auf ihrem Weg zum Einkaufen an einer fleischgefüllten Pastete.

Vor und nach der Arbeit standen sie an, um Lebensmittel und andere wichtige Dinge für ihre Familie einzukaufen. Für sie zählte jede Minute des Tages, aber Wartezeiten und -schlangen gehören zu ihrem Alltag.

Bei Büroschluß – eine Stunde, bevor die Läden schließen – ging ich einmal in eine Apotheke, um zu sehen, was es dort zu kaufen gab. Es waren zunächst nur wenige Kunden im Geschäft, aber dann stürzten die berufstätigen Mütter mit ihren abgehetzten, erschöpften Gesichtern in die Apotheke in der Hoffnung, noch schnell etwas kaufen zu können.

Genau in dem Augenblick entschloß sich die alte Kassiererin, die Tageseinnahmen zu zählen. Mit ihrer Strickmütze und mit finsterer Miene saß sie da, schob die Kugeln ihres Abakus hin und her und ließ sich nicht im geringsten von der ständig länger werdenden Schlange zunächst geduldig wartender und schließlich ungeduldiger Frauen irritieren. Sie ignorierte deren Beschwerden und fuhr mit ihrer Zählerei fort, und als sie endlich fertig war, standen fünfundzwanzig Leute vor ihrer Kasse.

Ähnliches erlebte ich in einer Metzgerei, wo sich eine Verkäuferin entschloß, den Fußboden hinter der Ladentheke gerade in der Zeit zu wischen, in der sich die Läden füllten – nämlich als die Arbeiter und Angestellten Feierabend hatten. Hätte ich in der Schlange der Wartenden gestanden, wäre ich über ein solches Verhalten der Verkäuferin wütend geworden, aber zu meiner Überraschung nahmen die Kunden das fast gelassen hin. Sie wußten zweifellos, daß Beschwerden nur zu fruchtlosen Diskussionen führen und noch längere Wartezeiten verursachen würden.

War ihr Arbeitstag zu Ende, schienen die Frauen oft nicht genug Hände zu haben, um all ihre schweren Pakete nach Hause zu balancieren. Die Männer dagegen – deren Gesichter nicht von Sorgen gezeichnet waren – trugen nur ihre Aktentaschen, so daß es so aussah, als arbeiteten sie fast alle im Büro.

Erst später entdeckte ich, daß die Aktentaschen nicht mit Arbeitsunterlagen gefüllt waren, sondern nützlicheren Zwecken dienten. Denn als ich einmal auf einer Parkbank saß, öffnete ein neben mir sitzender Mann seine Tasche, um ein Brot darin zu verstauen. Dazu mußte er aber erst zwei Flaschen Wodka, eine Flasche Cognac und eine Wurst, die die Tasche fast ausfüllten, umschichten.

Wenn ich bei meinen Spaziergängen an Baustellen vorbeikam, war ich immer wieder erstaunt über die große Zahl älterer Frauen, die dort die schweren Arbeiten verrichteten. Es waren meistens auch ältere Frauen, die die Fußwege und die Straßen reinigten und das Eis weghackten. Wenn Männer bei diesen Reinigungstrupps dabei waren, verbrachten sie mehr Zeit damit, zu rauchen und sich auf ihre Arbeitsgeräte zu stützen, als mit Arbeit, aber niemand schien sich darüber aufzuregen.

Auch nachdem sie in Rente gegangen waren, hatten die alten Frauen nicht viel Zeit, um ihren Lebensabend zu genießen. Viele lebten bei einem ihrer verheirateten Kinder, und da beide Elternteile arbeiteten, erledigten die Großmütter die Einkäufe und paßten auf die Enkelkinder auf, die so – bevor sie ins Schulalter kommen – geliebt, verwöhnt und umsorgt werden – manchmal mehr, als ihnen guttut.

Im Winter verpackten die Mütter und die »Babuschkas« die Kinder derart, daß sie sich kaum bewegen konnten. Wenn die Temperaturen im Sommer auf zwanzig bis fünfundzwanzig Grad stiegen, war es nichts Ungewöhnliches, Jungen mit Mützen und Mädchen mit einem Kopftuch, mit Pullovern und warmen, langen Hosen zu sehen. Ausländer, die ihre Kinder nicht so übertrieben warm anzogen, wurden oft von Passanten deswegen angesprochen und gerügt.

Im Mai gefiel es mir besonders gut, wenn die geschrubbten und herausgeputzten Kinder im Vorschulalter mit Kränzen aus Löwenzahn auf den Straßen zu sehen waren. Um die Blumen pflücken zu können, hatten sie die sonst seltene Gelegenheit, dem festen Griff der Mutter und der »Babuschka« zu entkommen und sich endlich einmal die Finger schmutzig zu machen. Denn sonst wurden sie immer wieder ermahnt, ja nichts anzufassen.

Was ich häufig nach Feierabend und manchmal schon in den frühen Morgenstunden sehen konnte, waren Männer in jüngeren und mittleren Jahren, die – sich gegenseitig stützend – in

Schlangenlinien durch die Straßen schwankten. Außer mir schaute ihnen niemand nach, weil man an diesen Anblick gewöhnt war. Als ich einmal an einer öffentlichen Telefonzelle vorbeiging, sah ich einen betrunkenen Mann darin sitzen, der fest schlief. Das hielt einen Passanten jedoch nicht davon ab, in die Zelle zu gehen, jemanden anzurufen und danach seinen Weg fortzusetzen, ohne auch nur einen Blick auf das lebendige Hindernis zu werfen.

Nur wenn die Frauen dabei waren, merkte ich, wer eigentlich das Sagen hatte. Sie hielten ihre betrunkenen Männer fest untergehakt, und jeder Widerstand wurde durch einen plötzlichen Stoß, einen Schubs oder manchmal sogar durch einen Schlag auf den Kopf mit der Handtasche gebrochen. Aber nicht jede Frau war in der Lage, ihren Mann unter Kontrolle zu halten, wenn er getrunken hatte. An Montagen waren Frauen mit blauen Augen oder verschwollenen Gesichtern kein ungewöhnlicher Anblick.

Die Schlangen, die sich vor den »Weingeschäften« bildeten, in denen Wodka, Sekt oder Cognac verkauft wurde, bestanden immer aus der gleichen Art von Kunden. Um halb elf, eine halbe Stunde, bevor die Geschäfte öffneten, verschwanden die werktätigen Trinker vom Arbeitsplatz, um sich eine Flasche zu kaufen. Jeden Tag standen sie vor der Ladentür und hielten Ausschau nach jemandem, mit dem sie sich den Preis für eine Flasche teilen konnten. Bei einem meiner Spaziergänge kam ich an einem solchen Geschäft vorbei, und einer der Männer gab mir ein bestimmtes Zeichen mit den Fingern, das, wie man mir später sagte, bedeutete, daß ein dritter Trinkpartner gesucht wurde. Drei ist die übliche Zahl, um eine Halbliterflasche zu teilen, und als ich ablehnte, fand sich ein anderer.

Kurz bevor der erste Schnee zu erwarten ist, werden die Schneeräumgeräte überall in der Stadt bereitgestellt, damit sie sofort eingesetzt werden können. Ich erinnerte mich daran, daß ein paar Zentimeter Schnee in Washington genügen, um alles zum Stillstand zu bringen. Deshalb war ich beeindruckt, daß die Hauptstraßen in Moskau Tag und Nacht geräumt waren, ungeachtet der Menge des gefallenen Schnees oder der niedrigen Temperaturen, die einmal auf dreiundvierzig Grad Celsius unter Null fielen. Aber während ich diese Leistung lobte, erschienen in den Zeitungen Artikel, in denen der Räumdienst kritisiert wurde, weil viele Nebenstraßen nicht befahrbar waren.

Mit dem Schnee und der Kälte änderten sich auch die Lebensgewohnheiten. Die Eltern schoben keine Kinderwagen mehr vor sich her, wenn sie einkaufen gingen, sondern setzten ihre Kinder auf Schlitten. Fenstersimse und Balkons standen voll mit Töpfen, Taschen und Kisten, deren Inhalt sofort einfror und so gelagert werden konnte, bis er gebraucht wurde. Alte Menschen brauchten abgebrochene Äste als Stütze, damit sie nicht auf den glatten, vereisten Gehwegen ausrutschten und hinfielen. Hausfrauen trugen ihre Teppiche hinaus, um sie auszubürsten und in dem frischen Schnee zu reinigen.

Wenn die Temperaturen wieder stiegen, waren Arbeiter damit beschäftigt, den Schnee von den Hausdächern in Moskau zu schaufeln. Wenig später begann die gefährliche Zeit, in der Fernseh- und Radiodurchsagen die Menschen vor den von den Dächern fallenden Eisplatten und Dachlawinen warnten, durch die jedes Jahr zahlreiche Menschen zu Tode kamen.

Während ich mich langsam an das Leben ins Moskau gewöhnte, stand ich vor immer neuen Situationen. In den ersten Monaten hatte ich kein Auto, und so erklärte mir eine Nachbarin aus unserem Haus das Bus- und U-Bahn-System. Die Busse sahen immer überfüllt aus, aber sie waren nie so voll, daß man nicht mit Drängeln und Schieben doch noch einen Platz bekommen hätte. War man dann drinnen, galt es, an die Fahrscheinautomaten zu kommen, die oft leer waren, aber das bemerkte ich meistens erst dann, wenn ich meine fünf Kopeken schon eingeworfen hatte. Da ich nie einen Fahrkartenkontrolleur sah, nahm ich an, daß man sich auf die Ehrlichkeit der Fahrgäste verließ. Später hörte ich, daß es oft Kontrollen gäbe, und wenn jemand ohne Fahrschein erwischt wurde, mußte er ein Bußgeld von einem Rubel bezahlen.

Für die meisten Bewohner Moskaus ist die U-Bahn das Hauptverkehrsmittel, und weder in London noch in New York sind die Züge so pünktlich und sauber wie in Moskau. Am Eingang jeder Station steht eine Reihe von Geldwechselautomaten für Fahrgäste, die kein Fünfkopekenstück haben, um den Einheitsfahrpreis zu bezahlen, der für das gesamte Moskauer U-Bahn-Netz gilt.

Nachdem ich meine Münze in einen der Automaten an

einem der zahlreichen Eingänge geworfen hatte und durch die Sperre gegangen war, stellte ich mich auf die Rolltreppe, die mich in die Tiefe brachte, und zwar mit einer solchen Geschwindigkeit und einem derartigen Neigungswinkel, daß ich das Gefühl hatte, einen Skihang hinunterzufahren.

Jede Station ist architektonisch anders gestaltet – mit Marmor und anderen kostbaren Baumaterialien, und in einigen der Bahnhöfe, die noch zu Stalins Zeiten erbaut worden waren, fühlte ich mich, als wenn ich in einen prunkvollen Palast mit kunstvollen Kronleuchtern, Säulengängen und Skulpturen einträte.

Während ich mich an den Haltestangen über meinem Kopf festhalten mußte, waren die erfahrenen Passagiere in der Lage, in der einen Hand ihre Tasche und in der anderen ein Buch zu halten, in dem sie lasen, ohne durch schiebende oder stoßende Fahrgäste aus dem Gleichgewicht gebracht zu werden.

Wenn ich es eilig hatte, nahm ich ein Taxi, was für den Durchschnittsrussen zu teuer ist, während Gerd seinen Dienstwagen benutzte. Da das aber auch nicht immer möglich war, meinte er, daß wir uns ein Auto kaufen sollten. Ich wollte ein russisches Modell, weil ich davon ausging, daß es damit keine Reparatur- und Ersatzteilprobleme geben würde und das außerdem den Vorteil hätte, daß es ja speziell für den Moskauer Winter gebaut worden war.

Wir entschieden uns für einen Schiguli, den russischen Fiat, der bei uns im Westen unter dem Namen »Lada« verkauft wird. Abgesehen von dem pfeifenden Heizgebläse, das leiser wurde, wenn der Wagen warmgelaufen war, machte mir mein neues Auto viel Spaß. Eine echte Herausforderung war es aber, die Regeln des Moskauer Straßenverkehrs zu lernen.

Fußgänger schienen nur dann sicher zu sein, wenn es an einer Hauptstraße einen Fußgängertunnel gab. Selbst wenn die Ampeln Grün zeigten und den Passanten damit erlaubten, die Straße zu überqueren, rannten sie im allgemeinen – offenbar in der Furcht, zur Zielscheibe der Autofahrer zu werden, sobald die Ampel umsprang.

Ich werde nie den Tag vergessen, als ich an einem Fußgängerüberweg anhielt, um einen älteren Mann über die Straße gehen zu lassen. Das war er wohl nicht gewöhnt, denn er schien es als Provokation aufzufassen und schüttelte drohend seine

Faust. Anders als jüngere Fußgänger konnte er nicht schnell laufen und erwartete wohl, daß ich doch sofort wieder auf das Gaspedal treten würde.

Die Verkehrspolizisten, die an fast jeder großen Straßenkreuzung standen und Autofahrer anhielten, beunruhigten mich, weil ich die russischen Straßenverkehrsgesetze nicht kannte und nicht wußte, warum so viele Autos gestoppt wurden.

Ich stellte fest, daß es verboten ist, die weißen Linien zu überfahren, um auf eine andere Fahrspur zu wechseln. Das Wenden, um auf die Gegenfahrbahn zu kommen, ist nur an bestimmten Stellen möglich, und man muß manchmal mehrere Kilometer weit fahren, bis man es darf. In Tunnels muß man das Licht einschalten, und man darf nicht vergessen, es wieder auszuschalten, wenn man aus dem Tunnel kommt, denn auch das ist ein Verkehrsvergehen.

Eine Fahrspur auf den Hauptstraßen ist nur für die VIPs und die führenden Regierungsmitglieder, die in großen schwarzen Limousinen fahren und für die die Verkehrsvorschriften nicht gelten. Die Verkehrspolizisten werden im allgemeinen über Funksprechgeräte verständigt, wenn solche Fahrzeuge kommen, und sie stoppen den Verkehr und schalten die Ampeln um, damit die Regierenden freie Fahrt haben.

Als ich das erste Mal mit meinem Auto unterwegs war, verirrte ich mich und fuhr aufgeregt, wie ich war, die gleiche Straße mehrmals auf und ab. Ich war viel zu nervös, um einen Ausweg aus meinem Dilemma zu finden. Ein Polizist hatte mich jedoch beobachtet. Nachdem ich mehrere Male an ihm vorbeigefahren war, hielt er mich schließlich an und fragte, wo ich denn hinwollte. Ich konnte mich irgendwie verständlich machen. Daraufhin stoppte er den Verkehr und erlaubte mir, durch eine Fußgängerzone zu fahren, so daß ich mein Ziel auf dem schnellsten und sichersten Weg erreichen konnte.

In Peking war es nur Ausländern erlaubt, Hunde als Haustiere zu halten, aber in Moskau sah man sie überall in den Straßen. Besitzer reinrassiger Schäferhunde, Dobermänner, Pudel und anderer Arten führten ihre Tiere voller Stolz spazieren. Sie haben ihre eigenen Zuchtvereine gegründet und veranstalten Hundeausstellungen, bei denen die Sieger mit Medaillen geschmückt werden.

Einsame, ältere Menschen nahmen sich eher eines der zahlreichen älteren Tiere an, die von ihren Besitzern ausgesetzt worden waren, aber auch sie hatten ihre Hundeklubs, die sie »Ein kleiner Freund« nannten. Ähnlich wie die Rentner und Pensionäre mochte auch ich diese Streuner, und so hatte ich in meinem Einkaufsnetz immer Essensreste dabei, um sie zu füttern.

Von dem, was sie von alten Menschen und von Tierfreunden wie mir bekamen, lebten diese vielen herrenlosen Hunde, aber im Herbst wurden sie aus hygienischen Gründen eingefangen, damit sie nicht überhandnahmen. Als Gerd vor mehr als zwanzig Jahren zum erstenmal in Moskau arbeitete, wurde der Besitz eines Hundes noch als ein Überbleibsel bürgerlicher Gesinnung angesehen, wie er mir erzählte, und man sah deshalb nur selten einen Hund auf der Straße. Mittlerweile sind die herrenlosen Hunde zu einer Plage geworden, weil sie sich so zahlreich vermehren. Deshalb sind die Hundefänger im Herbst regelmäßig unterwegs, um sie einzufangen und in die Labors der medizinischen Institute zu bringen, wo sie als Versuchstiere dienen.

Um einen meiner Schützlinge vor diesem Schicksal zu bewahren, beschlossen wir, sie als Freundin für Bubbles zu adoptieren. Wir nannten sie »Nuschka« – eine Abkürzung des russischen Wortes »tschernuschka«, das von »tschernij« (schwarz) kommt. Wenngleich damit ihre Farbe genau beschrieben ist, gibt es kein Wort, mit dem ich ihr Aussehen beschreiben könnte. Sie sah aus, als ob jedes Mitglied des Tierreiches an ihrem Entstehen beteiligt gewesen wäre, denn sie hatte die Glotzaugen eines Froschs, die Flügelohren einer Fledermaus, die dünnen Beine eines Schweins, die rasiermesserscharfen Zähne eines Hais und den langgestreckten Körper eines Dackels, der in einen korkenzieherartigen Schwanz auslief.

Nuschkas größter Stolz waren ihre langen Krallen, die sie – wie viele russische Frauen ihre Fingernägel – regelmäßig pflegte. Das einzige, was ihr fehlte, war der rote Nagellack, der für viele junge Moskauerinnen wesentlicher Bestandteil gepflegten Aussehens ist.

Nachdem wir Nuschka zu uns genommen hatten, mußten wir mit ihr zum Tierarzt gehen, um sie untersuchen und ihr die notwendigen Schutzimpfungen geben zu lassen. Zu jener Zeit gab es dafür keine Vorschriften. Aber ein paar Jahre später wurde ein neues Gesetz erlassen, nach dem jeder Hundebesitzer eine Steuer von fünfzehn Rubeln zu bezahlen hatte, bevor dem Tier Schutzimpfungen gegeben werden durften. Für die Rentner und Pensionäre war das viel Geld.

Als wir in der Tierklinik eintrafen, kam ich mir fast wie eine Rabenmutter vor. Denn Nuschka war »nackt«, während alle anderen vierbeinigen Patienten – von der Katze bis zum deutschen Schäferhund – angezogen waren, um sie vor der Kälte zu schützen. Das erinnerte mich an eine Hundeausstellung in einem der Moskauer Außenbezirke, die ich einmal besucht hatte und auf der ich einen Pudel gesehen hatte, der mitten im Sommer einen selbstgeschneiderten Overall trug, während die anderen Hunde an modischen importierten Leinen und Halsbändern vorgeführt wurden. Sicherlich wurden die Tiere weniger der Kälte wegen als vielmehr aus Prestigegründen und des besseren Aussehens halber so angezogen, und mir kam der Gedanke, daß das Aussehen der Hunde eine ebenso wichtige Rolle spielte wie die Kleidung ihrer Besitzer.

Während wir auf den Tierarzt warteten, erzählte mir Gerds Übersetzerin, worüber sich die Leute unterhielten, die mit uns warteten. Weil sie Nuschkas Watschelgang hatte, erregte Susi, eine Zwergpudelhündin, die ebenso breit wie lang war, meine Aufmerksamkeit. Was sie noch komischer aussehen ließ, war ein Schal, den man ihr um den Kopf gewickelt hatte. Als Susis Besitzer mein Interesse bemerkte, erklärte er, daß sie Ohrenschmerzen hätte, und begann, von ihrer Schönheit und Intelligenz zu schwärmen, die mir nicht so bemerkenswert erschienen wie ihm.

Wenn er nach Hause käme, säße Susi schon da – mit dem Schal in der Schnauze, um ihn daran zu erinnern, daß es an der Zeit wäre, zum Tierarzt zu gehen. Und wenn der Doktor sie fragte, wo sie Schmerzen hätte, würde sie den Kopf auf die Seite legen, um es ihm zu zeigen. Außerdem könnte Susi von eins bis vier zählen, indem sie bellte, und ihre Jungen seien ausschließlich an führende Mitglieder des Komponistenverbandes verkauft worden.

Er hätte uns sicherlich gern noch viel mehr über Susi erzählt, aber eine Arzthelferin unterbrach ihn, und er verschwand mit ihr im Behandlungsraum. Danach war Nuschka an der Reihe, und nachdem sie ihr Gesundheitsattest und ihre Spritzen bekommen hatte, wurden wir entlassen. Als wir nach der Rechnung fragten, sagte uns der Tierarzt, daß die Behandlung in der Klinik nicht nur für Menschen, sondern auch für Tiere kostenlos wäre. Ein einziges Mal mußten wir etwas bezahlen, und das war, als der Tierarzt mit einem speziellen Hundekrankenwagen zu uns nach Hause kommen mußte, weil Bubbles sich den Magen verdorben hatte. Nachdem er ihr die notwendigen Medikamente gegeben hatte, meinte er, daß die meisten sowjetischen Hunde keine Schwierigkeiten mit dem Magen hätten. Es gibt kein spezielles Hunde- oder Tierfutter in der Sowjetunion, und die Tiere bekommen das, was auch ihre Besitzer essen – Suppe, Grütze, Brot –, und der Tierarzt riet mir, auch Bubbles damit zu füttern.

Am Anfang zögerte ich noch, in den Geschäften in der Nachbarschaft einkaufen zu gehen, und zwar wegen des Zahlsystems. Bevor man etwas kaufen konnte, mußte man an eine oder mehrere Verkaufstheken gehen und sich die Preise der Artikel merken, die man haben wollte. Dann stellte man sich in die Schlange der Wartenden an der Kasse, die sich im allgemeinen mitten im Geschäft befindet. War man an der Reihe, mußte man sich an den Preis jedes einzelnen Artikels erinnern und bezahlen. Man bekam dann Quittungen, und mit diesen Quittungen in der Hand ging man dann von Stand zu Stand oder Abteilung zu Abteilung, wartete wieder in der Schlange und bekam dann das, was man bezahlt hatte.

Ich zog es vor, mir das lieber nur anzusehen, und so besuchte ich Geschäfte, vor denen lange Schlangen standen, weil das meine Neugier weckte. Baumwollstoff, ein Mixer aus der DDR, Bettlaken, importierte Kleidung und Winterstiefel waren für den, der sie ergattert hatte, immer ein Grund zu großer Freude und Aufregung, aber ich brauchte diese Dinge glücklicherweise nicht.

Alle unsere Sachen einschließlich der lebensnotwendigen Dinge, die man braucht, wenn man länger in Moskau bleibt, standen noch unausgepackt in Kartons in unserer Wohnung und warteten auf den Umzug. Buchstäblich alles – von einem Dreijahresvorrat an Toilettenpapier bis zu neunzig Kilo Waschpulver, Gerds Bibliothek mit fünftausend Büchern und unsere

Möbel – war mit einem Lastwagen von Deutschland nach Moskau transportiert worden. Deshalb hatte ich eigentlich nur eine Aufgabe, nämlich Lebensmittel einzukaufen.

Im Gegensatz zum russischen Normalbürger war ich jedoch nicht ausschließlich auf das beschränkte Angebot der Moskauer Geschäfte angewiesen. Für die Ausländer gab es die sogenannten Berioska-Läden, in denen man gegen Devisen einkaufen konnte und eine große Auswahl an importierten und einheimischen Artikeln fand, so daß wir uns mit allem versorgen konnten, was wir brauchten. Wenn es etwas nicht gab, fand ich wie schon in Peking einen Ersatz.

Erst nachdem ich ein paar kleine Selbstbedienungsläden entdeckt hatte, brachte ich den Mut auf, nicht mehr nur in die ordentlichen Berioska-Geschäfte zu gehen, sondern gelegentlich auch Kundin in einem der normalen russischen Geschäfte zu werden, in denen andere Einkaufssitten herrschen.

Auf das erste Hindernis stieß ich schon, als ich in einen Laden gehen wollte. Nur eine der Türen war geöffnet, so daß die kommenden und die gehenden Kunden durch den gleichen engen Eingang mußten. Da ich es so gewohnt war, wartete ich zunächst, damit jemand an mir vorbeigehen konnte, in der Annahme, daß der nächste mir gegenüber ebenso höflich sein würde. Aber das passierte nie, so daß ich mich entschloß, mich ebenso aggressiv wie alle anderen zu verhalten. Mit meinen 178 Zentimetern stieß, drängelte und wühlte ich mich durch, hinein und hinaus, und das galt offensichtlich als normal.

War ich in einem Geschäft, beobachtet ich die anderen Kunden und lernte, ebenso wählerisch zu sein wie sie, besonders im Brotladen. Ich nahm den flachen Metallöffel mit seinem langen Griff vom Tresen und drückte ihn auf das Brot, um zu sehen, ob es frisch war. In meinem Lieblingsgeschäft gab es mindestens fünfzehn Brotsorten, und es dauerte seine Zeit, bis ich sie alle probiert hatte.

Da Brot ein wichtiger Bestandteil aller täglichen Mahlzeiten ist, waren die Kunden außerordentlich wählerisch. War ein Brot schon ein paar Stunden alt und die neue Lieferung schon in den hinteren Räumen des Geschäfts zu sehen, begannen sie sich zu beschweren und verlangten das frische Brot. Die zu Hause übriggebliebenen Brotreste wurden oft in die Mülltonnen geworfen, oder man gab sie den Tauben. Denn Brot war so billig, daß jeder, wie mir schien, glaubte, er könnte sich den Luxus leisten, es wegzuwerfen.

Mit dem Brot in der Hand oder in der unentbehrlichen Einkaufstüte, die man allerdings nicht in den Geschäften bekommt, stellten sich die Kunden dann an einer der beiden geöffneten Kassen an. Wenn die Schlange sehr lang und das Brot noch warm war, konnten nur wenige der Versuchung widerstehen, ein Stück abzubrechen und das frische Bot zu kosten. Oft kamen die Kunden zu zweit, wobei einer dann an der Kasse anstand und der andere einkaufte, um so Zeit zu sparen und auch, um nicht allein zu sein.

Als ich mich bei einem meiner Einkäufe in die kürzeste Schlange einreihte und doch am längsten warten mußte, wurde mir klar, daß auch das Anstehen seine Regeln hat. Kriegsveteranen mit Orden an ihrer Brust – ebenso wie schwangere Frauen und Mütter mit Kleinkindern – durften vorgehen und brauchten sich nicht hinten anzuschließen.

Man konnte sich seinen Platz in der Schlange auch reservieren, wenn man wartete, bis jemand hinter einem stand. Dann tippte man auf die Schulter des vor einem Stehenden und machte seinen Hintermann darauf aufmerksam, daß man vor ihm drankäme. Hatte man dann sein Brot ausgesucht, konnte man seinen reservierten Platz in der Schlange wieder einnehmen. Bei einer Gelegenheit konnte ich beobachten, wie ein Kunde aus der Schlange trat und beim Zurückkommen nicht mehr wußte, wer vor oder hinter ihm gestanden hatte. Darauf sagte ihm ein anderer Käufer, wo er gestanden hatte.

Ich langweilte mich selten, wenn ich darauf wartete, bezahlen zu können. Die Kassiererinnen pflegten ihren Ärger an den Kunden auszulassen. Entweder weil sie zu lange in ihren Taschen nach dem Geld suchten, das sie abgezählt in der Hand halten sollten, oder weil sie die Einkaufstaschen nicht weit genug öffneten, damit man deren Inhalt kontrollieren konnte.

Obwohl ich mit den Kassiererinnen nie Schwierigkeiten hatte, weil sie an meinem Akzent und an meiner Kleidung die Ausländerin erkannten, war ich vor dem Zorn der Kunden nicht sicher. Bei einem meiner Einkäufe im Brotladen hörte ich, während ich Brot aussuchte, plötzlich die hinter mir stehenden Leute schimpfen. Ich kümmerte mich zunächst nicht darum, da ich mich an die Ausbrüche und das Gezänk, das in den Geschäften nur allzuoft zu hören war, gewöhnt hatte. Denn irgend jemand schimpfte immer plötzlich über irgend etwas, aber niemand schien sich davon beeindrucken zu lassen. Als die Schimpferei aber nicht aufhörte, drehte ich mich um und stellte fest, daß ich gemeint war.

Ich verstand nichts von dem, was die Leute sagten, und war völlig verzweifelt, bis eine junge Frau auf mich zukam und mir auf Englisch sagte: »Sie sagen, Sie sollen das Brot nicht mit Ihrem Mantelärmel berühren, weil der schmutzig ist.«

Die junge Frau versuchte, mich zu besänftigen, stellte sich zu mir in die Schlange und sagte, sie hieße Tanja. Bis dahin hatte ich noch keinen persönlichen Kontakt mit Einheimischen gehabt – außer mit den freundlichen, hilfsbereiten Sekretärinnen in Gerds Büro, die sich alle erdenkliche Mühe gegeben hatten, damit ich mich in Moskau wohl fühlte.

Tanja war eine Fremde, die mir in einer peinlichen Situation geholfen und beigestanden hatte, und ich war ihr dankbar. Außerdem sprach sie Englisch, und da mein Russischunterricht noch nicht angefangen hatte, freute ich mich natürlich, mich mit jemandem unterhalten zu können, und so begann ich, ihr Fragen zu stellen. Tanja war Übersetzerin an einem Institut und sagte mir, daß sie sich freue, mit einer Amerikanerin Englisch sprechen zu können.

Die Wartezeit erschien mir an diesem Tag viel kürzer als sonst, und allzu schnell standen Tanja und ich wieder auf der Straße. Ich wollte den Kontakt zu einer englischsprechenden Russin natürlich nicht abbrechen lassen. Deshalb schlug ich Tanja vor, daß wir unsere Telefonnummern austauschen sollten, und sie war einverstanden.

Nach diesem zufälligen Kennenlernen beschloß ich, Tanja Zeit zu lassen, mich anzurufen. Ich tat das ihretwegen, denn andere Ausländer hatten mich vor den Schwierigkeiten gewarnt, die Russen bekommen können, wenn sie nicht die ausdrückliche Genehmigung haben, Kontakte und Freundschaften mit Ausländern pflegen zu dürfen. Man erzählte mir von Bekannten, die vom KGB, dem sowjetischen Geheimdienst, verhört worden waren, am Arbeitsplatz gerügt wurden und denen man Strafen androhte, wenn sie versuchen sollten, ihre Beziehungen zu Ausländern wiederaufzunehmen.

Kurz nachdem ich Tanja kennengelernt hatte, informierte

man uns, daß wir in unsere endgültige Wohnung einziehen könnten, die nur fünf Minuten von Gerds Büro entfernt war. Ich freute mich darauf, im Zentrum der Stadt zu wohnen statt in einem Außenbezirk, von dem man eine halbe Stunde fahren mußte, um in die Stadtmitte zu kommen.

Unser neues Haus sah wie all die anderen aus, die während der Regierungszeit Chruschtschows in den fünfziger Jahren gebaut worden waren, als Einfachheit und Zweckmäßigkeit Vorrang hatten. Das Haus stand in einer der bekanntesten Straßen Moskaus, die nach General Kutusow benannt worden war, der die russische Armee gegen Napoleon geführt hatte. Außerdem hatten Breschnew und Andropow angeblich nur zehn Häuser von uns entfernt ihre offiziellen Stadtwohnungen. Wenn man dem Klatsch glauben konnte, lebte Breschnew jedoch ständig in seiner Datscha in einem Moskauer Vorort, während seine Familienangehörigen die Stadtwohnung benutzten.

Über die Lage unserer Wohnung freuten wir uns, aber wir vermißten die Bäume, den Rasen und die parkartige Umgebung, die wir bei unserer ersten Wohnung gehabt hatten. Den ganzen Tag über erinnerte uns der Verkehrslärm daran, daß wir jetzt Innenstadtbewohner waren.

Um in das Haus zu gelangen, mußte man durch den engen Hof, der nicht nur mit Autos vollstand, sondern auf dem auch leere Möbel und Umzugsbehälter von Ausländern abgestellt worden waren, die in absehbarer Zeit in ihre Heimatländer zurückkehren würden. Die Kinder, die keinen eigenen Hof zum Spielen hatten, spielten Ball oder Verstecken auf dem Gehweg oder den ungepflasterten, freien Stellen zwischen den abgestellten Autos.

Eine hohe, massive Holztrennwand teilte den Hof in zwei Hälften und erinnerte uns ständig daran, daß unser Haus halb von Ausländern und halb von Russen bewohnt wurde. Die Russen hatten ihre Wohnungen und Eingänge auf der einen Seite der Trennwand und wir auf der anderen.

Wie bei allen Gebäuden, in denen Ausländer lebten, hatten auch wir unseren uniformierten Polizisten oder Milizionär, wie er bei den Russen heißt, der die Kommenden und Gehenden beobachtete und manchmal, wenn er ein Gesicht nicht kannte, anhielt. Die ihm unbekannten Personen mußten sich ausweisen, und wenn es Russen waren, konnte es passieren, daß sie sich barschen Fragen ausgesetzt sahen und ihnen der Zutritt verwehrt wurde.

Nachdem wir durch die düstere Eingangshalle gegangen waren, bestiegen wir den fünf Personen fassenden, altertümlichen Fahrstuhl mit seiner ornamentverzierten Eisentür und fuhren in den achten Stock, wo uns eine helle, frisch gestrichene Wohnung mit fünf Zimmern und zwei Balkons erwartete.

Von Gerds Büro aus waren die Transporter und die Männer besorgt worden, die unsere Sachen in die neue Wohnung bringen sollten. Als sie kamen, hing jedoch ein Schild am Aufzug mit der Aufschrift »Außer Betrieb«. Ich hatte keine Ahnung, wie lange das Schild dort schon hing, wußte aber, daß es für die Männer unmöglich sein würde, zweihundert Kartons verschiedener Größe und unterschiedlichen Gewichts acht Stockwerke hochzuschleppen, und fragte sie, was zu tun sei.

Einer von ihnen meinte, er würde alles Notwendige veranlassen, aber er brauche dafür zuallererst einige kleine Geschenke wie Strumpfhosen, Kaugummi und Zigaretten. Bevor wir nach Moskau gekommen waren, hatten mir andere Ausländer den Rat gegeben, ausreichende Vorräte solcher Geschenke für derartige Gelegenheiten mitzunehmen, und ich hatte sie glücklicherweise griffbereit.

Es dauerte keine halbe Stunde, bis unser Helfer mit der Hausmeisterin zurückkam, die im gleichen Haus wohnte und für die Instandhaltung der technischen Einrichtungen unseres Hauses verantwortlich war. Nachdem sie ein paar Minuten an dem Aufzug herumgebastelt hatte, geschah das Wunder – er setzte sich in Bewegung. Nachdem die Hausmeisterin gegangen war, sagte einer der Männer, er müsse noch eine Kleinigkeit zusätzlich reparieren. Wohl weil er befürchtete, der Fahrstuhl könnte wieder kaputtgehen, diesmal wegen des Gewichts unserer Sachen, brachte er einen dünnen Draht an, der verhindern sollte, daß wir wegen einer zu schwachen Sicherung noch einmal in Schwierigkeiten kämen.

Die Lösung dieses Problems war natürlich ein Grund zum Feiern, und so machten wir die Bier- und Wodkaflaschen auf und reichten Zigaretten herum, bevor wir uns an die Arbeit machten. Alle waren nun entspannt und bereit, kräftig zuzupacken.

Im Laufe des Tages mußten viele Pausen eingelegt werden, aber die Qualität der Arbeit wurde durch die ständig steigende Zahl leerer Wodkaflaschen nicht beeinträchtigt. Das Arbeitstempo steigerte sich eher, und ich begann, mir Sorgen zu machen, daß dadurch die zerbrechlichen Dinge in Gefahr geraten könnten. Aber gegen Abend – für den Transport und das Heraufschaffen waren zwei Tage vorgesehen gewesen – war alles ohne jeden Schaden erledigt. Unsere Helfer wollten nicht ausschließlich in Rubeln bezahlt werden und zogen dankbar mit Bier, Wodka und ausländischen Zigaretten nach Hause.

Während des Auspackens und Einrichtens der Wohnung bemerkte ich zum erstenmal unsere sowjetischen Nachbarn, die Wand an Wand mit uns wohnten. Durch ihre zwar nicht sichtbare, aber unüberhörbare Anwesenheit bekam ich einen ersten Eindruck vom russischen Familienleben.

Unsere Nachbarn hörten an Werktagen, bevor sie zur Arbeit gingen, die Nachrichten, und wenn sie am frühen Abend von der Arbeit nach Hause kamen, schalteten sie sofort ihren Fernseher ein, der dann plärrte, bis sie ins Bett gingen. An den Wochenenden dröhnte schon um sieben Uhr morgens ihre auf Kassetten aufgenommene Musik durchs Haus. Es dauerte nicht lange, bis ich die Lieder ihrer Lieblingspopsänger kannte. Die Familie hatte zwar selten Gäste, aber wenn sie Parties gab, dauerten sie bis in den frühen Morgen, waren laut und fröhlich, und es wurde getanzt.

Eines Sonntagsmorgens hörte ich nebenan Geschrei, gefolgt von dem Geräusch zerbrechenden Glases. Dann war Stille. Das Schlimmste befürchtend, rannte ich auf unseren rückwärtigen Balkon, der sich direkt neben dem unserer Nachbarn befand. Ich sah zerbrochenes Glas und hörte eine Frau schluchzen. Aber zu meiner großen Überraschung vertrugen sich unsere Nachbarn schon eine Stunde später wieder, denn es erklang Gelächter und Musik nebenan.

Da ich das sowjetische Familienleben nicht nur durch eine Wand kennenlernen wollte, beschloß ich, Tanja anzurufen, die ich seit unserer Begegnung im Brotgeschäft weder gesehen noch gesprochen hatte. Wir hatten ja eine neue Telefonnummer, und falls sie versucht hatte, mich unter der alten zu erreichen, hätte niemand geantwortet.

Als sie mich bei meinem Anruf begeistert begrüßte, war ich erleichtert. Sie erzählte mir, daß sie ohne Erfolg mehrfach versucht hatte, mich zu erreichen. Unser Gespräch endete, wie ich gehofft hatte, mit einer Einladung, und zwar für den kommenden Samstag.

2. Kapitel

Die erste russische Freundin

Eine völlig veränderte Tanja begrüßte mich an der Tür. Ihre Haare waren nicht mehr unter einer Wollmütze versteckt, und mit ihren kurzen braunen Naturlocken, die ein rundes Gesicht einrahmten, ihren warmen braunen Augen, hohen, breiten Wangenknochen und ihrer Pfirsichhaut, die durch kein Make-up verdeckt war, sah sie sehr hübsch aus. Ihre verblichenen Jeans ließen erkennen, daß sie ein wenig rundlich war, aber das stand ihr.

Tanja schien viel kleiner zu sein, als ich sie in Erinnerung hatte, aber als sie mir Hausschuhe anbot, wurde mir klar, warum. Sie trug keine hochhackigen Schuhe mehr. Ich folgte ihrem Beispiel, zog die Hausschuhe an und stellte meine Straßenschuhe zu den anderen Schuhen, die schon unter der Garderobe aufgereiht standen.

Da mich dieser Brauch, Straßen- gegen Hausschuhe auszutauschen, überraschte, erklärte ich Tanja, daß ich bis dahin nie auf die Idee gekommen wäre, Hausschuhe zu tragen außer vor dem Zubettgehen. Daraufhin sah Tanja mich verblüfft an.

»Aber wie kann man nur den ganzen Dreck von der Straße in die Wohnung tragen und in der ganzen Wohnung verstreuen, in der man ißt, lebt und schläft? Und wie kannst du dich entspannen, wenn du zu Hause die Straßenschuhe anbehältst?« rief sie aus. Ich hatte vorher schon gemerkt, daß die Russen viel mehr Zeit auf die Pflege ihrer Füße verwenden als wir. Da sie nicht die Möglichkeit haben, wie wir mit dem Auto zu fahren oder sich Dinge, die sie gekauft haben, ins Haus bringen zu lassen, müssen die meisten Russen zu Fuß zur U-Bahn oder zur Bushaltestelle gehen – und danach von dort zur Arbeit. Außerdem verbringen sie sehr viel Zeit im Stehen, weil sie sich anstellen müssen, wenn sie etwas kaufen wollen. Und dafür brauchen sie bequeme Schuhe, die, wie mir Tanja später erzählte, in Moskau nur schwer zu bekommen sind.

Während wir durch den engen, dunklen Korridor gingen,

erklärte mir Tanja, wie die Wohnung aufgeteilt war. Das erste Zimmer, dessen Tür geschlossen war, gehörte den Nachbarn; das zweite ihrem Sohn, einem Teenager; Küche, Toilette und Bad gehörten beiden Mietparteien und wurden von den Nachbarn mitbenutzt.

Am Ende des Korridors, auf der rechten Seite, befand sich ein etwa zwanzig Quadratmeter großer Raum – das Wohn-, Eß- und Schlafzimmer für Tanja, ihren Mann und einen Pudel, der mich freundlich und lautstark begrüßte, weil ich nach Hund roch. Mein erster Blick fiel auf den Tisch, auf dem all das, was Tanja an Eßbarem hingestellt hatte, kaum Platz fand. Ich war zum Tee eingeladen, und der Tisch war auch nur für zwei Personen gedeckt, aber er war so reich beladen, daß eine Großfamilie davon satt geworden wäre. Käse, Wurst, geräucherter Fisch, Gemüse, Salate, Eingelegtes, Gebäck, Wodka, Cognac und andere Delikatessen, die ich noch in keinem Moskauer Geschäft gesehen hatte, ließen den Tisch viel zu klein erscheinen.

Ich mußte mich sofort hinsetzen, und Tanja bestand darauf, daß ich von allem, was auf dem Tisch stand, probierte, aber zuerst müßten wir auf unsere künftige Freundschaft trinken. Da ich im allgemeinen wenig trinke, blieb mir die Luft weg, als ich sah, wieviel Wodka sie in ein Glas goß, das mindestens doppelt so groß war wie ein normales Schnapsglas. Meine Höflichkeit hielt mich davon ab zu protestieren.

Vielleicht konnte man mir mein Widerstreben vom Gesicht ablesen. Um mich zu überreden, sagte Tanja mir, ich sollte das Glas austrinken, dann Mineralwasser nachgießen und etwas Salziges essen – entweder Fisch oder von dem Eingelegten. Mir blieb nichts anderes übrig, als ihrem Rat zu folgen, und so leerten wir gemeinsam unsere Gläser. Außer einem wärmenden Gefühl, das der Wodka in mir erzeugte, spürte ich keine unangenehmen Nachwirkungen.

Alles, was auf dem Tisch stand, schmeckte ausgezeichnet, und ich aß wesentlich mehr, als ich sonst zu tun pflege. Aber das schien Tanja nicht genug zu sein, denn als ich immer langsamer wurde, klagte sie: »Aber du hast ja nichts gegessen. Du mußt essen.« Ich sollte diese Worte später noch oft hören, und mir wurde klar, daß diese Aufforderung ein Zeichen herzlicher, aufrichtiger Gastfreundschaft war.

Während wir so zusammensaßen und uns übers Essen unterhielten, bemerkte Tanja, daß meine Blicke im Zimmer umherwanderten. Eine Erklärung schien mir nötig. Dies war mein erster Besuch in einer russischen Wohnung, und es interessierte mich, zu sehen, wie sie lebte. Sie schluckte schnell noch einen Bissen hinunter, nahm mich bei der Hand und zeigte mir alles.

Den Makramee-Lampenschirm und den Wandbehang hatte ihr Vater gemacht. Sie selbst hatte die Bettdecke gehäkelt. Kinder von Freunden hatten ihr Zeichnungen zum 8. März, dem Internationalen Tag der Frau, geschenkt. Und die Bücher, die eine ganze Wand einnahmen, waren ein Geschenk ihres kürzlich verstorbenen Schwiegervaters.

Sowohl die Wohnung als auch die Möbel waren durch den jahrelangen Gebrauch abgenutzt, aber Tanjas hübsche Handarbeiten gaben dem Raum Farbe und Leben. Trotzdem ließen sich die Risse in der Wand und der abblätternde Putz nicht verstekken. Seit sie vor Jahren in die Wohnung eingezogen waren, hatten Tanja und ihr Mann versucht, jemanden zu finden, der die notwendigen Reparaturen hätte machen können. Aber Handwerker waren einfach nicht zu bekommen. Daraufhin hatten sich die beiden entschlossen, es selbst zu machen, aber es war auch nicht möglich, das notwendige Material zu bekommen.

Wie schnell die Zeit an diesem Nachmittag vergangen war, merkte ich erst, als Tanja aufstand, um Licht zu machen. Da erst wurde mir bewußt, daß wir über drei Stunden zusammengesessen hatten. Ich stand auf und entschuldigte mich, daß ich so lange geblieben war, aber Tanja sagte in völlig überraschtem Ton: »Aber du bist doch gerade erst gekommen. Warum willst du denn schon wieder gehen?«

Auf dem Weg nach Hause dachte ich über Tanja und unseren gemeinsamen Nachmittag nach. Wir waren nur ein paar Stunden zusammengewesen, aber ich hatte das Gefühl, daß wir uns schon viel länger kannten. Das Wichtigste war nicht die Unterhaltung gewesen, sondern der Eindruck, den Tanja auf mich gemacht hatte. Ihre Offenheit, ihre Wärme und ihre Aufrichtigkeit hatten meine Zurückhaltung durchbrochen, und ich hatte mit ihr plötzlich über Gefühle und Gedanken gesprochen, die ich vorher niemandem mitgeteilt hatte.

Als ich in die Sowjetunion kam, hatte ich nur einen Wunsch,

der mir in Peking immer verwehrt geblieben war – ich wollte einheimische Freunde haben, die außerhalb der Ausländergettos wohnten und lebten. Tanja war meine erste Freundin in Moskau, und in den folgenden Monaten wurde ihr Heim mein zweites Zuhause, und ihre Freunde wurden die meinen.

Wenn ich Tanja besuchte, fuhr ich mit meinem Schiguli zu ihr. Da ich wußte, daß das Nummernschild darauf schließen ließ, daß der Wagen einem westdeutschen Journalisten gehörte, parkte ich das Auto ein wenig von ihrer Wohnung entfernt. Ich ergriff diese Vorsichtsmaßnahme, weil ausländische Korrespondenten, besonders die amerikanischen, in einer Serie des sowjetischen Fernsehens als Spione bezeichnet worden waren, die mit unerlaubten Methoden arglosen Russen Informationen entlockten. Nach dieser Sendereihe brachen einige Sowjetbürger ihre Kontakte zu Ausländern ab, während andere diesen Anschuldigungen zwar keinen Glauben schenkten, aber trotzdem ihre ausländischen Freunde mieden.

Tanja sagte, daß sie die Vorwürfe nicht glaubte, und traf sich weiter mit mir. Aber sie stimmte mit mir darin überein, daß es besser sei, den Verdacht der Nachbarn nicht dadurch zu erregen, daß ich mein Auto bei ihr im Hof parkte.

Abgesehen davon, daß ich meinen Parkplatz sorgfältig aussuchte, beschloß ich, ein Kopftuch zu tragen. Denn wenn ich in der Nachbarschaft im Winter ohne Kopfbedeckung spazierengegangen war, hatten mich die Leute angestarrt, und ältere Frauen schimpften manchmal in besorgtem Ton mit mir und sagten, daß es viel zu kalt sei, um draußen ohne Hut oder Mütze herumzulaufen. Kein Moskauer und keine Moskauerin ging zwischen Oktober und April ohne Kopfbedeckung aus dem Haus und ich nun auch nicht mehr, wenn auch aus anderen Gründen.

Tanjas Haus war, von der Architektur her gesehen, ebenso häßlich wie unseres. Es war ein graugelbes, fünfgeschossiges Gebäude, das dringend der Reparatur und eines Anstrichs bedurft hätte, aber im Gegensatz zu unserem Haus sah man von der Eingangshalle auf einen grünen Hof mit Bäumen und Gras statt auf geparkte Autos.

Die Farbe, die das Haus das ganze Jahr über beherrschte, war das Gelb der Verkleidungen aus Hartplastik, die an jedem Balkon angebracht waren und hinter denen die Hausbewohner viele Dinge verstauten.

Sobald die Sonne schien wie oft im Winter, füllten sich die Bänke im Hof von Tanjas Haus. Dann saßen die »Babuschkas« dort, miteinander schwatzend oder dösend. Bis ich kam. Da herrschte dann plötzlich Stille, während sie mich mit zusammengekniffenen Augen beobachteten. Ich war noch nicht außer Hörweite, wenn die ersten Bemerkungen im Flüsterton ausgetauscht wurden, aber meine Russischkenntnisse reichten nicht aus, um sie zu verstehen.

Die »Babuschkas« sahen in ihren abgetragenen, schweren Stoffmänteln, den fest um den Hals und den Kopf gewickelten grauen und beigen Strickschals, ihren dicken Wollstrümpfen und hohen Filzstiefeln, die durch Gummiüberschuhe geschützt wurden, alle gleich aus. Manchmal stand ein Enkelkind wie eine Statue in ihrer Nähe, bewegungsunfähig durch diese sperrigen Schichten verschiedener schwerer Kleidungsstücke.

Im Hof sammelte sich immer mehr Abfall auf dem Schnee, aber das schien niemanden zu stören. Weggeworfenes Papier, Kartons, zerbrochene Flaschen und altes Brot lagen dort bis zum Subbotnik, dem Tag, der von Lenin als Opfer der Bürger für das Gemeinwohl bestimmt worden war. Dieser Tag fiel immer auf einen Samstag im April, kurz vor Lenins Geburtstag, und dann konnte man die Intellektuellen beobachten, wie sie die Straßen fegten, die Höfe säuberten und Fenster putzten, während die Arbeiter in den Fabriken eine Sonderschicht einlegten.

Wenn ich Tanjas Haus betrat, hielt ich die Tür fest, damit sie nicht wie die meisten Haustüren mit einem knarrenden Geräusch zuschlug. Meine empfindsame Nase mußte sich immer erst an den durchdringenden Geruch gewöhnen, der mir jedesmal den Atem verschlug. Überlaufende Mülltonnen, die im Hauseingang standen, und die Abfälle, die auf den Boden gefallen waren, machten sich bemerkbar. Alles mischte sich mit dem Geruch von Urin.

Oft waren streunende Katzen, die Unterschlupf im Keller und in den Korridoren gesucht hatten, an mir vorbeigerannt, und ich nahm an, daß der Gestank von ihnen kam.

Später erzählte mir ein Russe, daß es in Moskau zuwenig öffentliche Bedürfnisanstalten gäbe und daß diese wenigen im allgemeinen abends um zehn Uhr geschlossen würden. Deshalb erleichterten sich die Betrunkenen, wie meine Nase wahrnehmen konnte, in Telefonzellen und Hauseingängen, wenn die Türen unverschlossen waren oder niemand aufpaßte.

Wenn ich auf den mit Fliesen belegten Treppen in den vierten Stock des Hauses stieg, in dem Tanja wohnte, ging ich oft an einer Frau vorbei, die den Boden putzte. Sie schien weit über das Rentenalter hinaus zu sein, aber es war schwierig für mich, das Alter von Frauen über fünfzig richtig einzuschätzen, die oft faltige, verwitterte Gesichter hatten. Die Frau erinnerte mich an die kräftig gebauten, herzhaft zupackenden Frauen, die in unserem Haus und in den Straßen die schweren Arbeiten verrichteten.

Es war praktisch unmöglich, Tanjas Wohnungstür zu übersehen, die sich von den anderen langweilig braunen Türen und den Wänden kraß abhob. Tanja hatte ihre Tür in leuchtendem Gelb gestrichen, was sie nach eigenen Worten nach einem langen Arbeitstag aufmunterte.

Wenn ich klingelte, wußte ich nie, wer mir die Tür öffnen würde. Manchmal war der neunjährige Sohn der Nachbarin schneller als Tanja. Er wohnte in dem Zimmer direkt neben der Wohnungstür und konnte schneller rennen als sie. Wie andere Kinder auch freute er sich, wenn Besuch kam, weil das eine Abwechslung war. Aber meistens sah ich ihn nur flüchtig, denn seine Mutter rief ihn sofort zurück und knallte dann die Zimmertür zu.

Bei einem meiner Besuche stand die Tür zu ihrem Zimmer länger offen, so daß ich sehen konnte, in welch beengten Verhältnissen der Junge und seine Mutter lebten. Auf den zwölf Quadratmetern waren ein Kühlschrank, ein Tisch, Stühle, ein Fernseher, zwei Betten, ein großes Radio und viele persönliche Dinge untergebracht – es sah aus wie eine Hindernisstrecke.

In dem danebenliegenden Raum wohnte Sascha, Tanjas fünfzehnjähriger Sohn, den ich nur selten sah – nur durch eine dünne Wand getrennt von dem plärrenden Radio und den lauten Stimmen der Nachbarn.

Als Tanja mir das Zimmer zum erstenmal zeigte, erregte die tapezierte Wand meine Aufmerksamkeit, weil sie wie Patchwork oder ein Flickenteppich aussah. Verblichene pfirsichfarbene Tapeten waren ergänzt durch Poster mit Karikaturen von Walfischen, Haien und anderen Tieren und Sprüchen wie »Kapitalismus ohne Maske«, »Die Haie des Kapitalismus«, »Großkapital« und ähnlichem. Als ich über diese amüsante Zusammenstellung politischer Propaganda lächelte, erklärte mir Tanja, wie es dazu gekommen war.

Sie hatte Sacha zunächst vorgeschlagen, die Wände mit Postern zu tapezieren, die in den Moskauer Geschäften zu bekommen waren, aber damit war er nicht einverstanden gewesen, weil sie seiner Meinung nach langweilig und uninteressant waren.

Also machte Tanja sich auf die Suche nach Tapeten. Nach der Arbeit lief sie von einem Geschäft zum anderen. Aber nirgends waren Tapeten auf Lager, und niemand konnte ihr sagen, wann es wieder welche geben würde.

Erst als sie die Suche und die Hoffnung schon aufgegeben hatte, war sie erfolgreich. Als sie eines Abends von der Arbeit nach Hause ging, sah sie eine lange Schlange wartender Menschen, und das bedeutete, daß ein »Defizit« – das russische Wort für Dinge, die nur schwer zu bekommen oder Mangelware sind – verkauft wurde. In der Annahme, daß es etwas Ausländisches gäbe, fragte sie aus Gewohnheit, weshalb die Leute anstünden. Nachdem sie das Wort »Tapeten« gehört hatte, prüfte sie die Länge der Schlange, und ihr geübtes Auge sagte ihr, daß sie drei Stunden würde anstehen müssen.

Sie bemerkte, daß die Mehrzahl der Wartenden Rentner waren, die genug Zeit hatten, sich beim Verkauf von »Defizit«-Artikeln anzustellen. Sie befürchtete, daß ihr Warten umsonst sein könnte. Denn es war durchaus möglich, daß schon alles verkauft wäre, wenn sie an die Reihe käme. Während Tanja noch überlegte, ob sie sich in die Schlange einreihen sollte, flüsterte ihr ein betrunkener junger Mann zu, daß sie ihm folgen solle. Was das bedeutete, wußte sie. Er hatte bereits Tapeten gekauft, um sie mit Gewinn weiterzuverkaufen, und sie war genau die Kundin, die er suchte.

Tanjas Gehalt erlaubte keine großen Sprünge, aber Freizeit war für sie wichtiger und wertvoller als Geld. Der junge Mann zeigte ihr zwei verschiedene Tapetenmuster und verlangte den doppelten Preis dessen, was im Laden dafür verlangt wurde. Sie ging auf den Handel ein. Eine Freundin würde ihr Geld leihen, falls es in dem Monat knapp werden sollte.

Als sie nach Hause kam, stellte sie fest, daß die Tapeten nicht für die ganze Wand reichen würden, aber das bereitete ihr kein

Kopfzerbrechen. Sie war es gewohnt, Alltagsprobleme zu lösen, und suchte nach einem Ausweg. Also beschloß sie, die Lücken mit Postern zu verdecken, aber nicht mit den üblichen. Sie hatte gehört, daß es in Estland witzige, hübsche Poster geben sollte, und bat eine Freundin, die dort wohnte, ihr welche zu besorgen. Und das waren die, die jetzt an der Wand hingen.

Nicht nur die Wände, sondern auch die Ordnung in Saschas Zimmer war bemerkenswert. Das Bett war immer gemacht, der Schreibtisch und der Schrank waren aufgeräumt, als wenn Gäste erwartet würden. Tanja meinte dazu, daß Sascha stolz darauf sei, ein eigenes Zimmer zu haben – ein Luxus, dessen sich nur wenige seiner Klassenkameraden erfreuen konnten, auch wenn ihre Eltern mehr Geld verdienten. Aber das Einkommen, fügte Tanja schnell hinzu, sei nicht entscheidend für die Wohnfläche, die die Regierung einem bewilligte. »Jemand kann reich sein und trotzdem in einem kleinen Zimmer in einer Gemeinschaftswohnung leben«, bemerkte sie. »Nicht das Geld, sondern Beziehungen und Macht sind das, was zählt.«

Sein Schulprogramm und seine außerschulischen Hobbys hielten Sascha oft bis zum Abend auf Trab. Der Tag begann für ihn um sieben Uhr früh, wenn er den Hund auf die Straße führen mußte. Danach fuhr er mit dem Bus in die Schule. In der Schule hatte er dann ein spätes Frühstück, und wenn der Unterricht um zwei Uhr beendet war, fuhr er entweder nach Hause, um dort schnell Mittag zu essen – er brauchte das Essen nur aufzuwärmen – oder direkt in seinen Karatekurs – jedenfalls so lange, bis privater Karateunterricht verboten wurde.

Als ich ihn fragte, warum, zuckte er zunächst nur mit den Schultern und sagte dann gleichgültig: »Die Regierung hat's halt so beschlossen.«

»Aber mit welcher Begründung?« fragte ich, viel erregter und empörter als er.

»Was spielt das für eine Rolle?« erwiderte er. »Die Entscheidung ist gefallen, und ich muß mich damit abfinden.«

Erst Jahre später erfuhr ich durch Zufall, warum Karate verboten worden war. Als ich zu einem Besuch nach Moskau zurückkam und auf die Abfertigung durch den Zoll wartete, sah ich, daß ein Zollbeamter einem Russen, der im Ausland gearbeitet hatte, ein Karatelehrbuch wegnahm. Auf meine beiläufige Frage nach dem Grund erhielt ich die Antwort: »Karate ist ein gefährlicher Sport, durch den Leute zu Tode kommen können.«

Später wurden dann Geschichten verbreitet, nach denen »Hooligans« (die aus dem Amerikanischen übernommene russische Bezeichnung für Rowdies oder Rocker) bei ihren Überfällen Karate anwendeten. Es soll auch vorgekommen sein, daß Leute, die zuviel getrunken hatten, mit Karateschlägen Menschen töteten.

Schon ein paar Wochen später hatte Sascha einen Ersatz für Karate gefunden – er nahm Judounterricht. Wenn er nicht mit seinem Sport oder seinen Hausaufgaben beschäftigt war, las er oder hörte Musik von seinem Kassettenrecorder, den ihm seine Großmutter geschenkt hatte. Kassetten aus dem Westen waren so teuer, daß er sie sich nicht leisten konnte. Wieder und wieder kopiert gingen sie von Hand zu Hand, und auf die Weise war er zu einer billigen Abba-Kassette von schlechter Qualität gekommen. Die Gruppe war zu jener Zeit der letzte Schrei in Moskau.

Von dem Zeitpunkt an zeigte sein Zimmer Spuren häufiger Besuche, und es war nicht mehr so ordentlich wie früher. Er war der beliebteste Junge in seiner Klasse geworden, und alle seine Klassenkameraden wollten ihn besuchen.

Tanja und ich unterhielten uns oft darüber, was wir tagsüber machten, und wir stellten fest, daß wir eines gemeinsam hatten – wir standen beide regelmäßig um halb sechs auf. Aber das war das einzige, worin sich unser Tagesablauf glich. Für mich waren die frühen Morgenstunden der schönste Teil des Tages – ich las, lernte Russisch und genoß die wohltuende Stille, was zu späterer Stunde nicht mehr möglich war.

Tanja wurde von ihrem Wecker aus einem kurzen Schlaf gerissen, der nicht länger als sechs Stunden dauerte. Nach dem Aufstehen machte sie eine halbe Stunde Gymnastik, und danach duschte sie sich kalt und warm ab. Dadurch machte sie sich fit für einen Tag, in dem fast jede Minute verplant war.

Wenn sie dann ihr Gesicht mit Schnee, Eis oder kaltem Wasser abgerubbelt hatte, was gut sein sollte für die Blutzirkulation, nahm sie ein bescheidenes Frühstück zu sich, das aus Joghurt, einer Scheibe Brot und ungezuckertem Tee bestand. Sie hatte Gewichtsprobleme und lebte ständig nach einer Diät.

Danach deckte sie den Frühstückstisch für ihren Mann und

ging aus dem Haus. Um den Bus zu erreichen, mußte sie das Haus um Viertel vor sieben verlassen. Bis zur Bushaltestelle waren es fünf Minuten Fußweg, und mit dem Bus fuhr sie dann zehn Minuten bis zur U-Bahn-Station. Während der zwanzigminütigen Fahrt in der vollen U-Bahn las sie. Für den Fußweg von der Station bis zu ihrem Büro brauchte sie dann noch sieben Minuten.

Eine fünfundvierzigminütige Fahrtzeit zur Arbeit ist für die Moskauer die Norm, wenn auch viele Leute noch länger brauchen. Wenn eine Mutter ihr Kind vor der Arbeit noch in die Kinderkrippe oder den Kindergarten bringen muß und diese nicht in der Nähe ihrer Wohnung sind, kann es vorkommen, daß sie eineinhalb Stunden Fahrtzeit am Morgen hat und die gleiche Strecke am Abend noch einmal zurücklegen muß.

Während die meisten Menschen von neun Uhr morgens bis sechs Uhr abends arbeiteten, begann Tanjas Arbeitstag um halb acht in der Frühe. Bis zu ihrer Vormittagspause um zehn war sie mit Übersetzungsarbeiten beschäftigt. Die Pause reichte gerade aus, um eine Zigarette an einem speziell für Raucher bestimmten Ort zu rauchen. Obwohl die Moskauer es vorziehen, gegen zwei Uhr mittags zu essen, hatte Tanja ihre Mittagspause von zwölf bis dreiviertel eins.

Wenn ich Zeit hatte, trafen wir uns in einem Kaffee in der Nähe ihres Büros, um ein typisches Mittagessen zu uns zu nehmen, das aus einer Suppe, einem Fleisch- oder Fischgericht, Brot und einem Nachtisch bestand und weniger als einen Rubel kostete. An den Tagen, an denen Tanja ihre Mittagspause zu Einkäufen benutzen mußte, kaufte sie sich eine Kleinigkeit zu essen, zum Beispiel eine Fleischpastete. Um durch das Schlangestehen keine Arbeitsstunden zu verlieren und die Mitarbeiter gleichzeitig davon abzuhalten, während der Dienstzeit einkaufen zu gehen, bot das Institut, in dem Tanja arbeitete (wie die meisten anderen Firmen auch), die Möglichkeit, Lebensmittelpakete mit einem bestimmten Sortiment zu bestellen. Jedes dieser Pakete enthielt einen oder zwei Artikel, die normalerweise in den Geschäften nicht zu bekommen waren, zusammen mit anderen Sachen, die man überall erhielt. Da sie wußte, daß das Büro ihres Mannes einflußreicher war und deshalb eine bessere Lebensmittelauswahl hatte, überließ sie es ihrem Mann, zweimal im Monat ein Lebensmittelpaket mitzubringen, aus dem dann die besten Sachen auf den Tisch kamen, wenn ich zu Gast war.

Außerdem hatten die elf Frauen in Tanjas Büro eine Vereinbarung getroffen, nach der jeden Tag eine von ihnen für die anderen mit einkaufen ging, während die Kolleginnen dann deren Arbeit machten.

Tanja war erleichtert, daß ihr Sohn jetzt alt genug war, um allein zurechtzukommen. Als er jünger gewesen war, hatte sie sich oft Sorgen um ihn gemacht. Obwohl sie die Möglichkeit gehabt hätte, Sascha bis fünf Uhr in der Schule zu lassen – das war etwa die Zeit, in der sie nach Hause kam –, hatte sie sich dagegen entschieden, und zwar wegen der Ablenkung durch seine Klassenkameraden. Sie glaubte, daß er seine Schulaufgaben zu Hause besser machen könnte, aber das bedeutete auch, daß sie ständig anrufen mußte, um ihn zu kontrollieren.

Bei einer Gelegenheit weinte er, als sie ihn anrief. Er und einige andere Jungen hatten draußen gespielt und es geschafft, den Wagen eines Unbekannten zu öffnen. Der Mann hatte sie erwischt, als sie in seinem Auto saßen, und ihre Namen aufgeschrieben.

Der Besitzer des Wagens besuchte Tanja am gleichen Abend und sagte ihr, daß sie fünfzehn Rubel zahlen müßte für den Schaden, den ihr Sohn an seinem Auto angerichtet hätte. Nach diesem Vorfall war Sascha entweder bei Klassenkameraden, oder er blieb in der Schule, bis seine Mutter nach Hause kam. Außerdem sorgte sie dafür, daß er in den Pionierpalast gehen konnte, wo er die Möglichkeit hatte, nach der Schule mit anderen Kindern zu spielen oder anderen Freizeitbeschäftigungen nachzugehen.

Tanjas Programm erlaubte es uns gelegentlich, zusammen ein Museum zu besuchen oder in eine Ausstellung zu gehen, und zwar dann, wenn ihre Kolleginnen noch von einem Geschäft ins nächste hasteten, um Lebensmittel einzukaufen oder andere Dinge ausfindig zu machen, die sie für ihre Familien brauchten. Diese mühsame Aufgabe blieb Tanja erspart, denn ihr Mann war im Gegensatz zu vielen anderen Ehemännern eine große Hilfe. Außerdem hatte sie ihrem Sohn beigebracht, sich an seinem Vater ein Beispiel zu nehmen, und so war sein Geschirr vom Mittagessen oft schon abgewaschen, wenn sie nach Hause kam, und frisches Brot und Milcherzeugnisse waren auch eingekauft.

Kurz nach Ostern fragte mich Tanja, ob ich mit ihr zusammen in die Kirche und danach auf den Friedhof gehen wollte, um den »Elterntag« zu feiern. Ihre Eltern waren tot, und ich hatte vor kurzem meinen Vater verloren. So beschlossen wir, uns gegenseitig zu trösten.

Tanja war eine gläubige Frau, die im Gegensatz zur Mehrheit ihrer Freunde mindestens einmal im Monat in die Kirche ging. Aber viele trugen wie sie ein Kreuz. Während ihr Kreuz für sie religiöse Bedeutung hatte und selten zu sehen war, war es für andere ein modisches Schmuckstück, das ihre Unabhängigkeit zeigen sollte.

Die kleine Kirche in der Nachbarschaft lag in einer Seitenstraße, die man von ihrer Wohnung aus zu Fuß erreichen konnte. Um zum Haupteingang zu kommen, mußten wir durch einen grünen Hof gehen, in dem schäbig gekleidete Frauen saßen. Als wir uns ihnen näherten, streckten sie uns ihre zittrigen, knochigen Hände entgegen; nachdem wir ihnen ein paar Münzen gegeben hatten, bekreuzigten sie sich, dankten Gott und wünschten uns gute Gesundheit.

Ich hatte mich der Gelegenheit entsprechend angezogen, wie Tanja es mir empfohlen hatte und die religiösen Gebräuche es verlangten. Ich trug ein hochgeschlossenes Kleid mit langen Ärmeln, so daß meine Arme bedeckt waren. Außerdem hatte ich ein Tuch dabei, um meinen Kopf bedecken zu können. Tanja hatte mir erzählt, daß nur Jungfrauen mit unbedecktem Kopf in die Kirche gehen könnten.

Wir betraten die kleine Kapelle, nachdem wir uns einen Weg an den vielen »Babuschkas« vorbei gebahnt hatten, die stehend den monotonen Gesang des russich-orthodoxen Gottesdienstes rezitierten. Ich empfand ein leichtes Schuldgefühl, wie wir dastanden und unsere Jugend und Eleganz neben diesen faltigen, müden Gesichtern und der einfachen Kleidung unserer Nachbarn zur Schau stellten. Aber sie sahen zufrieden und ruhig aus in dieser ihnen vertrauten, schützenden Umgebung.

Nachdem wir einige Kerzen gekauft hatten, schrieb Tanja die Namen ihrer verstorbenen Verwandten auf, derer an diesem Tag gedacht werden sollte. Den Zettel legte sie dann oben auf einen ständig größer werdenden Stapel, der auf einem Tisch in der Nähe des Priesters lag. Während sie dastand und betete, bewunderte ich die durchgeistigte Schönheit der Ikonen und die stillen Gesichter der Heiligen, deren Bilder die Wände fast völlig bedeckten. Die stickige, warme Luft und die Enge des Raums machten mich bald schwindlig, und so verließ ich leise die Kirche, während Tanja wartete, bis der Priester die Namen ihrer verstorbenen Verwandten sang.

Während ich die frische Luft tief einatmete, hatten sich viele junge Mütter mit Babys und Kleinkindern im Hof eingefunden und warteten auf das Ende des Gottesdienstes. Denn an diesem Tag würde der Priester ihre Kinder taufen.

Ihre Anwesenheit überraschte mich, denn ich kam gerade aus einer Kirche, in der nur alte Frauen waren.

Beim Anblick der jungen Frauen hatte ich das Gefühl, daß die Religion wieder mehr Gläubige anzog – in einem Land, in dem die Verfassung die Religionsausübung zwar erlaubt, die Partei aber die Gläubigen davon abzuhalten versucht.

Der Friedhof, auf dem Tanjas Eltern begraben sind, war nicht weit entfernt vom Zentrum Moskaus. Während wir dorthin gingen, versuchten alte Frauen, uns Kränze aus Plastikblumen zu verkaufen, aber wir hatten unsere Arme schon voll mit frischen Blumen und Pflanzen, die wir auf einem Privatmarkt gekauft hatten.

Als wir den Friedhof betraten, hörte ich das Gekrächze von Krähen, die in den Bäumen saßen, und ich sah Tauben, die Osterkuchen, bemalte Ostereier, Kekse und Bonbons aufpickten, die von den Menschen auf den Gräbern zurückgelassen worden waren. Wir gingen dann den gewundenen Pfad entlang, der uns an den Reihen der Familiengräber vorbeiführte, die durch hohe Eisenpforten und -einzäunungen geschützt waren.

Das warme, sonnige Wetter hatte viele Menschen verlockt, auf den Friedhof zu gehen und die Gräber ihrer Familienangehörigen in Ordnung zu bringen und zu bepflanzen. Eine Frau hatte sich, um den Grabeingang in einem leuchtenden Blau anzustreichen, extra eine schwarze ausgebeulte Hose und dicke Handschuhe übergezogen und eine Arbeitsmütze aufgesetzt. Ehepaare säuberten Gräber, zupften Unkraut, setzten Pflanzen oder begossen die Blumen.

Ich war erstaunt, als ich ein Ehepaar sah, das einen Picknicktisch mit drei Gedecken neben dem Grabstein ihrer Tochter aufgestellt hatte. Sie packten zuerst das mitgebrachte Essen und dann Kekse, Bonbons, Spielzeug und Puppen aus.

Als sie meine Überraschung sah, erklärte Tanja mir, daß es üblich sei, am Grab zu essen und Wodka zu trinken. Indem man Essen und Trinken teilte, ließe man die Toten am Leben der Hinterbliebenen teilhaben. Das einzige Gebot, das man beachten mußte, war, die Essensreste auf dem Friedhof zurückzulassen.

Die unterschiedliche Größe und Art der Grabsteine schien den wirtschaftlichen Status der Familien widerzuspiegeln. Einige Grabsteine trugen das eingemeißelte Gesicht des oder der Verstorbenen und überragten die anderen. Die bescheideneren Steine waren mit einem einfachen Kreuz oder einer Metallplatte geschmückt. Der Boden war meistens mit roter Erde bedeckt. Einige Grabstätten waren jedoch mit Marmorplatten ausgelegt.

Auf Tanjas Familiengrab standen drei Grabsteine aus Marmor mit ovalen Keramikkacheln, auf denen die Gesichter der Verstorbenen abgebildet waren. Das jugendliche Antlitz ihres Vaters erhob sich über den anderen Grabsteinen, auf denen die Gesichter der übrigen Familienmitglieder zu sehen waren. Tanja erzählte mir Geschichten über die Verstorbenen, und ich fragte sie, wo ihre Mutter denn beigesetzt wäre. Sie zeigte auf eine kleine Erhebung vor dem Grabstein ihres Vaters und sagte, die Metallplatte, die dort nach dem Tod ihrer Mutter angebracht war, sei verrostet gewesen, und sie hätte sie weggeworfen. Nachdem jetzt seit der Beerdigung ein Jahr vergangen sei und sich die Erde über dem Grab gesetzt hätte, könne sie einen Grabstein für ihre Mutter kaufen.

Danach öffnete Tanja die Pforte zu ihrem Familiengrab und begann, es zu säubern und in Ordnung zu bringen. Zuerst warf sie die Plastikblumen fort, die sie im Winter gekauft und niedergelegt hatte, und ersetzte sie durch frischen blauen Flieder. Dann nahm sie Besen und Spaten hinter dem Grabstein ihres Vaters hervor, kehrte und begann, Stiefmütterchen und andere Blumen in den kleinen Grabhügel zu setzen, unter dem ihre Mutter begraben war. Während sie das tat, hörte ich sie schluchzen, und auch mir stiegen die Tränen in die Augen. Für einen Augenblick waren wir in unserer gemeinsamen Trauer vereint.

Als wir auf dem verschlungenen Weg zum Friedhofsausgang zurückkehrten, sagte Tanja, wie glücklich sie sei, daß die Familie dieses Grab hätte, das sie 1941 erworben hatten. Heute hätten nur die Prominenten die Möglichkeit, in der Stadt begraben zu werden.

Dadurch bliebe den Familien nur die Wahl zwischen einer Verbrennung in einem der Stadtkrematorien oder der Fahrt zu Friedhöfen, die mindestens eine Stunde außerhalb Moskaus lagen. Wenn die Entscheidung von der Bequemlichkeit oder den offiziellen Kosten und Gebühren abhinge, zögen die meisten die Einäscherung vor.

Eine Staatsbeihilfe von zwanzig Rubeln, die der Familie des oder der Verstorbenen zustand, deckte gerade die Kosten für die Einäscherung und die Fahrtkosten für den Bus, mit dem die Hinterbliebenen zum Krematorium fahren. Aber die zusätzlichen Ausgaben für den Leichenschmaus mit vielen Gästen nach der Beisetzung und für Trinkgelder ließen den Preis für die Einäscherung auf dreihundert Rubel steigen, und viele Menschen zahlten noch wesentlich mehr.

Als wir wieder in Tanjas Wohnung waren, sagte sie mir, ich sollte mir sofort die Hände waschen, damit der Tod nicht ins Haus käme, und dann erzählte sie mir, wie ihre Mutter gestorben war.

Sie war zu Hause eingeschlafen, und entsprechend den Gebräuchen der russisch-orthodoxen Kirche hatte man sie sofort gewaschen. Da Tanjas Mutter während der Nacht gestorben war, warteten die Familienangehörigen bis zum Morgen auf jemanden, der berechtigt war, die notwendigen Vorbereitungen zu treffen, damit die Leiche der Verstorbenen während der traditionellen drei Tage zu Hause aufgebahrt werden konnte.

Während manche es vorziehen, die Kleidung, in der sie beigesetzt werden wollen, vor ihrem Tod auszusuchen, hatte Tanjas Mutter nur einen Wunsch geäußert. Sie wollte in einem weißen Kleid mit den traditionellen neuen weißen Pantoffeln begraben werden.

Nachdem der Doktor die offizielle Sterbeurkunde ausgestellt hatte, bestellten die Hinterbliebenen jemanden von der zuständigen Behörde, der ihnen helfen sollte, die Bestattungsformalitäten zu erledigen, wozu auch die Wahl des Sargs und die Vorbereitung der Beisetzung gehörte.

Tanjas Mutter lag zu Hause aufgebahrt in einem offenen Sarg, während die Angehörigen und Freunde kamen, um ihr die letzte Ehre zu erweisen. Die Leiche durfte während der ganzen Zeit nicht allein gelassen werden, und alle Lampen und Spiegel waren zugedeckt. Am dritten Tag nach ihrem Tod wurde die Leiche abgeholt und in die Kirche gebracht, wo die Menschen zum letztenmal Abschied von ihr nehmen konnten.

Danach begleiteten die Trauergäste den Sarg mit der Verstorbenen zum Familiengrab, das mit Blumen bedeckt war. Im Anschluß an die Beisetzung hielten sie zu Hause eine Totenwache, und ein leerer Teller sowie ein Glas Wodka erinnerten an den Platz der Verstorbenen. Am neunten und am vierzigsten Tag und ein Jahr nach dem Tod gedachte man der Verstorbenen noch einmal mit einem festlichen Essen.

Am Tag nach der Beisetzung ging Tanja noch einmal auf den Friedhof und mußte feststellen, daß alle Blumen verschwunden waren. »Sie waren so frisch und teuer, und die Versuchung war dadurch so groß, daß die Leute sie mitnahmen, wahrscheinlich, um sie anderen Friedhofsbesuchern zu verkaufen«, sagte Tanja mit trauriger Stimme.

3. Kapitel

Von der Schwierigkeit, eine Wohnung zu bekommen

Nach unserem Besuch auf dem Friedhof kehrten wir in Tanjas Wohnung zurück und damit zu den Schwierigkeiten des Gemeinschaftslebens. Ich wußte seit langem, daß Tanja mit ihrer Nachbarin nicht zurechtkam, aber wie stark diese Abneigung war, wurde mir erst bewußt, als ich in die Küche ging, um ihr zu helfen, einen Imbiß für uns vorzubereiten.

Ich setzte mich auf einen Stuhl, und Tanja schrie mich an: »Steh auf, das ist nicht unser Stuhl!«

Da bemerkte ich zum erstenmal, wie die Dinge aufgeteilt waren. Der Herd, das Spülbecken und der Abfalleimer waren Gemeinschaftseigentum, während die verschiedenen Küchenutensilien so standen, als teile eine unsichtbare Linie die Küche und die beiden Familien.

Ich hatte der Plastikfolie, mit der Töpfe und Gefäße zugedeckt waren, keine besondere Bedeutung zugemessen, bis Tanja bitter bemerkte: »Sie bindet ihre Töpfe zu, weil sie Angst hat, wir könnten ihr etwas stehlen. Sie hat sogar ihren Kühlschrank aus der Küche genommen.«

Während Tanjas Aufzählung von Klagen immer länger wurde, wurde ihre Stimme immer lauter: »Erst gestern hat sie ihre nasse Wäsche in der Küche aufgehängt, und alles war naß, und ich habe darauf bestanden, daß sie sie abnimmt.«

Tanja führte mich dann in die Toilette, die direkt neben der Küche war, und zeigte auf ein staubiges, rostiges Fahrrad, das an der Wand hing. Weil die Abstellflächen in der Wohnung so knapp waren, hatte die Nachbarin diesen Ort für ihr Fahrrad ausgesucht, obwohl die Toilette von beiden Mietparteien gemeinsam benutzt wurde. Auf der anderen Seite gestattete sie Tanja jedoch nicht, ihre Waschmaschine in der Küche aufzustellen, und zwar mit der Begründung, daß dadurch zuviel Platz verlorenginge. Und so stand die nicht angeschlossene Waschmaschine im Flur und diente als Telefontisch.

Ich hatte schon früher bemerkt, daß Toilettenpapier sehr knapp war. Die Schlangen vor den Geschäften waren so lang wie der ganze Häuserblock, wenn es welches gab. Auch überall auf den Toiletten in Restaurants, auf dem Flughafen oder anderen öffentlichen Orten fehlte Klopapier. Deshalb überraschte es mich auch nicht, auf Tanjas Toilette statt Klopapier viereckig geschnittene Zeitungsstücke zu finden.

Als sie in die Wohnung eingezogen waren, erzählte Tanja, hätten sie ihre kostbare Rolle in der Toilette hängenlassen, aber die Nachbarin hätte sich an ihrem Eigentum vergriffen. Statt ihre eigenen Zeitungen zu benutzen, hätte die Nachbarin ihr – Tanjas – Toilettenpapier genommen, ohne neues hinzuhängen.

Nachdem ein ganzer Monatsvorrat innerhalb einer Woche verbraucht worden war, entschlossen sich Tanja und ihr Mann, das Papier nicht mehr hängenzulassen, sondern es mit- und wieder fortzunehmen, wenn sie auf die Toilette gingen. Da ich mir dieses Mangels bewußt war, hatte ich in Moskau immer und überall meine Tasche voller Papiertaschentücher – ein Artikel, der in der Sowjetunion nicht zu haben ist.

Neben der Küche und der Toilette wurde auch das Badezimmer gemeinsam genutzt, das ebenfalls die Spuren gemeinschaftlichen Gebrauchs aufwies. Die Toilettenartikel der Nachbarin fielen auf, weil sie unter einem Stück Plastik zusammengebunden waren. Seife war nicht zu sehen. Nur die Badewanne schien ein Ort zu sein, an dem Frieden herrschte. Darin standen zwei Plastikeimer mit der eingeweichten Wäsche beider Familien.

Bevor Tanja vor zwei Jahren in diese Gemeinschaftswohnung eingezogen war, hatten ihre Freunde sie vor den Schwierigkeiten gewarnt, die Wohnung mit jemandem zu teilen, aber sie hatte diese Mahnungen nicht ernst genommen.

Sie hatte zum zweitenmal geheiratet, und die siebzehn Quadratmeter große Eigentumswohnung war nicht mehr ausreichend für drei Personen. Ihr Sohn, der im Teenageralter war, mußte in der Küche schlafen. Nachdem er fast sein ganzes Leben mit seiner Mutter allein gelebt hatte, war er mit der Veränderung der Lebensbedingungen nicht einverstanden. Daraus ergaben sich Reibereien zwischen ihm und Tanjas neuem Ehemann, und die Ehe geriet in Gefahr.

Der einzige Ausweg war, eine neue Wohnung zu finden, und

zwar so schnell wie möglich. Aber das war eine höchst komplizierte und zeitraubende Angelegenheit, wie sie mir erklärte. Um in der Sowjetunion legal in einer Wohnung leben zu können, bedarf man einer offiziellen Genehmigung vom örtlichen Bezirkswohnungsamt.

Die große Wohnraumknappheit in Moskau zwingt manches geschiedene Ehepaar, weiter zusammenzuleben. Erwachsene Söhne oder Mütter mit Kindern haben oft keine andere Möglichkeit, als wieder zu ihren Eltern zu ziehen, wenn ihre Ehe zerbrochen ist, denn sie haben keinen Anspruch auf eine Wohnung. Es ist die Regel, daß jungverheiratete Ehepaare bei ihren Eltern wohnen. Andernfalls müßten sie wie alle anderen mehrere Jahre warten, bis man ihnen eine eigene Wohnung zuweist.

Tanja erklärte mir, daß jede Person ein Anrecht auf mindestens neun Quadratmeter Wohnfläche hat, aber nur die, die weniger als sechs Quadratmeter haben, können in eine vom Staat aufgelegte Warteliste für größere Wohnungen aufgenommen werden. Sie berichtete von Freunden, die mehr als drei Jahre in dieser Liste gestanden hätten, bevor sie aus ihrer zwölf Quadratmeter großen Gemeinschaftswohnung in eine eigene Zweizimmerwohnung umziehen durften, in der drei Personen bequem leben könnten. Und das wurde nur möglich durch die Hilfe einflußreicher Bekannter.

Tanjas Problem war komplizierter, denn die Besitzer von Eigentumswohnungen dürfen offiziell nicht in die staatlichen Wartelisten aufgenommen werden. Sie können entweder einen Antrag auf den Kauf einer anderen Eigentumswohnung stellen oder das tun, was Tanja tat. Sie setzte eine Anzeige in eine Abendzeitung und auch in eine spezielle, zweimal wöchentlich erscheinende Publikation, die »Wohnungstauschanzeiger« hieß. Das ist eine Zeitung mit mehreren Seiten, die nur mit Wohnungsanzeigen gefüllt sind. Durch diesen Wohnraumtauschdienst können Menschen, die nicht in die staatlichen Wartelisten aufgenommen werden oder nicht jahrelang auf die Zuweisung einer Wohnung warten wollen, versuchen, auf privater Ebene ihre Wohnung zu tauschen. Sehr oft sind viele Mietparteien daran beteiligt, und die Abwicklung ist so kompliziert, daß es Leute gibt, die sich auf dieses Geschäft spezialisieren.

Auf Tanjas Anzeige meldeten sich mehrere Familien, die ihre Wohnung besichtigten, während sie sich deren Wohnungen anschaute. Die Wohnung, die ihr am besten gefiel, gehörte einer vierköpfigen Familie, die im Austausch für ihre Zweizimmerwohnung zwei Einzimmerwohnungen suchte. Sie hätte sie beinahe bekommen. Aber das hätte bedeutet, daß ein anderer bereit oder gewillt sein mußte, gegen Bezahlung seine Einzimmerwohnung abzugeben. Tanja war bereit, den Betrag zu zahlen, aber im letzten Moment überlegte es sich ein Mitglied der Familie anders, und so fiel der Plan ins Wasser.

Nachdem andere, ebenso komplizierte Tauschversuche gescheitert waren, entschloß Tanja sich, ihre Eigentumswohnung zu verkaufen und die jetzige Gemeinschaftswohnung zu nehmen. Nachdem sich alle Beteiligten einig geworden waren, unterbreiteten sie ihren Vorschlag dem Bezirkswohnungsamt und bekamen die offizielle Genehmigung, die sie zum Einzug berechtigte.

Tanjas Nachbarin und ich wechselten nie ein Wort miteinander, und sie sah mir auch nie in die Augen, aber ihr Aussehen sagte mir viel über sie. Sie war wie Tanja Mitte Dreißig, aber ihr ständig finster aussehendes Gesicht und die tiefen Schatten unter ihren Augen ließen sie wesentlich älter aussehen. Ihre fettigen Haare hingen in Strähnen herunter, und es schien ihr nichts auszumachen, wie sie aussah.

Zu Hause trug sie jeden Tag die gleiche Kleidung. Sowie sie aus der Fabrik, in der sie arbeitete, nach Hause kam, zog sie Hausschuhe und immer das gleiche, schlechtgeschnittene, bedruckte Hauskleid an, dessen Nähte und Säume bis zum Zerreißen gespannt waren, weil das Kleid zu eng geworden war durch die schwere, kohlehydrathaltige Kost, die sie aß.

Sie schien ein einsames Leben zu führen, das aber wahrscheinlich nicht viel anders war als das vieler geschiedener Mütter in der Sowjetunion. Nach Zeitungsartikeln wird ein Drittel aller Ehen in der Sowjetunion geschieden, und in Moskau lag die Scheidungsrate bei fünfzig Prozent.

Tanja war eine der Zahlen in dieser Statistik, und sie hatte schwere Zeiten durchmachen müssen, als sie ihren Sohn allein großzog. Sie hatte wie so viele andere junge Leute schon mit neunzehn geheiratet und war in eine Einzimmerwohnung gezogen, die sie mit ihrer Schwiegermutter teilen mußte. Sie wußte nichts über Geburtenkontrolle und wurde sehr bald schwanger. Da sie ihr Studium fortsetzen wollte, hätten ihr Mann und sie eine Abtreibung vorgezogen, aber Tanjas Schwiegermutter war dagegen, weil sie befürchtete, daß das später Auswirkungen auf die Gesundheit haben könnte. Und so kam dann Tanjas Sohn auf die Welt.

Da Tanja und ihr Mann außer dem kleinen Stipendium über keine eigenen Einkommen verfügten, waren sie vollständig auf die Hilfe ihrer Eltern angewiesen, und ihre Bedürfnisse schienen immer größer zu sein als ihre Mittel. Tanjas Mann, der genauso alt war wie sie, war noch nicht bereit, sich einem Familienleben und den daraus erwachsenden Verpflichtungen anzupassen; jeden Tag verlangte er Geld von ihr, und wenn sie ihm keines gab, ging er zu seiner Mutter.

Ihm gefiel es nicht, wenn er zu Hause ein schreiendes Baby, eine müde Frau und eine meckernde Mutter vorfand, und so begann er, mit seinen Freunden zu trinken. Manchmal kam er die ganze Nacht nicht nach Hause, und wenn Tanja sich darüber beklagte, verteidigte die Schwiegermutter ihren Sohn: »Er ist noch jung und muß sich noch ein bißchen amüsieren.«

Als ihr Sohn drei Jahre alt war, zog Tanja aus und fand in der engen Wohnung ihrer Mutter, in der schon zwei Personen in einem Zimmer leben mußten, Unterschlupf. Wenig später wurden sie und ihr Mann geschieden. Er hatte mittlerweile Arbeit und zahlte entsprechend den Scheidungsgesetzen die vorgeschriebenen 25 Prozent seines Gehaltes als Unterhalt für seinen Sohn, und zwar bis zur Vollendung des achtzehnten Lebensjahres. (Bei mehr als einem Kind muß der Vater 33 Prozent seines Einkommens als Unterhaltsgeld zahlen.) Aber das reichte kaum aus, um die Ausgaben für ihren Sohn zu bestreiten. Und so mußte Tanja mit ihren 150 Rubeln im Monat zusehen, wie sie zurechtkam. Es gab Zeiten, in denen sie drei Tage mit zwei Rubeln auskommen mußte, bis sie ihr nächstes Gehalt bekam, aber sie kam zurecht, denn die Kosten für die öffentlichen Verkehrsmittel, die Schule, die Miete und die Grundnahrungsmittel sind niedrig und medizinische Behandlungen kostenlos.

Kleidung war jedoch teuer, und deshalb lernte Tanja nähen. Indem sie alte Kleider änderte und die Wolle von getragenen Pullovern aufribbelte und wiederverwendete, machte sie etwas Neues für sich und sparte viel Geld.

Da sie diese zwei Jahre ihres Kampfes ums Dasein nicht vergessen hatte, war sie gegenüber ihrer Nachbarin besonders freundlich und großzügig, als sie in ihre Wohnung einzog. Sie wußte, daß das Gehalt ihrer Nachbarin nicht viel höher war als das ihre und daß 150 Rubel kaum ausreichten, ein gutes Paar Winterstiefel, ein Kleid oder einen Mantel zu kaufen. Deshalb gab sie der Nachbarin auch die Kleidungsstücke ihres Sohnes, aus denen er herausgewachsen war, statt sie, wie es die meisten Russen tun, zu verkaufen.

Sie wollte zu jener Zeit nichts weiter als gutnachbarliche Beziehungen, aber auch das war zuviel verlangt, denn ihre Nachbarin hielt nicht viel von Sauberkeit und Hygiene.

Die Schwierigkeiten begannen bereits mit dem Hinunterschaffen des Mülls. Beide Familien sollten abwechselnd den gemeinsamen Mülleimer leeren, aber die Nachbarin war zu faul dazu. Sie nahm hin, daß der Eimer überquoll und der Gestank dann durch die ganze Wohnung drang, bis Tanja oder ihr Sohn ihn schließlich wegschafften.

Obwohl die Reibereien wegen kleiner Dinge immer häufiger wurden, wollte Tanja der Nachbarin immer noch nicht den Krieg erklären, bis die ihr androhte, Tanjas Hund umzubringen, weil er die gemeinsam genutzten Räume beschmutze und zu laut wäre. Deshalb beschlossen sie, Rat beim sogenannten Nachbarschaftsgericht in ihrem Wohnblock zu suchen. Eine der Aufgaben dieser Institution war es, Streitigkeiten zwischen Nachbarn zu schlichten.

Die ehrenamtlich tätigen Mitglieder des Gerichts empfahlen Tanja und ihrem Mann, in einem Brief ihre Beschwerden niederzuschreiben. Danach würden sie mit der Nachbarin sprechen. Wenn die Schwierigkeiten nicht innerhalb eines bestimmten Zeitraums friedlich beigelegt werden könnten, würden sie die Angelegenheit an eine höhere Instanz weitergeben.

Tanja und ihr Mann waren sich zunächst nicht einig über den Text des Briefes. Tanja, die sehr gefühlsbetont ist, wollte beschreiben, was sie von ihrer Nachbarin dachte, aber ihr Mann – nüchtern und rational, wie er war – bestand darauf, nur Fakten zusammenzustellen und höflich zu bleiben. Er wußte, daß es für die Nachbarin ebenso schwierig war wie für sie selbst, eine Wohnung mit Leuten zu teilen, die aus anderen sozialen und kulturellen Verhältnissen kamen. Die Lebensbedingungen hatten sie zwangsweise zusammengeführt, und nun mußten sie alles Erdenkliche und Menschenmögliche tun, einen Weg des Zusammenlebens zu finden. Sie baten deshalb das Nachbarschaftsgericht, nachdem sie ihre Beschwerden zusammengestellt hatten, die Nachbarin aufzufordern, »sich anständiger zu benehmen und die Regeln des gemeinschaftlichen sozialistischen Zusammenlebens zu respektieren«.

Einige Wochen nach Erhalt des Briefes lud das Komitee die beiden Parteien zu einem Gespräch über ihre Meinungsverschiedenheiten ein. Nach einer dreistündigen Sitzung, die abends stattfand, schienen alle Beteiligten zufrieden auseinanderzugehen. Die Nachbarin unterzeichnete ein Schriftstück, wonach sie den Hund nicht mehr umbringen wollte. Und Tanja verpflichtete sich, das gemeinsame Telefon nicht mehr mit in ihr Zimmer zu nehmen, sondern es im Korridor zu lassen, wo es hingehörte. Das bedeutete, daß alle Telefongespräche in Zukunft öffentlich sein würden.

Außerdem nahm sie ihren Kühlschrank aus der Küche, weil die Nachbarin sich beschwert hatte, er nähme zuviel Raum ein. Als Gegenleistung verpflichtete sich die Nachbarin, nicht mehr in der Küche zu essen oder ihre Freizeit dort zu verbringen. Aber am nächsten Morgen war alles so, wie es vorher gewesen war. Die Nachbarin aß immer noch in der Küche, und als Tanja sie an die Vereinbarungen erinnerte, begann sie zu schreien und benutzte unflätige Ausdrücke.

Frustriert und hilflos hörte Tanja auf, mit der Nachbarin zu sprechen, und behandelte sie so, als sei sie nicht vorhanden. Das dauerte so lange, bis eines Tages ein Polizist vor der Tür stand, der auf Grund eines Beschwerdebriefes, den die Nachbarin an die Miliz wegen des Hundes geschrieben hatte, gekommen war. Zunächst sagte er, sie müßte den Hund abschaffen. Das war für Tanja unvorstellbar, denn sie hatte viele Monate gespart, um sich für 150 Rubel den kleinen Pudel leisten zu können, an dem sie alle hingen.

Als Tanja anfing zu weinen, wurde der Polizist etwas nachgiebiger. Sie versprach ihm, sich nach einer anderen Wohnung umzusehen, aber dazu brauche sie Zeit.

Als die Nachbarin von der Nachgiebigkeit des Polizisten hörte, rief sie sofort das Volksgericht an, das die gesetzlichen Vollmachten hat, bindende Entscheidungen zu treffen im Gegensatz zu dem vermittelnden, vom guten Willen der Beteiligten abhängigen Nachbarschaftsgericht. Tanja und ihr Mann hatten das laute Telefongespräch gehört und waren nicht überrascht, als sie eine Gerichtsvorladung bekamen, in der beide Parteien aufgefordert wurden, vor dem Richter zu erscheinen und ihre Meinungsverschiedenheiten vorzutragen.

Der Richter war ungehalten über die Beschwerde der Nachbarin, da sie ihm unnötig Zeit stahl, die er viel dringender für schwerere Verbrechen wie Vergewaltigung und Mord gebraucht hätte. Deshalb schlug er eine außergerichtliche Regelung der beiderseitigen Probleme vor und bat um Vorschläge. Obwohl sie keinen Rubel gespart hatten, erklärte Tanja daraufhin, sie hätten die Absicht, sich eine Genossenschaftswohnung zu kaufen, und sowohl der Richter als auch die Nachbarin waren mit dieser Lösung einverstanden.

Als Tanja und ihr Mann dann den Kaufantrag für eine Zweizimmereigentumswohnung in einer Genossenschaft stellten, wurde dieser abgelehnt. Man sagte ihnen, sie hätten schon mehr als sieben Quadratmeter pro Kopf, und somit war die Voraussetzung, auf die Warteliste für eine solche Wohnung zu kommen, nicht gegeben.

Hätten sie über »Blat« verfügt – »Blat« ist das russische Wort für die richtigen Beziehungen, um das zu bekommen, was man haben möchte –, hätten sie möglicherweise Erfolg gehabt. (So können Geschenke oder Geld beispielsweise den Leiter eines Geschäfts dazu bringen, jemandem »Defizit«-Artikel zuzuschanzen. Freunde tun einem auch oft einen Gefallen im Austausch gegen eine andere Gefälligkeit.)

So blieb ihnen nur die Möglichkeit, das zu tun, was viele andere auch tun: nämlich Briefe an alle erdenklichen Organisationen zu schreiben, die ihnen unter Umständen helfen könnten. Dazu gehören Zeitungen, das Parteikomitee, das Wohnungsbeschaffungskomitee usw., wobei sie darum baten, daß man in ihrem Falle die Vorschriften doch einmal hintanstellen solle. Sie hatten Glück und bekamen auf diese Weise die Genehmigung, eine Wohnung in einem Genossenschaftsgebäude zu kaufen, das gerade in einem der Moskauer Außenbezirke gebaut wurde. Man forderte eine Anzahlung von 4500 Rubeln, was der Hälfte des Gesamtpreises für die Wohnung entsprach.

Damals verlangte man von den Mitgliedern der Genossenschaft normalerweise nur eine Anzahlung von vierzig Prozent der Kaufsumme, und der Restbetrag konnte in Raten über fünfzehn Jahre verteilt bezahlt werden. (1983 wurde dieses Gesetz geändert, und zwar zum Vorteil der künftigen Besitzer, die heute nur noch dreißig Prozent Anzahlung leisten müssen und fünfundzwanzig Jahre Zeit haben, um den Restbetrag zu zahlen.)

In Tanjas Fall hatte der Staat mit dem Bau begonnen, bevor alle Genossenschaftsmitglieder bezahlt hatten, und da Geld zur Fertigstellung des Hauses fehlte, verlangte man eine höhere Anzahlung.

4500 Rubel hörten sich für mich erschreckend viel an, denn ich wußte ja, daß Tanja und ihr Mann kein Geld gespart hatten, seitdem sie vor vier Jahren geheiratet hatten. Ihr Mann verdiente 270 Rubel als Chefingenieur, aber er brachte nach Abzug der Steuern (etwa dreizehn Prozent) und der Unterhaltsverpflichtungen gegenüber seiner ersten Frau für den gemeinsamen Sohn in Höhe von fünfundzwanzig Prozent seines Einkommens nur etwa 170 Rubel nach Hause.

Die insgesamt 300 Rubel, die die beiden zusammen hatten, reichten gerade für die lebensnotwendigen Dinge. Dazu gehörten die Miete, Gas und Strom mit zusammen 20 Rubeln und das einfache Essen, das aus Brot, Kohl, Karotten, Kartoffeln und Fleisch bestand und im Monat durchschnittlich 70 Rubel pro Kopf kostete. Der Rest des Geldes mußte reichen, um die verschiedenen anderen Ausgaben zu bestreiten: Fahrgeld, Wäsche und Reinigung, Telefon und das Schulfrühstück für Sascha. Kleidung und andere Dinge, die viel Geld kosteten, waren dabei nicht berücksichtigt.

Seit ihrer Heirat hatte Tanjas Schwiegermutter ihnen in größerem Umfang finanziell unter die Arme gegriffen, und bei dieser Gelegenheit bat ihr Sohn sie wieder um Hilfe. Sie sagte sofort zu, Tanja und ihrem Mann bei der Zahlung der Schulden von 4500 Rubeln für die neue Wohnung zu helfen, aber sie brauchte Zeit, um das Geld zusammenzubekommen.

Als ich mich überrascht zeigte, daß sie keine Ersparnisse für ihr Alter hatte, erklärte Tanja mir, daß die meisten Menschen ihr ganzes Gehalt jeden Monat verbrauchten, und zwar ungeachtet dessen, was sie verdienten. Freunde von ihr hätten zusammen ein Einkommen von über 600 Rubeln monatlich, aber sie seien kurz vor Ultimo immer knapp bei Kasse. Sie liebten es, gut zu essen, und gäben deshalb ihr ganzes Geld auf den privaten Märkten aus.

Da ich wußte, wie mühsam es für Tanja und ihren Mann war, mit ihren 300 Rubeln auszukommen, fragte ich, warum denn die anderen kein Geld sparten.

»Es spielt keine Rolle, wieviel Geld eine Familie verdient. Es ist immer noch zuwenig, um das kaufen zu können, was man braucht, weil die Gehälter so niedrig sind«, antwortete sie.

Als ich sie daraufhin fragte, ob es in ihrem Freundeskreis überhaupt jemanden gäbe, der Ersparnisse hätte, dachte sie lange nach, und schließlich fiel ihr eine Arbeiterfamilie ein, die fünfundzwanzig Jahre gespart hatte, um sich ein Auto kaufen zu können. Während dieser Zeit hatten sich diese Menschen nicht den kleinsten Luxus erlaubt. Und mit besonderer Betonung erzählte sie, daß die Schwiegertochter dieser Familie jeden Tag eine Extraportion Fleisch bekommen hätte, als sie schwanger gewesen sei.

»Wenn die Leute merken, daß sie jahrelang auf alles verzichten müßten, um sich eine Wohnung, eine Datscha oder ein Auto zu kaufen, kommen sie zu dem Schluß, daß es besser ist, das Geld, das sie haben, auszugeben und das Leben zu genießen.«

Nach kurzem Überlegen fügte sie dann noch hinzu, daß in Notfällen – wenn zum Beispiel jemand in der Familie gestorben sei – immer die Möglichkeit bestünde, sich etwas Geld von Verwandten oder Freunden zu borgen oder etwas zu verkaufen, wozu sich Tanjas Schwiegermutter entschlossen hatte.

Sie würde zunächst anfangen, sagte sie, die Bücher zu verkaufen, die ihr Mann ihr hinterlassen hatte. Bücher sind heutzutage ebenfalls Mangelware und bringen enorme Preise. Während der vergangenen fünfzehn Jahre sind zwar sowohl die russischen Klassiker als auch moderne Literatur in Moskau verlegt worden, aber sie waren in den sowjetischen Buchläden schnell vergriffen. Nur in den Berioska-Geschäften, in denen man mit Devisen bezahlen muß, können Ausländer zu regulären, niedrigen Preisen die Bücher kaufen, die viele Russen gern hätten.

Ich wußte, daß Tanja Bulgakow liebte, denn sie hatte vor

kurzem ein Exemplar seines Buches »Der Meister und Margarita« von einer Freundin ausgeliehen. Deshalb kaufte ich es, als es im Berioska auslag. Ihre Reaktion auf dieses Geschenk, das mich weniger als fünfzehn Mark gekostet hatte, war so überwältigend, daß ich fest entschlossen war, meinem immer größer werdenden Kreis russischer Freunde nur noch Bücher zu schenken.

Sie umarmte mich und sagte mit erstickter Stimme: »Das Buch wird auf dem schwarzen Markt für hundert Rubel [das sind dreihundert Mark] verkauft, aber ich konnte es mir nicht leisten.«

Die Menschen in der Sowjetunion lesen gern und viel und nicht nur die Zeitungen. Wenn sie Schlange stehen, in der U-Bahn, im Bus und wartenden Taxis sind viele Menschen in Bücher vertieft, deren Zeitungsumschläge darauf schließen lassen, daß sie ausgeliehen sind.

Wenn jemand nicht das nötige Geld hat, um die irrsinnigen Schwarzmarktpreise zu bezahlen, kann er versuchen, die Bücher durch die offiziellen Kanäle zu bekommen, aber die Auswahl ist beschränkt. Es gibt Menschen, die Zeitungen und alle möglichen anderen Papiererzeugnisse sammeln, um so die Möglichkeit zu haben, bestimmte Bücher zu kaufen, die auf einer speziellen Liste verzeichnet sind. Ein solches Buch, das nicht an die Öffentlichkeit verkauft wird, ist zwanzig Kilo Papier wert.

Während Tanja und ihre Freunde sich nicht angestellt hätten, um Kleidung, Lebensmittel oder Haushaltsartikel zu bekommen, waren sie bereit, sich eine ganze Nacht lang in eine Schlange zu stellen, um in die Vormerkliste für ein besonderes Buch aufgenommen zu werden. Und es konnte passieren, daß sie dann ein Jahr oder länger warten mußten, bevor sie es schließlich bekamen.

Bestimmte Literaturzeitschriften wie die »Literaturnaja Gaseta« sind sehr gefragt, aber erscheinen nur in begrenzter Auflage. Als der pensionierte Vater einer Freundin seine Stellung als Veteran ausnutzte, um ihr ein Abonnement zu verschaffen, war sie so dankbar, daß sie ihm eine Weste strickte. Andere regierungsamtliche Zeitungen wie die »Prawda« oder die »Iswestija« sind überall an den Kiosken erhältlich und können ohne Schwierigkeit abonniert werden.

Die offizielle Erklärung für die Buchknappheit ist der Papiermangel (auch bei Servietten, Toilettenpapier, Packpapier und anderen Haushaltsartikeln). Aber das gilt nicht für politische Schriften wie die Werke Lenins oder Breschnews oder theoretische und wissenschaftliche Publikationen, mit denen die Regale in den Buchläden gefüllt sind.

Obwohl es Bücherantiquariate gibt, in denen man Bücher kaufen, verkaufen und tauschen kann, bekommt man kaum populäre Titel wie Kriminalromane, historische oder moderne Novellen oder Science-fiction. Die Menschen wissen, daß sie bei Privatverkäufen bessere Preise erzielen, und auf diese Weise bekam Tanjas Schwiegermutter auch die 1500 Rubel zusammen, die als Teil der Anzahlung für die Wohnung dienen sollten. Außerdem verkaufte sie ihre Garage, was noch einmal 2000 Rubel einbrachte.

Um die restlichen tausend Rubel zusammenzubringen, entschloß Tanja sich dazu, den einzigen Luxusartikel zu verkaufen, den sie hatte – einen pelzgefütterten Ledermantel, den sie von einem russischen Diplomaten gekauft hatte.

Ihre Freunde versuchten zunächst, ihr das auszureden, und versprachen, ihr das fehlende Geld zu leihen. Sie waren der Ansicht, daß sie den Mantel noch zwanzig Jahre tragen könnte und daß es schwierig sein würde, ein solches Stück später wieder zu kaufen.

Tanja weigerte sich jedoch, auf ihre Freunde zu hören. Nachdem ihre Schwiegermutter ihnen mit einem so großen Geldbetrag geholfen hatte, glaubte sie, auch ein Opfer bringen zu müssen. Sie hatten ihren Freunden kaum erzählt, daß der Mantel zum Verkauf stünde, als die Nachricht auch schon die Runde machte und die ersten Interessenten anriefen. Tanja verlangte tausend Rubel dafür – das waren vierhundert Rubel mehr, als sie vor vier Jahren dafür bezahlt hatte, aber weniger, als ein neuer Mantel auf dem schwarzen Markt gekostet hätte.

Eine der Anruferinnen bat Tanja, ihr den Mantel doch für drei Wochen zu reservieren, weil sie das Geld nicht bar zur Verfügung hätte. Da die Banken keine Kredite geben, hatte sie nur die Möglichkeit, sich das Geld von Freunden auszuleihen, die es gewöhnt sind, sich in einer solchen Situation gegenseitig auszuhelfen. Tanja hatte sich das Geld geliehen, um den Mantel kaufen zu können, und nun mußte die nächste Besitzerin das gleiche tun. Kurz bevor die drei Wochen vorüber waren, kam die junge Frau mit den tausend Rubeln, die Freunde ihr geliehen hatten.

Nachdem nun das Geld für die Anzahlung zusammen war, begannen Tanja und ihr Mann zu überlegen, was sie noch an zusätzlichen Möbeln brauchen würden und wo sie sie bekommen könnten. Aber sie hatten noch viel Zeit, denn bis zum Einzug würden noch sechs bis zwölf Monate vergehen. Früher sollte das Haus nicht fertig sein.

Eineinhalb Jahre später konnten Tanja und ihre Familie in die neue Genossenschaftswohnung einziehen, die aus zwei geräumigen Zimmern bestand und einen Balkon hatte und von der aus man eine wunderbare Aussicht auf die Wälder in der Umgebung Moskaus hatte. Das Schönste war jedoch, daß ihnen die Wohnung allein gehörte und daß kein Nachbar mehr ihr Privatleben stören konnte.

Wenig später ließ die anfängliche Begeisterung jedoch nach, denn sie mußten jeden Tag drei Stunden fahren, um in die Stadt und wieder nach Hause zu kommen. Ein weiterer Wermutstropfen war, daß sie kein eigenes Telefon hatten, denn das sollte erst in zwei Jahren angeschlossen werden. Das bedeutete, daß ich auf Tanjas Anrufe aus einer öffentlichen Telefonzelle warten oder mich auf die dreißigminütige Fahrt zu ihrer Wohnung machen mußte in der Hoffnung, sie zu Hause anzutreffen. Andere Freunde, die sie zu erreichen versuchten, schickten Telegramme, die manchmal um drei Uhr nachts zugestellt wurden.

Das war lästig, denn Tanja oder ihr Mann konnten nicht einfach die Tür öffnen und das Telegramm in Empfang nehmen. Das Sicherheitssystem ihres Hauses zwang sie, die Wohnung zu verlassen und zur verschlossenen Etagentür zu gehen, die nur mit einem Schlüssel geöffnet werden konnte. Erst nachdem sie diese Tür aufgeschlossen hatten, wobei sie natürlich angezogen sein mußten, konnte ihnen der Postbote das Telegramm aushändigen. Der Bote drückte immer so lange auf den Klingelknopf, bis irgend jemand, wie ungehalten auch immer, erschien.

Tanja gehörte zu den 200 000 Menschen, die in einer neuen, hauptsächlich aus hohen, gleich aussehenden Kästen bestehenden Moskauer Trabantenstadt lebten. Schulen, ein Kino und ein Einkaufszentrum waren geplant oder bereits im Bau, aber es dauerte noch lange, ehe sie fertiggestellt waren.

Die wenigen bereits vorhandenen Geschäfte waren kaum in der Lage, die große Zahl der Siedlungsbewohner ausreichend zu versorgen, und deswegen mußten die meisten ihre großen Einkäufe in der Stadt erledigen. Für Autobesitzer war das kein Problem, aber für Familien wie die Tanjas, die keinen Wagen hatten, war es sehr mühsam und unbequem.

Auch sonst mußte Tanja sich auf einen anderen und kraftraubenden Tagesablauf umstellen. Sie war zwar daran gewöhnt, früh aufzustehen, aber die Kämpfe in der Schlange an der Bushaltestelle und die Angst, daß der Bus überfüllt sein könnte und sie zu spät ins Büro kommen würde, zerrten an ihren Nerven.

Es kam hinzu, daß sie und ihr Mann finanziell ständig in Druck waren. Erstens hatten sie damit angefangen, die monatlichen Raten für die Wohnung, die sich auf 55 Rubel beliefen, zu zahlen. Das waren fast 45 Rubel mehr, als sie vorher für die staatliche Wohnung bezahlt hatten.

Zweitens machten sie sich Gedanken über die künftige Ausbildung ihres Sohnes. Er war jetzt in der zehnten Klasse und wollte im nächsten Jahr am medizinischen Institut mit dem Studium beginnen. Aber es war schwierig, einen Studienplatz zu bekommen, weil so viele junge Leute Ärzte werden wollten.

Das bedeutete, daß er eine spezielle Vorbereitung brauchte, um die schweren Zulassungsprüfungen zu bestehen.

»Meine Eltern haben vor zwanzig Jahren für die Nachhilfe bezahlt, die ich brauchte, und ich muß dasselbe für meinen Sohn tun«, sagte Tanja.

Eine Freundin, deren Sohn im Jahr vorher einen Studienplatz am medizinischen Institut bekommen hatte, empfahl ihr einen Nachhilfelehrer, der Professor an eben jenem Institut war. Dem Rat folgend, schrieb Tanja ihren Sohn für seinen Kurs ein, und jetzt mußte sie nicht nur einen Weg finden, um die Raten für die Wohnung zu bezahlen, sondern auch den Kurs, der 80 Rubel für acht Unterrichtsstunden pro Monat kostete. Das war mehr, als Tanja als Übersetzerin verdiente.

»Ich kenne niemanden, der ausschließlich von seinem offiziellen Gehalt lebt«, bemerkte Tanja, »selbst die Arbeiter nicht, die besser bezahlt werden als die Intellektuellen. Es gibt so viele Möglichkeiten, zusätzlich Geld zu verdienen.«

Und dann begann sie zu erzählen.

Sie erinnerte mich an einen Vorfall, den wir vor ihrem Haus beobachtet hatten, als ein Lastwagenfahrer, der ein Gehalt von 250 bis 300 Rubeln im Monat hat, anhielt, um Benzin aus seinem Tank in den eines Privatwagens umzufüllen. Bei dieser privaten Transaktion verdiente er Geld, und der Fahrer des Privatwagens sparte eine Menge, weil der offizielle Benzinpreis weitaus höher ist als der, den er dem Lastwagenfahrer zahlte.

»Manche Leute meinen, sie hätten einen guten Job, wenn sie Dinge von ihrem Arbeitsplatz mit nach Hause nehmen oder verkaufen können. Sie tun das mit einer solchen Selbstverständlichkeit, als wenn ihnen diese Dinge gehörten – vielleicht deshalb, weil sie so schlecht bezahlt werden. Wenn zum Beispiel jemand in einer Druckerei arbeitet, sieht er die Produkte seiner Arbeit zum Teil als sein Eigentum an. Das heißt, er nimmt für seinen persönlichen Bedarf Bücher mit nach Hause. Wenn er sie verkauft, ist es ein Verbrechen.«

»Jeder weiß, wie schwierig das Leben ist, und selbst mit Geld kann man nicht immer ›Defizite‹ kaufen. Deshalb nehmen die Menschen solche Gegenstände am Arbeitsplatz an sich und verwenden sie entweder selbst oder verkaufen sie.«

Sie erzählte mir dann von ihrer Waschmaschine, die sie hätten anschließen wollen, aber es fehlte ein Stück Kabel. Sie versuchten, das fehlende Teil zu bekommen, aber es war in ganz Moskau nicht aufzutreiben.

Daraufhin sprach Tanjas Mann mit einem Arbeiter in seinem Büro, und wenige Tage später hatte der Mann dann das Kabel. Er hatte einen Freund gebeten, es aus der Fabrik mitzubringen, in der dieser arbeitete, und er verkaufte es dann an Tanja zu einem exorbitanten Preis. Das Geschäft erzürnte ihren Mann, der sagte: »Es ist nichts dagegen einzuwenden, wenn jemand den Staat bestiehlt, aber damit bei anderen Gewinn herauszuschlagen ist nicht fair.«

Nach langen Diskussionen entschloß sich Tanja, in ihrer Freizeit mit Englischunterricht zusätzlich Geld zu verdienen. »Ich muß anderen Privatunterricht geben, damit mein Sohn seine Ausbildung bekommt. Das ist eine anständige Arbeit«, betonte sie. Nun mußte sie aber erst einmal Schüler finden.

Im Winter, wenn die Durchschnittstemperatur in Moskau unter
10 Grad minus fällt, können sich die Kinder unter den mehreren Lagen
dicker Kleidung kaum noch bewegen.

Oben: Junge Russen sind stolz auf ihre Kleidung und pflegen sie. Zu Hause ziehen sie alte, abgetragene Sachen an und schonen die guten Kleider fürs Ausgehen.

Unten: Am liebsten treffen sich junge Leute in Parks, wo sie ungestörter sind als in den beengten Wohnungen ihrer Familien.

Oben: Nach der offiziellen Hochzeitszeremonie legen viele junge Paare – begleitet von den Trauzeugen, die eine rote Schärpe tragen – ihren Brautstrauß am Grab des unbekannten Soldaten an der Kremlmauer nieder.

Unten: Viele heiraten im Alter von 18 bis 19 Jahren und lassen sich bald wieder scheiden: Nach offiziellen Statistiken wird eine von zwei Ehen geschieden.

Oben: Die Ärzte verordnen den Kindern jeden Tag einige Stunden frische Luft. Das fängt an mit 20 Minuten täglich für Babys, später sollen es bis zu sechs Stunden sein.

Unten: Sonntags fährt Vater das Baby aus, damit die Mutter sich ausruhen oder liegengebliebene Hausarbeiten erledigen kann. Diese Mutter ist etwas skeptisch und glaubt nicht, daß er es alleine schafft.

Sie lebten so weit von der Moskauer Innenstadt entfernt, daß es wenig sinnvoll gewesen wäre, die Anzeigen offiziell in der Stadt zu veröffentlichen. Deshalb schrieb sie sie selbst und hängte sie in der Nachbarschaft aus. Innerhalb kürzester Zeit klingelte es an der Haustür – kaum daß sie von der Arbeit zurück war –, und Leute, die ihren Kurs besuchen wollten, standen vor der Tür und warteten.

Als sie eines Tages die Tür öffnete, erblickte sie das bekannte Gesicht des Milizionärs. Als sie in die neue Wohnung eingezogen war, hatte er sie besucht und ihr gesagt, daß er für diesen Wohnblock verantwortlich sei.

Sie hatten sich damals lange über viele Dinge unterhalten. Er hatte ihr gesagt, sie sollte sich sein Aussehen einprägen für den Fall, daß jemand versuchen sollte, sich Zutritt zu ihrer Wohnung zu verschaffen und sich dabei fälschlich als der zuständige Polizist ausgeben sollte. Er hatte sie dann gefragt, ob sie eine Tochter habe; denn in den letzten Wochen hätte jemand in der Nachbarschaft junge Mädchen belästigt, und er empfahl ihr, abends nicht allein aus dem Haus zu gehen.

Als sie ihm erzählte, daß sie einen Sohn im Teenageralter hätte, riet er ihr, streng mit ihm zu sein und sich seine Freunde genau anzuschauen. Er erzählte ihr von Fällen, wo die Eltern nicht zu Hause und die Söhne in schlechte Gesellschaft geraten waren. Die Jungen hatten gestohlen, und als Tanja das hörte, fielen ihr die Schuhe ein, die sie vermißte und die sie vor ihrer Wohnungstür in dem verschlossenen Hausgang hatte stehenlassen.

Der Polizist hatte ihr auch bei diesem ersten Besuch gesagt, daß es ungesetzlich sei, Anzeigen an den Laternenpfählen der Umgebung anzubringen, und das war der Grund für seinen jetzigen zweiten Besuch. Er fragte sie, ob sie sich daran erinnerte, daß er sie davor gewarnt hatte, Anzeigen ohne offizielle Genehmigung in der Nachbarschaft anzubringen.

Sie erklärte ihm, daß sie dazu gezwungen gewesen wäre. Da es in der neuen Wohnsiedlung kein Büro gab, in dem man eine Anzeige aufgeben konnte, um sie offiziell auszuhängen, habe sie gedacht, er würde Verständnis haben und ihr kleines Vergehen übersehen.

»Was würde Ihre Frau in meiner Lage tun, wenn sie etwas zu verkaufen hätte?« fragte Tanja.

»Es gibt keinen Grund, meine Frau zu beneiden«, antwortete er, »denn ihr Leben ist schwer, und sie hat nichts zu verkaufen. Ich bin ein Polizist«, fuhr er fort »und ich tu' nur meine Pflicht. Ich muß darauf achten, daß die Ordnung aufrechterhalten wird und daß die Vorschriften eingehalten werden. Sie haben sich nicht daran gehalten, und deshalb müssen Sie Strafe zahlen.«

Er informierte Tanja dann, daß er die notwendigen Papiere für die Strafanzeige schon ausgefüllt hätte und sie mit einer Vorladung zum Gericht rechnen müßte.

Einige Tage später bekam sie die Aufforderung, vor Gericht zu erscheinen. Sie wurde dazu verurteilt, eine Strafe von zehn Rubeln zu bezahlen; das war ungefähr soviel, wie sie für eine Anzeige in der Abendzeitung hätte ausgeben müssen.

Sascha, Tanjas Sohn, war nur noch selten zu Hause, nachdem seine Prüfungsvorbereitungen angefangen hatten. Einmal lud er mich ein, mit ihm eine Tasse Tee in der Küche zu trinken. Seine Mutter war noch dabei, Englischunterricht zu erteilen, und so hatte ich die Möglichkeit, mich zum erstenmal ernsthaft mit ihm zu unterhalten.

Als ich ihn fragte, wie es mit seinem Unterricht aussähe, gestand er ein, daß er sehr anstrengend sei und daß ihm keine Zeit mehr bliebe für den Sport. Er bedauerte auch, daß er seine Freundin nur noch ein- oder zweimal im Monat sehen könnte.

Als ich hörte, daß er mit achtzehn schon eine Freundin hatte, fragte ich ihn nach ihr. Sie war eine seiner Klassenkameradinnen, aber die Lehrer waren streng und gegen derartige Freundschaften, so daß sich die beiden nur nach der Schule treffen konnten. Sie gingen gelegentlich zusammen ins Kino und hatten so die Möglichkeit, zusammenzusein. Als er das erzählte, erinnerte ich mich an die vielen jungen Leute, die ich gesehen hatte, wie sie sich im Sommer wie im Winter, auf Parkbänken sitzend, umarmt oder auf offener Straße geküßt hatten, ohne sich um die Passanten zu kümmern. Ich begriff, daß sie keine Möglichkeiten hatten, sich woanders zu treffen.

»Habt ihr euch schon übers Heiraten unterhalten?« fragte ich, denn ich wußte, daß achtzehn das gesetzliche Mindestalter für eine Heirat war und die jungen Leute in der Sowjetunion dazu neigten, sehr früh zu heiraten. Sascha sagte daraufhin, daß sie während seines zweiten Studienjahres am Institut heiraten wollten, wenn alles so liefe, wie sie es planten.

»Aber dann seid ihr beide noch Studenten, und ihr bekommt nur euer kleines Stipendium von 35 Rubeln für jeden, vorausgesetzt, deine Leistungen am Institut sind zufriedenstellend. Und außerdem müßt ihr einen Platz finden, an dem ihr zusammenleben könnt«, rief ich aus. »Wäre es nicht besser, ihr würdet warten, bis du Geld verdienst, von dem ihr leben könnt?«

Er lachte über diese Bemerkung und sagte: »Ich kann den Tag noch nicht sehen, an dem ich nicht mehr von der Hilfe meiner Eltern abhängig bin. Um ein normals Verhältnis mit einem Mädchen haben zu können, müßte ich heiraten. Wir haben zu Hause keine Gelegenheit, allein zu sein, und auch keine Möglichkeit, das Zusammenleben auszuprobieren. Denn weder meine noch die Eltern meiner Freundin würden uns das erlauben. Das bedeutet, daß wir heiraten werden und zu meinen Eltern ziehen, und die werden uns unterstützen.«

In diesem Moment kam Tanja, und Sascha entschuldigte sich, aber für mich war dieses Gespräch noch lange nicht beendet. Ich wollte wissen, was Tanja über Saschas Pläne dachte. Tanja sagte, daß ihr dieses Mädchen viel lieber sei als die anderen schrecklichen, die er mit nach Hause gebracht hatte, und so hätte sie nichts gegen sie einzuwenden. Außerdem käme das Mädchen aus einer guten Familie.

Resigniert sagte sie: »Eltern haben nie eine ruhige Minute in ihrem Leben. Wir haben ein populäres Sprichwort, das besagt: ›Eltern unterstützen ihre Kinder, bis sie pensioniert werden, und dann können sie sich ausruhen.‹

In der Sowjetunion müssen Eltern ihren Kindern helfen. Wenn sie mit dem Studium fertig sind, verdienen ein Lehrer, ein Arzt oder ein Ingenieur im Durchschnitt nicht mehr als 120 Rubel. Nur bei allergrößter Sparsamkeit kann ein junger Mensch davon leben. Natürlich gibt es Rentner, die weniger als 50 Rubel im Monat bekommen, aber ihre Bedürfnisse sind bescheiden und die Lebenshaltungskosten dementsprechend niedriger. Selbst wenn ein erwachsener Sohn oder eine erwachsene Tochter ohne die Hilfe der Eltern auskommen wollten, wäre das äußerst schwierig. Deshalb hätte ich nichts dagegen, wenn er heiratete, solange er noch studiert.«

»Aber wie stellst du dir die Zukunft vor, wenn du, dein Mann, dein Sohn, deine Schwiegertochter und möglicherweise auch noch ein Baby in dieser Zweizimmerwohnung zusammenleben müßten?« fragte ich.

»Ich hätte natürlich noch mehr mit dem Haushalt, dem Einkaufen, dem Kochen und dem Saubermachen zu tun«, sagte sie trocken. »Aber deine Schwiegertochter könnte dir doch dabei helfen«, sagte ich.

»Wohl kaum. Die Kinder werden nicht dazu erzogen, Verantwortungsgefühl zu empfinden. Sie haben keine Probleme, weil wir sie unter unsere Fittiche nehmen und alles für sie tun. Keine Mutter will, daß ihr Kind es ebenso schwer hat, wie sie es hatte. Wenn sie eine eigene Wohnung haben oder wenn ich einmal nicht mehr bin, werden sie schon lernen, was es heißt, auf eigenen Füßen zu stehen. Aber warum sollten sie nicht so lange unbeschwert leben, wie es geht?«

Diese Antwort erinnerte mich an ein Gespräch, das ich mit der Putzfrau einer Freundin geführt hatte. Die Frau war Ende Vierzig, sah aber wesentlich älter aus, obwohl sie kräftig gebaut war und gesund wirkte. Sie erzählte mir, daß ihre Tochter ihr ein und alles wäre und daß sie selbst keine Bedürfnisse hätte.

Die Frau arbeitete an sechs Tagen in der Woche vierzehn Stunden lang und hatte zwei Arbeitsstellen, so daß sie ihrer Tochter von allem das Beste geben konnte. Sie wollte, daß ihre Tochter ebenso modisch gekleidet sein sollte wie deren Freundinnen. Und sie zählte all die Dinge auf, die sie ihrer Tochter gekauft hatte: einen Pelzhut, importierte Winterstiefel, Jeans usw. Vor kurzem hatte die Tochter den Wunsch geäußert, einen ausländischen Kassettenrecorder zu haben, und die Mutter erzählte mir stolz, daß sie bald das Geld zusammenhaben würde, um ihn kaufen zu können.

»Jetzt kann sie noch die schönsten Jahre ihres Lebens genießen. Wenn sie heiratet und Kinder hat, wird sie dasselbe für ihre Kinder tun, was ich jetzt für sie mache«, sagte sie.

Eines Tages erhielt Tanja eine Einladung, die für sie eine aufregende Abwechslung von ihrer täglichen Routinearbeit bedeutete und der Traum all ihrer Freundinnen war. Man hatte sie gebeten, als Dolmetscherin für eine Delegation ihres Instituts zu arbeiten, die eingeladen worden war, die Vereinigten Staaten zu besuchen.

Das würde ihre erste Reise ins Ausland sein, und sie wußte, wie schwierig es werden würde, die Genehmigung dafür zu bekommen. Freunde von ihr hatten jahrelang warten müssen, bevor sie die Visa bekommen hatten, die ihnen erlaubten, sozialistische Länder zu besuchen. Aber eine Geschäftsreise in ein westliches Land war einer der prestigeträchtigsten Höhepunkte in der beruflichen Laufbahn eines Menschen.

Während der nächsten Wochen mußte Tanja sich die notwendigen Papiere für ihren Reiseantrag beschaffen. Als erstes brauchte sie eine Empfehlung ihres Abteilungsleiters. Er nahm sich viel Zeit beim Schreiben dieses Papiers und der Durchleuchtung ihrer Herkunft und ihres Werdegangs. Nachdem er das Schreiben fertiggestellt hatte, rief er Tanjas Kollegen zusammen und las ihnen den Text in ihrer Gegenwart vor. Er fragte sie außerdem nach ihrer Meinung sowie nach Vorschlägen und Anregungen. Tanja war eine gute Arbeitskraft und erfreute sich bei ihren Kollegen großen Respekts. Sie stimmten dem, was der Abteilungsleiter geschrieben hatte, ohne Einschränkung zu.

Darum unterschrieb er dann auch das Empfehlungsschreiben, für das aber noch zwei zusätzliche Unterschriften erforderlich waren, nämlich die des Parteisekretärs und des Gewerkschaftsvorsitzenden in ihrem Büro. Beide hatten das Recht, sie weiteren Befragungen zu unterziehen, wenn sie Zweifel hinsichtlich ihrer politischen Zuverlässigkeit oder ihrer Herkunft hatten, aber sie hielten das nicht mehr für erforderlich und unterschrieben auch.

Wer eine solche Unterschrift leistet, lädt sich eine große Verantwortung auf. Er übernimmt damit die Garantie für den einwandfreien Charakter dessen, für den er eine Empfehlung ausgesprochen hat. Wenn diese Person sich dann beispielsweise im Ausland schlecht benimmt oder sich gar absetzt, wird er verantwortlich gemacht und kann große Schwierigkeiten bekommen. In einigen Fällen haben Abteilungsleiter ihren Arbeitsplatz verloren, weil sie sich für jemanden verbürgt hatten, der dann flüchtete.

Aber in Tanjas Fall waren die Voraussetzungen, die ihre Rückkehr garantierten, fast perfekt. Sie war glücklich verheiratet, und sie hatte einen Sohn, den sie sehr liebte. Das einzige, was ihr fehlte, war die Mitgliedschaft in der Partei.

Nachdem sie das erste Hindernis überwunden hatte, an dem viele andere scheitern, wartete sie darauf, von der Parteikommission des Bezirks vorgeladen zu werden, die verantwortlich ist für die sorgfältige Überprüfung von Kandidaten, die ins Ausland gehen wollen. Bekannte, die schon vor dieser Kommission hatten erscheinen müssen, empfahlen ihr, sich mit den politischen Ereignissen und Umständen ihres Landes und denen der USA vertraut zu machen. So wurde sie zu einer regelmäßigen Leserin der »Iswestija« und schaute sich jeden Abend das Nachrichtenprogramm im Fernsehen an. Außerdem beschäftigte sie sich mit Daten und Fakten über die Vereinigten Staaten.

Am Tag ihres Termins war sie außerordentlich nervös, weil ihr bewußt war, daß diese Gruppe über ihre Zukunft entscheiden würde. Als sie den Untersuchungsraum betrat, stand sie zwölf Menschen gegenüber, die an einem Tisch saßen. Zwei von ihnen stellten ihr Fragen, die sie ohne Schwierigkeiten beantworten konnte. Die eine Frage betraf einen Jahrestag, der in ihrem Land vor kurzem begangen worden war, und die andere das politische System der Vereinigten Staaten.

Nachdem sie diese Prüfung und die vorgeschriebene Gesundheitsuntersuchung überstanden hatte, wartete sie auf die endgültige Entscheidung und die Reiseerlaubnis, die in ihrem Fall vom Zentralkomitee der Kommunistischen Partei kommen würde. Sechs Monate nach der Beschaffung der Papiere wurde sie aufgefordert, in das Büro des Zentralkomitees zu kommen. Als sie eintrat, gab ihr ein Vertreter der Organisation eine kleine Broschüre, die sie sich durchlesen sollte. Sie handelte davon, wie sich ein Sowjetbürger im Ausland zu benehmen hatte, und warnte vor Leuten, die versuchen könnten, den Sowjetbürger oder die Sowjetbürgerin zur Spionage zu verleiten. Danach wurde sie aufgefordert, ein Schriftstück zu unterschreiben, in dem stand, daß sie die Broschüre gelesen hätte und sich an die gegebenen Anweisungen halten würde. Ergänzend wurde ihr noch gesagt, daß sie mit niemandem über den Inhalt dieser Broschüre sprechen dürfte. Dann bekam sie die Reiseerlaubnis.

Kurz bevor sie ihren Reisepaß für Auslandsreisen hätte bekommen sollen, wurde die Fahrt aus politischen Gründen abgesagt. Sie war tief enttäuscht, denn sie wußte nicht, ob sich ihr eine solche Gelegenheit jemals wieder bieten würde. Obwohl sie den entscheidenden Test bestanden hatte, bedeutete das nicht, daß sie zu einem späteren Zeitpunkt ebenso erfolgreich sein würde, wenn die ganze Auswahlprozedur mit einem Empfehlungsschreiben ihres Büros von vorn beginnen würde. Sie kannte viele Leute, deren Anträge ohne jede Begründung abgelehnt worden waren.

4. Kapitel

Von der Schwierigkeit, ein Auto zu kaufen

Da Tanjas Arbeitsbelastung immer stärker wurde, begann ich, einige der Leute zu besuchen, die ich durch sie kennengelernt hatte. Sie hatten mehr Freizeit, riefen mich an und luden mich ein, sie zu besuchen.

Eine von Tanjas Freundinnen, die ich sehr gern mochte, war Rita. Sie sprach etwas Deutsch und Englisch. Seit ich täglich Unterricht bei einer russischen Lehrerin hatte, die sich viel Mühe gab, fing ich an, Russisch zu sprechen, und verstand es auch einigermaßen. Mit der zusätzlichen Hilfe durch mein unentbehrliches Russisch-Englisches Taschenwörterbuch vereinfachte sich die Verständigung.

Im Gegensatz zu der kleinen und etwas fülligen Tanja war Rita etwa so groß wie ich und hatte eine ideale Jeansfigur. Glattes, blondes Haar, das ihr genau bis auf die durchstochenen Ohrläppchen hing, rahmte ihre lachenden Augen und die Grübchen in ihren Wangen ein. Während Tanja leicht erregbar und angespannt war, blieb Rita stets ruhig und ausgeglichen. Sie lächelte oft, wobei sie ihre schönen weißen Zähne zeigte, und sie hatte viel Sinn für Humor, was eine ihrer erfreulichsten Eigenschaften war. Das war ein guter Ausgleich für ihren Mann, dessen manchmal etwas schroffe Art und Nörgelei mich störten.

Kolja war mindestens einen Kopf größer als Rita, und er sah – nach seinen eigenen Worten – wie ein typischer Russe aus. Er hatte ein breites, eckiges und volles Gesicht und einen kräftigen Knochenbau. Sein meist ernster Gesichtsausdruck wurde noch betont durch eine Hornbrille.

Als ich Rita zum erstenmal traf, wohnte sie mit ihrem Mann und ihrem Schwiegervater in einer geräumigen Zweizimmerwohnung, die schon viele Jahre Koljas Heim gewesen war. Sie waren dort eingezogen, als sie noch Studenten waren. Jetzt war Kolja Volkswirtschaftler, und Rita arbeitete als Lehrerin.

Als sie noch studierten, bezogen sie ein kleines Stipendium, das als Taschengeld ausreichte. Für alle anderen Ausgaben kam der extrem sparsame Schwiegervater auf, der weder sich selbst noch seinen Kindern irgend etwas gönnte. Der einzige Luxus, den sie sich erlaubten, war, täglich Fleisch zu essen.

Nachdem die drei fünf Jahre zusammengelebt hatten, starb der Schwiegervater, und als Rita seine Habseligkeiten verschenken wollte, fand sie im Schrank versteckt ein Sparbuch. Es gehörte dem Verstorbenen, und sie entdeckte, daß er elftausend Rubel zusammengespart hatte. Sie war zunächst überrascht, aber dann siegte ihr Sinn fürs Praktische. Sie blätterte die Seiten des Sparbuches auf, wo der Inhaber den Namen dessen eintragen konnte, der erbberechtigt war, aber die Seite war leer.

Nach den sowjetischen Gesetzen müssen alle Ansprüche auf die Erbschaft eines Gestorbenen innerhalb von sechs Monaten nach dessen Tod geltend gemacht werden. Deshalb begann Kolja mit der mühsamen Arbeit des Ausfüllens der zahlreichen Formulare, um nachzuweisen, daß er der nächste und einzige noch lebende Angehörige war. Nachdem er die Unterlagen bei Gericht eingereicht hatte, mußte er die vorgeschriebenen sechs Monate warten, ob noch ein anderer Erbansprüche geltend machen würde.

Er mußte gleichzeitig auch noch andere bürokratische Angelegenheiten erledigen, die durch den Tod seines Vaters erforderlich wurden. Bevor eine Familie in eine Wohnung einziehen kann, muß das Bezirkswohnungsamt eine Genehmigung ausstellen und eine Liste derjenigen Personen zusammentragen, die nach den gesetzlichen Vorschriften dazu berechtigt sind, dort zu wohnen. Gleichzeitig wird der Familienvorstand als »verantwortlicher Mieter« eingetragen, dessen Pflicht es ist, die Ordnung aufrechtzuerhalten.

Koljas Vater war bis dahin der »verantwortliche Mieter« gewesen, und es war jetzt notwendig, das Dokument oder den Eintrag zu ändern. Kolja kümmerte sich zuallererst darum, denn er wußte, daß ernsthafte Probleme entstehen konnten, wenn die Wohnungspapiere nicht in Ordnung waren.

Einer seiner Freunde war gerade gezwungen worden, eine staatliche Wohnung zu räumen, in der er zusammen mit seiner Großmutter gewohnt hatte, weil in den Unterlagen sein Name als Bewohner dieser Wohnung nicht angegeben war. Das wäre möglicherweise nicht bemerkt worden, wenn seine Großmutter nicht plötzlich gestorben und der Wohnraummangel nicht so groß gewesen wäre.

In der Zeit, in der Kolja darauf wartete, Nachricht wegen seiner Erbschaft zu bekommen, klingelte das Telefon ununterbrochen. Freunde und sogar Freunde von Freunden, die er nicht einmal kannte, riefen an und fragten, ob er ihnen später Geld leihen würde. Nachdem er versprochen hatte, den Menschen, die ihm in der Vergangenheit ausgeholfen hatten, kleinere Beträge zu leihen, nahm er seinen bescheidenen Lebensstil wieder auf.

Fast auf den Tag genau sechs Monate nach dem Tod seines Vaters erhielt Kolja die offizielle Bestätigung, die ihm das Geld zusprach, und er ging sofort mit seiner Frau zur Bank. Aber als sie dort ankamen, begrüßte sie der Bankangestellte mit der überraschenden Frage: »Warum sind Sie nicht schon früher gekommen? Ihr Vater hat hier eine Vollmacht hinterlegt, wonach seinem Sohn das Geld auf dem Konto gehört.«

Kolja, der nicht gerade wegen seiner Geduld bekannt war, ging in die Luft, weil er nicht früher informiert worden war, und machte nach eigenen Worten einen fürchterlichen »Skandal« – ein Lieblingswort der Russen für emotionale Ausbrüche.

Das beeindruckte den Bankangestellten jedoch offensichtlich nicht, der Kolja empfahl, zwei Konten zu eröffnen. Von einem könnte er regelmäßig Geld abheben, und er bekäme darauf zwei Prozent Zinsen, während man auf das andere drei Prozent gewährte, dort aber kurzfristige Abhebungen nicht möglich waren.

Nachdem er ein reicher Mann geworden war, wollte Kolja das Geld nun so schnell wie möglich ausgeben.

»Wenn du Geld leihst, ist es schon weniger wert, wenn du es zurückzahlst«, erklärte er. »Deswegen darf ich keine Zeit verlieren.«

Obwohl offiziell bei der Regierung von Inflation nicht gesprochen wurde, stiegen die Preise, während die Löhne und Gehälter nicht erhöht wurden. In der Zeit, in der wir in Moskau lebten, hatte ich bemerkt, daß die Preise für Schokolade, Kaffee, Benzin, Wodka und andere Artikel oft angehoben worden waren, während die Kosten für Grundnahrungsmittel wie Brot, Zucker, Kartoffeln, Kohl und Mehl stabil blieben.

Das erste, was Kolja und Rita sich von dem geerbten Geld anschaffen wollten, war ein Wandteppich, aber wie so viele andere Dinge war auch das ein »Defizit« zu jener Zeit, und man brauchte »Blat« – Beziehungen. Kolja rief deshalb seinen alten Schulfreund Igor an und bat ihn um Hilfe. Igor war in der sechsten Klasse Koljas einziger Freund gewesen – zu einer Zeit, als seine Arroganz sowohl seine Klassenkameraden als auch seine Lehrerin abgestoßen hatte.

Während die Lehrerin den Kindern erklärt hatte, daß alle Menschen gleich seien, hatte Kolja damit angegeben, daß sein Vater ein bekannter Arzt sei, der einer adligen Familie entstammte. Das trug ihm die strenge Schelte seiner Eltern ein, die in die Schule zitiert wurden, aber gleichzeitig bildete sich dadurch zwischen ihm und Igor eine enge Freundschaft, weil der aus einfachen Familienverhältnissen kam.

Igor wuchs in einer Arbeiterfamilie auf, in der die Mutter Hauptverdiener war. Sie arbeitete als Buchhalterin und verdiente 140 Rubel im Monat, was kaum ausreichte, um eine vierköpfige Familie zu ernähren.

Sein Vater war im Zweiten Weltkrieg verwundet worden, und die Verletzung ließ es nicht zu, daß er regelmäßig arbeitete. Gelangweilt und frustriert wie er war, begann er zu trinken und seine Veteranenpension von monatlich 40 Rubeln für Wodka auszugeben.

Seine energische und entschlossene Frau suchte und fand einen Weg, ihm die Pension wegzunehmen, aber er fand andere Mittel und Möglichkeiten, Geld zu verdienen. Er kaufte tropische Fische, die er dann züchtete und verkaufte. Während der Pilzsaison sammelte er Pilze und verkaufte sie auf dem Markt.

Es war seine Aufgabe, für die Familie einzukaufen, und er verbrachte oft den ganzen Tag damit, in ganz Moskau herumzulaufen, um die billigsten Lebensmittel zu finden, damit er von dem Geld, das seine Frau ihm gegeben hatte, möglichst viel einstecken konnte.

Das Leben von Igors Vater verbesserte sich erheblich, als die Regierung eine neue Politik gegenüber den Veteranen des Zweiten Weltkriegs einleitete. Sie wurden zu »Helden« erklärt, und das berechtigte sie zu bestimmten Privilegien. So brauchten sie sich nicht mehr anzustellen, sondern konnten gleich nach vorne gehen, und sie hatten zum Beispiel ihre eigenen Spezialschlangen, wenn es »Defizit«-Artikel wie Autos und Teppiche gab.

Dieser neue Status der Veteranen brachte Anerkennung und führte auch zu einem neuen Spruch, denn die Russen haben Freude daran, für jede erdenkliche politische oder soziale Gelegenheit Bonmots zu erfinden.

»Jedes junge Mädchen träumt davon, einen Veteranen zu heiraten, denn dann ›bekommt‹ es alles, was es braucht.« (Die Russen verwenden normalerweise nicht das Wort »kaufen«, sondern sagen statt dessen »bekommen«, was beinhaltet, daß irgendein Artikel nur schwer zu beschaffen ist.)

Da er wußte, daß Veteranen sich die Luxusartikel nicht leisten konnten, die ihnen dank ihrer Spezialschlangen zugänglich waren, nutzten Leute wie Kolja die Gelegenheit und machten Geschäfte mit ihnen. Als Kolja Igor zunächst sagte, er sei gewillt, seinem Vater hundert Rubel Provision für die Beschaffung eines Teppichs zu zahlen, lehnte Igor ab. Da er ein Mensch mit festen Grundsätzen war, wollte er mit einem solchen Geschäft nichts zu tun haben. Aber Kolja ließ nicht locker, und so erklärte Igor sich schließlich bereit, mit seiner Mutter zu sprechen, die für alle Entscheidungen innerhalb der Familie zuständig war. Da sie Geld brauchte, versprach sie Kolja, ihm zu helfen, jedoch unter einer Bedingung: Sie wollte die notwendigen Vorkehrungen ohne ihren Mann treffen, denn sie befürchtete, daß er die Provision vertrinken würde.

Daraufhin folgte Igors Mutter dem vorgeschriebenen Weg, um einen Teppich zu bestellen. Sie füllte eine Postkarte mit dem Namen und der Anschrift ihres Mannes aus und brachte sie in das zuständige Büro. Ein paar Monate später kam dann eine Postkarte, mit der ihr Mann verständigt wurde, daß er an der Reihe wäre, und mit der Karte in der Hand gingen sie und Kolja in das Teppichgeschäft.

Als sie auf den Laden zugingen, wurden sie von zahlreichen »Geschäftsleuten« – das ist der Name, den die Russen den Leuten geben, die persönliche Gewinne oder Vorteile aus dem Kauf und Verkauf von Dingen ziehen – aus dem Kaukasus und Mittelasien angehalten. Einige boten Igors Mutter eine Provision von dreihundert Rubeln für den Teppich – das waren zweihundert Rubel mehr, als Kolja ihr angeboten hatte –, aber sie lehnte ab. Diese Leute waren Fremde, und man konnte ihnen nicht trauen.

Nachdem Kolja einen Teppich in dem Geschäft ausgesucht hatte, frage die Angestellte nach den Veteranenpapieren. Ein Nachweis fehlte jedoch, der bestätigte, daß Igors Vater ein verwundeter Held des Zweiten Weltkrieges war. Da Igors Mutter diesen Nachweis vergessen hatte, versuchte sie, die Angestellte davon zu überzeugen, daß sie ihrem Ehrenwort glauben könnte, daß alles seine Richtigkeit hätte. Aber das war vergeblich.

Nachdem sie nach Hause gerannt und mit dem fehlenden Papier zurückgekommen waren, war die Angestellte immer noch nicht zufrieden. Sie wußte wohl, was los war, und sagte: »Und jetzt möchte ich den Helden selbst sehen.«

Bis dahin hatte Kolja geschwiegen, aber jetzt ging er in der für ihn typischen Art hoch und benutzte, wie er mir erzählte, alle obzönen Wörter, die er kannte. Es ist schwer zu sagen, ob es seine Ausdrucksweise oder seine Größe war, die die Angestellte überzeugte, aber sie lenkte schließlich ein.

Jetzt befindet sich der 850 Rubel teure Teppich bei Rita und Kolja in der Wohnung und wärmt und verschönert die Wand.

Wie Kristall und Schmuck wurde zu jener Zeit ein Wandteppich als gute Investition für die Zukunft angesehen. Aber seit 1981 sind diese Dinge Luxusartikel und keine »Defizite« mehr, denn die Geschäfte sind voll davon. Jeder, der die irrsinnigen Preise bezahlen kann, könnte sie kaufen

Das nächste, was Rita und Kolja kaufen wollten, war ein Auto – ebenfalls ein »Defizit«, aber da war nicht das Geld der entscheidende Faktor, sondern die Warteliste. Wäre Kolja Fabrikarbeiter und nicht Volkswirtschaftler gewesen, hätte er es leichter gehabt. Fabriken, große Universitäten und wichtige Institute wie zum Beispiel die Akademie der Wissenschaften haben ihre eigenen Zuteilungsquoten für Autos sowie Wartelisten und sogar eigene Fahrkurse.

Da das in Koljas Büro nicht der Fall war, verbrachte er mehrere Monate damit, eine Vormerkliste ausfindig zu machen, in die er aufgenommen werden könnte, aber er hatte kein Glück. Daraufhin beschloß Rita, zwei Moskauer Autogeschäfte anzurufen, um dort einen Rat einzuholen. Sie wußte zwar, daß es unmöglich war, in ein Geschäft zu gehen und dort ein Auto zu kaufen, aber vielleicht würde ihr jemand einen Rat geben.

Der Verkäufer vom Schiguli-Geschäft lachte sie aus, als sie fragte, ob Autos auf Lager wären. Im Moskwitsch-Geschäft war der Verkäufer dagegen freundlicher und verständnisvoller. Er erklärte ihr, daß sie sich vormerken lassen könnte, wenn sie einen Moskwitsch kaufen wollte, und zwar einmal im Jahr, aber er könne ihr den Tag nicht nennen, weil der nie im voraus bekanntgegeben würde.

Rita hatte das Glück, daß eine Freundin von ihr gleich um die Ecke in unmittelbarer Nähe des Moskwitsch-Geschäftes wohnte und bei ihr anrief, als sie eine lange Schlange vor dem Laden stehen sah. Kolja verließ sein Büro mitten am Tag, was jeder verstand und womit seine Kollegen auch einverstanden waren, und er stellte sich zu Rita in die Warteschlange.

Als sie dort angekommen waren, hörten sie, daß die Leute schon vor drei Tagen begonnen hatten, sich anzustellen, und daß viele von ihnen die Nacht vor dem Geschäft verbracht hatten, um eine niedrige Nummer zu bekommen. Die beiden bekamen die Käufernummer 10500, und der Verkäufer vermerkte diese Nummer auf Ritas Personalausweis, damit sie sie nicht vergäße. Gleichzeitig mußten die beiden eine Postkarte ausfüllen, die ihnen zugeschickt werden würde, wenn sie an der Reihe waren.

Nachdem sie nun einen Antrag auf Kauf eines Autos gestellt hatten, mußten sie fahren lernen. Aber die Zulassung zu einem Fahrkurs war ein weiteres Hindernis, das es zu überwinden galt. Das zuständige Büro, das die Fahrkurse in ihrem Bezirk organisierte, behauptete, daß für die nächsten zwei Jahre alles ausgebucht wäre. Nach zahlreichen Anfragen fanden sie freie Plätze in einem Fahrkurs in einem anderen Moskauer Bezirk.

Sie konnten jedoch nur zugelassen werden, wenn sie sich einem Gesundheitstest unterzogen. Bei der Augenuntersuchung wurde dann festgestellt, daß Rita zum Fahren eine Brille benötigte. Also ging sie von einem Optiker zum anderen mit ihrem Rezept in der Hand, aber nirgendwo konnte man ihr die Brille geben, die sie brauchte. Da ihre Suche erfolglos war, fand Rita eine andere Lösung. Sie lieh sich die Brille aus, die Kolja in der Oberschule getragen hatte, und setzte sie auch auf, als sie das Foto für den Führerschein machen ließ. Sie hatte zwar nicht vor, sie später zu tragen, aber sie wollte sie immer bei sich haben und in jedem Fall sicherheitshalber aufsetzen, falls ein Polizist sie anhalten sollte.

Nachdem sie nun gerüstet war und den dreimonatigen Fahrkurs hätte beginnen können, gab es eine neue Verzögerung, denn die Autos waren nicht fahrbereit, und es stand kein Unterrichtsraum zur Verfügung. Als der Kurs dann schließlich sechs Monate später anfing, hatte der Fahrlehrer wenig Zeit und bot den Kursteilnehmern an, weniger Fahrstunden zu machen, als eigentlich vorgeschrieben waren. Da sie Angst hatten, die Prüfung nicht zu bestehen, übten Rita und Kolja mit meinem Schiguli, und irgendwie schafften sie es und bekamen ihren Führerschein.

Mit dem Führerschein in der Hand waren sie nun berechtigt, Mitglied in ihrem Nachbarschafts-Amateur-Fahrklub zu werden, der eine wichtige Funktion hatte. Man würde ihnen dort helfen, einen Parkplatz zu finden. Das war absolut erforderlich, denn auf der Straße geparkte Autos waren für Diebe eine verlockende Beute.

Innerhalb weniger Monate waren mir allein vier Außenspiegel abgebrochen oder gestohlen worden. Kein Russe wagt es, die Scheibenwischer an seinem Auto zu lassen, und sie werden nur angebracht, wenn es regnet oder schneit. Scheibenwischer sind ebenso wie alle anderen Ersatzteile Mangelware, die man nur schwer bekommt.

Selbst in der Reparaturwerkstatt waren die Autos nicht sicher. Es ist allgemein üblich, neue Scheibenwischer gegen alte auszuwechseln, oder sogar Vergaser werden ausgetauscht, so daß das Auto, das man aus der Werkstatt abholt, in einem schlechteren Zustand ist als vorher.

Deshalb verbrachten Rita und Kolja die darauffolgenden anderthalb Jahre damit, Zubehör für ihr Auto zu kaufen – »so wie Eltern alles für die Geburt eines Kindes vorbereiten«, scherzte Rita. Sie kauften ein Sicherheitsalarmsystem, ein spezielles Lenkradschloß, einen Schlüsselring und zahlreiche Ersatzteile, deren Sinn mir nicht ganz klar war.

»Ich weiß, daß man sofort zugreifen muß, wenn man etwas sieht. Denn wenn du es brauchst, bekommst du es nicht«, erklärte Kolja.

Trotz all ihrer Vorbereitungen wurden die beiden von der

Postkarte überrascht, mit der man ihnen mitteilte, daß sie das Auto am nächsten Tag um zehn Uhr morgens abholen könnten. Das Geld war noch auf der Bank, die um zwanzig Uhr ihre Schalter schloß, und es blieb ihnen nur eine Stunde, um alles unter Dach und Fach zu bringen.

Als die Bankangestellte hörte, daß sie von beiden Konten Geld abheben und einen Scheck ausgestellt haben wollten, wandte sie ein: »Warum sind Sie nicht früher gekommen? Sie wissen doch, daß das Ausstellen eines Schecks viel Arbeit bedeutet und Zeit kostet.« Nachdem sie ihr erklärt hatten, daß sie beide direkt von der Arbeit kämen und auch ihre festen Arbeitszeiten hätten, war die Angestellte widerstrebend bereit.

Auf der Postkarte war vermerkt, daß der Kaufpreis für das Auto sich auf 7419 Rubel beliefe, und Kolja bat, einen Scheck auf den Namen seiner Frau über diesen Betrag auszustellen.

»Läuft das Auto auf Ihren Namen?« fragte sie Rita in erstauntem, aber plötzlich respektvollem Ton. Sie nahm wohl an, daß einer der größten Luxusartikel, den es im Leben eines Sowjetbürgers gibt, auf den Namen des Mannes geschrieben würde.

Nachdem die Bankangestellte sich von ihrer Überraschung erholt hatte, sagte sie, daß ein Scheck nur mit einer Null als letzter Zahl ausgestellt werden könnte. Daraufhin meinte Kolja, sie solle dann eben einen Scheck über 7420 Rubel ausfüllen, was Bedenken weckte. »Aber man wird Ihnen kein Geld herausgeben«, sagte sie. Kolja antwortete darauf gereizt: »Dann soll die Regierung doch diesen einen Rubel behalten. Das macht mir nichts aus. Und das ist auf jeden Fall besser, als noch ein paarmal hierherkommen zu müssen und noch mehr Formulare auszufüllen, wenn ich einen Scheck brauche.«

Aber sie bestand darauf, ihnen einen Scheck und Bargeld zu geben. Kolja hatte jedoch Bedenken wegen dieses Lösungsvorschlags. »Haben Sie dort schon gearbeitet, und wissen Sie, ob man da mit Bargeld und einem Scheck bezahlen kann? Ich weiß, daß wir eine sehr große, tüchtige Regierung mit guter Planung haben. Aber die Abwicklung ist in den einzelnen Organisationen unterschiedlich, wie Sie selbst wissen. Jede Abteilung arbeitet nach ihren eigenen Regeln, trotz aller zentralen Organisation, und sehr oft passiert es, daß nichts so funktioniert, wie es sollte.«

Die Bankangestellte versicherte ihm, daß es möglich wäre, und stellte einen Scheck aus. Es war das erste Mal, daß Rita einen zu Gesicht bekam. Sie erzählte mir später, daß er so groß wie ein Handtuch ausgesehen hätte.

Am nächsten Morgen standen Rita und Kolja früh auf und begaben sich, wie sie hofften, auf ihre letzte zwei Stunden dauernde Reise mit dem Bus und der U-Bahn, um zu dem Autogeschäft zu fahren, in dem sie früher schon Ersatzteile gekauft hatten. Sie folgten den auf der Postkarte gegebenen Anweisungen und gingen zum Schalter 4, wo schon eine Schlange von Leuten stand, die alle weit über vierzig Jahre alt waren. Rita erinnerte sich daran, wie unangenehm es ihr war, als junge und reiche Frau neben diesen älteren Menschen zu stehen, die ihr ganzes Leben darauf verwendet hatten, das Geld für ihr erstes Auto zusammenzusparen.

Als niemand an dem Schalterfenster erschien, beschwerte Kolja sich bei einem anderen Angestellten, der ihm erklärte, daß der Schalter 4 an diesem Tag geschlossen bliebe und daß die Wartenden sich in eine andere Schlange einzureihen hätten. Hätte er nicht gefragt, erklärte Kolja mir, dann hätten sie alle still dort gestanden und weiter gewartet, denn sie seien an die schlechte Organisation und die Willkür der Angestellten und Beamten gegenüber den Massen gewöhnt.

Während Rita und Kolja eine weitere Stunde in der neuen Schlange warten mußten, hörten sie den Gesprächen um sie herum zu. Jeder war erleichtert darüber, daß die Autopreise nicht erhöht worden waren, seitdem sie sich in die Bestelliste eingetragen hatten. Der Preis für einen Moskwitsch war ohnehin in den letzten zehn Jahren um über dreitausend Rubel gestiegen.

Ein Mann erzählte dann eine Geschichte von einem Bekannten, der auf der Warteliste für ein Auto gestanden und den Kaufpreis bezahlt hatte, nachdem ihm die Postkarte geschickt worten war. Aber er hatte sich sein Auto nicht gleich ausgesucht.

Als er schließlich bereit war, seine Wahl zu treffen, war der Preis für das Auto um tausend Rubel erhöht worden. Er weigerte sich, den Differenzbetrag zu zahlen und reichte eine offizielle Beschwerde ein. Als sein Fall vor Gericht verhandelt wurde, gewann er und bekam das Auto zum alten Preis. Ein anderer in der Schlange stehender Mann hatte nichts zu schreiben dabei, und der Angestellte hinter dem Schalter wurde ungeduldig.

»Sie sollten immer etwas zum Schreiben bei sich tragen. Wenn Sie in ein Autogeschäft gehen oder auch in irgendein anderes Büro oder Geschäft, müßten Sie eigentlich wissen, daß Sie eine Vielzahl von Papieren ausfüllen müssen.«

Jeder der in der Schlange Stehenden ergriff Partei. Eine Frau sagte: »Sie benehmen sich, als seien Sie im Westen.«

Als ich Kolja fragte, was das bedeuten sollte, erklärte er mir: »Wir sind der Ansicht, daß im Westen alles besser ist. Wir sehen eure Erzeugnisse im Vergleich mit den unseren, und wir gehen davon aus, daß bei euch alles besser funktioniert. Wir verbringen unsere Zeit damit, Unmengen von Papier auszufüllen, und rennen von einem Büro zum anderen, während ihr produziert. Deshalb gehen wir davon aus, daß jemand, wenn er einen Füller braucht, ihn auch bekommt, damit er keine Zeit verliert.«

Um zu unterstreichen, was Kolja gesagt hatte, erinnerte Rita mich an einen Einkaufsbummel, den wir gemeinsam unternommen hatten. Eine Verkäuferin hatte unsere Aufmerksamkeit auf den Hersteller eines Artikels gelenkt, obwohl wir gar nicht danach gefragt hatten. »Der stammt von hier«, sagte sie, unterstellend, daß die Qualität schlecht sein müßte.

Bei einer anderen Gelegenheit, als Schirme in Moskau knapp waren, sahen wir welche auf einem Verkaufstresen liegen, aber niemand stand davor. Das danebenstehende Schild mit der Aufschrift »Hergestellt in der Sowjetunion« hatte die Käufer vertrieben, die gegenüber der Qualität in der Sowjetunion hergestellter Schirme offenbar skeptisch waren.

Auf die Geschichte mit dem Autogeschäft zurückkommend, zitierte Kolja einen anderen in der Schlange stehenden Arbeiter, der dem Mann ohne Füller gesagt hatte: »Sie hätten sich mittlerweile an die Gebräuche bei uns gewöhnen können. Auf jeden Fall leben wir besser und freier als die Menschen im Westen.«

Als sie das Wort frei hörte, erinnerte sich Rita an einen Witz, den sie vor kurzem gehört hatte und den sie mir unbedingt erzählen wollte. Ihrem ungeduldigen Mann ins Wort fallend, begann sie: »Ein amerikanischer und ein russischer Arbeiter unterhielten sich darüber, wer von ihnen mehr Freiheit hätte. Der Amerikaner sagte: ›Ich kann auf die Straße gehen und schreien: Reagan ist ein Dummkopf. Darfst du das auch über eure Regierung sagen?‹ Als der Russe seinen Kopf verneinend schüttelte, sagte der Amerikaner: ›Und das nennt ihr Freiheit?‹ Daraufhin sagte der Russe: ›Ich kann fünf Tage in der Woche betrunken zur Arbeit gehen und bekomme nicht nur mein Gehalt, sondern sogar eine Gratifikation. Kannst du das auch?‹ Nachdem nun der Amerikaner seinen Kopf geschüttelt hatte, sagte der Russe: ›Und das nennt ihr Freiheit?‹«

Danach durfte Kolja mit der Geschichte seines Autodramas fortfahren, und wir versprachen, ihn nicht noch einmal zu unterbrechen.

Als nur noch eine Person vor ihm an der Kasse stand, gab es eine weitere Verzögerung, weil die Frau vor ihm eine Beschwerde vorbrachte: »Warum soll ich für etwas bezahlen, was ich noch nicht einmal gesehen habe? Vielleicht gefällt mir die Farbe des Wagens nicht, und ich möchte auf eine andere warten, die mir besser gefällt.«

Die Antwort darauf war: »Unser Geschäft kann Ihnen keine Farbe versprechen. Es kann sein, daß Rot die einzige Farbe ist, die wir haben.«

»Und was ist, wenn das Auto nicht in Ordnung ist?« fragte die Frau daraufhin.

Auch darauf hatte der Angestellte eine Antwort parat: »Sie müssen sich den besten aussuchen. Ganz in Ordnung ist keines der Autos. Wenn Sie sich neue Schuhe kaufen, tun Ihnen auch die Füße weh, wenn Sie sie zum erstenmal anziehen. Aber Ihre Füße gewöhnen sich daran.«

Nachdem Rita und Kolja schließlich ihr Auto bezahlt und den Schein bekommen hatten, der sie berechtigte, sich eines auszusuchen, gingen sie in die nächstgelegene Telefonzelle, um einen Freund anzurufen, der Ingenieur bei den Moskwitsch-Werken war. Er sollte ihnen beim Aussuchen des Wagens helfen.

Zu ihrer Enttäuschung und Überraschung durfte er seinen Arbeitsplatz nicht verlassen. Sein Chef war vor kurzem im Ausland gewesen, und seit seiner Rückkehr war er seinen Untergebenen gegenüber sehr streng geworden. Die Techniker und Ingenieure mußten Krawatten tragen, immer frisch rasiert sein, und es war ihnen nicht mehr gestattet, während der Arbeitszeit ihren Posten zu verlassen, was sie früher häufig getan hatten. Sie sollten den anderen Mitarbeitern ein gutes Beispiel geben.

Kolja und Rita waren deshalb gezwungen, ihre Wahl allein zu treffen, wobei sie sich gewisser, allgemein bekannter Erfahrungen erinnerten. Am Monats- und am Jahresende, wenn die Arbeiter schnell arbeiten müssen, um den Plan zu erfüllen und um ihre Gratifikation nicht zu verlieren, hat Geschwindigkeit Vorrang vor Genauigkeit und ordentlicher Arbeit, und so sind die Autos, die zu dieser Zeit hergestellt werden, oft von schlechter Qualität. Außerdem hatten sie gehört, daß es nicht ratsam sei, ein Auto zu nehmen, das nach den beiden monatlichen Zahltagen der Fabrik oder nach nationalen Feiertagen gebaut worden war, weil die Arbeiter an diesen Tagen zu trinken pflegten.

Daran dachten Rita und Kolja nun, als sie die Halle betraten, in der man sich ein Auto aussuchen konnte. Sie waren erfreut, als sie sahen, daß fünf verschiedene Farben zur Auswahl standen. Sie hatten vorher gehört, daß an einem Tag jeweils höchstens zwei Farben vorrätig wären.

Da sie wußten, daß nicht nur das Produktionsdatum, sondern auch der Rat eines Mechanikers wichtig war, boten sie dem Mechaniker, der ihnen helfen sollte, eine Flasche ausländisches Bier an, das ich ihnen für solche Gelegenheiten gegeben hatte. Als er es ablehnte, dachten sie zunächst, er täte das deshalb, weil er während der Arbeitszeit nicht trinken dürfte. Aber als sie seine unzufriedene Miene sah, sagte Rita: »Das Bier ist ja nur für jetzt. Später gibt es schon noch mehr.« Daraufhin nahm er das Bier an, streckte seine Arme majestätisch aus und sagte: »Die Autos stehen alle zu Ihrer Verfügung. Sie müssen nur sagen, welche Farbe sie möchten.«

Die umstehenden Arbeiter schlugen diese und jene Farbe vor und diskutierten die Vor- und Nachteile. Grün sähe aus wie die Blätter im Sommer. Grau wäre wie Asphalt. Weiß würde zu schnell schmutzig und zöge dann die Aufmerksamkeit der Polizei auf sich.

Ich war schon oft angehalten und ermahnt worden, weil ich in einem »schmutzigweißen« Schiguli herumgefahren war, während Russen wegen des gleichen »Vergehens« bestraft worden wären. Nur hatten die Russen weitaus mehr Schwierigkeiten, ihre Wagen sauberzuhalten, als ich. Es gab nur wenige Servicestationen mit Waschanlagen in Moskau, und wenn ein Autobesitzer versuchte, seinen Wagen vor seinem Haus zu waschen, hatte der für den Wohnblock zuständige Milizionär das Recht, ihm das zu verbieten. Autobesitzer dürfen ihre Fahrzeuge nicht vor ihrem Haus waschen, weil das Verschmutzungen verursacht und die Mitbewohner belästigen könnte. In unserem Gebäudekomplex für Ausländer war dieses Verbot aufgehoben worden.

Als Kolja und Rita sich für einen orangefarbenen Wagen entschieden hatten, warnte sie ein Arbeiter vor einer derart auffallenden Farbe: »Jeder Polizist sieht Sie sofort!«

Im Gegensatz zu den meisten Autofahrern machte Rita sich keine Sorgen wegen der Verkehrspolizisten, denn sie hatte eine besondere Arbeit, die sie, wie sie hoffte, vor Bestrafungen schützen würde. Sie war Mitglied einer zivilen Organisation, die den Behörden bei der Aufrechterhaltung der Ordnung in den Städten und auf den Straßen half. Für diese Aufgabe stellten sich Pensionäre, Rentner, Arbeiter und Studenten freiwillig zur Verfügung, und Rita hatte im Rahmen dieser Arbeit einmal im Monat für mehrere Stunden den Verkehr an einer Straßenecke zu beobachten. Als Ausgleich für ihre Arbeit hoffte sie, von Bestrafungen verschont zu bleiben, falls ein Polizist sie anhalten würde, denn sie hatte ja die Plakette der »zivilen GAI« an ihrem Wagen. (GAI ist die Abkürzung für die staatliche Verkehrspolizei.)

Kolja und Rita mußten sich nun entscheiden, welches der fünf orangefarbenen Autos sie nehmen wollten. An jedem war irgend etwas nicht in Ordnung. Bei einem war ein Reifen platt; bei einem zweiten schloß eine Tür nicht richtig; ein drittes hatte Mängel am Kofferraumdeckel; beim vierten schloß die Motorhaube nicht richtig, und das fünfte, für das sie sich entschieden, hatte einen kleinen Riß im Türgummi.

Der Mechaniker ließ den Wagen an, und er startete sofort, was ein gutes Zeichen war. Ich erinnerte mich daran, daß mein Schiguli der einzige von vieren war, der ansprang, als wir mein Auto ausgesucht hatten.

Nachdem die beiden dem Mechaniker das versprochene, großzügige Trinkgeld gegeben hatten, mußten sie weitere Formulare ausfüllen und sich wieder in Schlangen einreihen. Abends um sechs Uhr war das Geschäft schließlich abgewickelt, das morgens um zehn Uhr begonnen hatte.

Ein weiteres Problem war jetzt, den Weg nach Hause zu finden. Sie kannten Moskau nur als U-Bahn-Fahrgäste; plötzlich mußten sie feststellen, daß in vielen Straßen die Straßenschilder fehlten. Obwohl die Fußgänger versuchten, ihnen zu helfen, waren deren Richtungsangaben meistens falsch. Da sie Angst vor den anderen Autofahrern und dem Verkehr hatten, mieden sie die Hauptstraßen. Nachdem sie zwei Stunden lang durch zahlreiche Seiten- und Nebenstraßen Moskaus geirrt waren, kamen sie völlig erschöpft zu Hause an.

Bevor Kolja am nächsten Tag zur Arbeit ging, rief er einen befreundeten Mechaniker an und bat ihn, am Abend vorbeizukommen, um sich das Auto anzusehen.

»Jeder Autobesitzer weiß, daß er gleich nach dem Kauf eines Wagens mit dem Reparieren anfangen muß«, sagte Kolja.

Fast jeden Tag nach der Arbeit und an den Wochenenden war Kolja damit beschäftigt, lockere Schrauben und Bolzen festzuziehen und die notwendigen Nacheinstellungen vorzunehmen. Ich war überzeugt, daß er trotz all seiner Klagen Spaß an dieser Abwechslung hatte, die ihn bald zu einem versierten Mechaniker machen würde.

Wenn er nicht an seinem Auto herumbastelte, bemühte er sich um mehr Fahrpraxis. Zuerst machte er alles falsch und wurde häufig von der Polizei angehalten. Er wechselte die Fahrbahn, ohne den Blinker zu betätigen. Er fuhr bei Gelb über die Kreuzung. Er überschritt die zulässige Höchstgeschwindigkeit, die in der Moskauer Innenstadt 60 Kilometer beträgt, und geriet in eine Radarfalle. Er vergaß, seine Scheinwerfer auszumachen, nachdem er durch einen Tunnel gefahren war.

Und einmal bremste er zu spät, als die Ampel plötzlich von Grün auf Rot umschaltete, und blockierte mit seinem Wagen der Verkehr. Da ihm bewußt war, daß dieses Vergehen ernster war als die anderen, wollte er einen guten Eindruck auf den Polizisten machen, der ihm mit seinem weißen Stock bedeutet hatte, an den Straßenrand zu fahren und dort zu halten. Er sprang aus dem Auto und ging forsch auf den Polizisten zu, der ihm langsam entgegenkam. Kolja hoffte, daß seine Größe (er ist fast zwei Meter groß) und seine Brille, die ihn als Intellektuellen auswies, ihm in dieser schwierigen Situation helfen würden.

Der Polizist grüßte ihn, die Hände in weißen Handschuhen, und bat ihn um die Papiere. Kolja war erleichtert, denn der Ton des Polizisten war mild, und sein ältliches Gesicht war freundlich. Der Polizist begann dann, einen Fragebogen auszufüllen, und stellte Kolja eine Reihe von Fragen.

Er wollte seinen Namen, seine Anschrift und seinen Arbeitsplatz wissen, wie viele Kinder Kolja hätte, wieviel er verdiente usw. Kolja verstand nicht recht, was diese Fragen mit seiner Verkehrsübertretung zu tun hatten oder ob sie in dem Fragebogen eingetragen würden, aber er beantwortete sie in höflichem Ton.

Aus den Papieren ging hervor, daß der Wagen seiner Frau gehörte, die ihm offiziell die Erlaubnis gegeben hatte, ihn zu fahren, aber der Polizist traute den Papieren nicht.

»Ist das Ihr Auto, oder gehört es Ihrer Frau?« Als er die Antwort hörte, fragte er, wer das Auto bezahlt hätte. Als Kolja sagte, er hätte es seiner Frau gekauft, sagte der Polizist mit väterlicher Stimme: »Seien Sie vorsichtig, denn wenn Sie sich nicht gut mit ihr stellen, kann sie Ihnen das Auto wegnehmen.«

Das führte zu einem persönlichen Gespräch, eine Ausnahme bei einem Polizisten, dessen Aufgabe es ist, zu ermahnen, und nicht, umgänglich und freundlich zu sein. Schließlich unterhielten sich die beiden über ihre Vergangenheit und ihr Leben. Der Polizist erzählte, daß er nur acht Jahre zur Schule gegangen wäre, und war sehr beeindruckt, daß Kolja an der Universität studiert hatte. Trotz ihrer unterschiedlichen Ausbildung verdienten beide das gleiche und stimmten darin überein, daß es nicht ausreichte, um damit auszukommen.

Der Polizist fragte Kolja dann, ob er Parteimitglied wäre. Als Kolja das verneinte, sagte der Polizist: »Ich leider auch nicht. Wenn ich es wäre, hätte ich heute eine viel bessere Position.«

Nachdem sie sich noch eine Weile unterhalten hatten, sagte der Polizist: »Was soll ich jetzt mit Ihnen machen?«

Kolja wußte, welche Möglichkeiten der Polizist hatte. Er konnte ein Loch in den Führerschein knipsen. Wer drei solcher Löcher innerhalb eines Jahres bekommt, verliert seinen Führerschein und muß dann warten, um einen weiteren Fahrtest zu machen.

Der Polizist konnte ihn auch dazu verurteilen, an einem Sonntagvormittag an einem Vortrag mit Filmvorführung über die Straßenverkehrsregeln teilzunehmen, was er schon einmal schlafend hinter sich gebracht hatte. Bevor der Polizist auf eine dieser beiden Möglichkeiten zurückgreifen konnte, tat Kolja, was jeder normale Autofahrer auch getan hätte, und bot ihm drei Rubel als Bestechungsgeld an.

»Die Zeiten hat es gegeben, als die Autofahrer das tun konnten, aber die sind vorüber«, sagte der Polizist, als er das ablehnte. Er war jedoch nicht beleidigt und entschloß sich zu der mildesten Strafe, einem offiziellen Bußgeld von drei Rubeln, die Kolja am nächsten Tag bei der Bank einzahlte.

Da Kolja fast ständig mit seinem Auto beschäftigt war, hatte Rita mehr Zeit, mit mir zusammenzusein, und es dauerte nicht lange, bis wir täglich miteinander telefonierten und uns fast jeden Tag trafen. Rita wohnte in einem düsteren, farblosen Haus, das ein Vierteljahrhundert alt war und sich im Stadtzentrum befand, so daß ich mit dem Bus nur zehn Minuten brauchte, um zu ihr zu kommen.

Ihre Nachbarn waren fast ausschließlich Schriftsteller, denn der Wohnblock gehörte der Schriftstellergewerkschaft. Koljas Familie hatte zwar mit Literatur nichts zu tun, aber da sein Vater ein bekannter Arzt war, hatte er die Genehmigung bekommen, in diesem Haus zu wohnen.

Der Unterschied zwischen der Eingangshalle in Ritas Haus und der in Tanjas war enorm. In Ritas Haus gab es nicht diesen durchdringenden Geruch und weder auf dem Fußboden noch auf den Treppen lagen Papierreste oder Müll herum.

Ich traf im Hauseingang auch nie Arbeiter, die dort gemeinsam eine Flasche Wodka leerten, wie es mir bei Tanja so oft passiert war. Das lag daran, daß eine kräftige Rentnerin abwechselnd mit einer anderen ebenfalls gesund aussehenden älteren Frau sich um das Haus kümmerte. Tagsüber saß sie im Parterre auf einem Holzstuhl neben dem Aufzug, und nachts schlief sie auf einem Bett in einer Ecke der Eingangshalle, das man immer sehen konnte.

Beide Frauen waren über fünfundfünfzig (das ist das Alter,

in dem Frauen in Rente gehen; Männer können sich mit sechzig pensionieren lassen) und besserten ihre bescheidene Rente von 50 Rubeln mit zusätzlicher Arbeit auf. Rentner und Pensionäre dürfen zusätzlich zu ihrer Rente ein volles Gehalt beziehen, wenn sie »Defizit«-Arbeiten verrichten, für die Leute gesucht werden. Sie dürfen zum Beispiel als Aufzugführer, Straßenreiniger, Pförtner und Kassierer arbeiten. Man kann solche Arbeitsplätze durch ein Arbeitsvermittlungsbüro oder durch Anzeigen finden, die an gut sichtbaren Stellen an den Türen oder in den Schaufenstern von Brot-, Milch- und Lebensmittelgeschäften oder Apotheken ausgehängt werden.

Die beiden Rentnerinnen in Koljas Haus hatten sich darum zu kümmern, daß es sauber war, und sie kontrollierten die Leute, die kamen oder gingen. Am Anfang flößte mir die Gegenwart der Frauen Angst ein. Ich befürchtete, daß sie mich fragen würden, zu wem ich wollte, und daß sie dann einen offiziellen Bericht an die Behörden geben würden, um sie zu informieren, daß eine Ausländerin regelmäßig eine Familie im Haus besuchte. Dadurch hätten Rita und Kolja in Schwierigkeiten kommen können. Aber sie zeigten sich an mir nicht besonders interessiert, und nach einer gewissen Zeit grüßten wir uns höflich und unterhielten uns über das Wetter.

Ich wußte, daß meine Aussprache ebenso unrussisch war wie mein Gesicht, aber Rita redete mir ein, daß ich wie eine Georgierin aussähe oder Russisch spräche wie jemand aus einer der baltischen Republiken, wo Russisch Zweitsprache ist.

Wenn ich zweimal klingelte, wie wir vereinbart hatten, wußte Rita, daß ich vor der Tür stand, und sie öffnete dann sofort. Normalerweise trug sie einen kurzen, verblichenen grünen Frotteebademantel oder dicke, abgetragene schwarze Hosen mit einer fleckigen Bluse. Wie die meisten anderen Russinnen auch zog sie zu Hause alte Kleider an, um die sorgsam zusammengestellte kleine Auswahl an Garderobe, die sie zum Ausgehen hatte, zu schonen.

Wir freuten uns jedesmal, wenn wir uns trafen, umarmten uns bei der Begrüßung, und dann zog ich die Hausschuhe an, die Rita extra für mich gekauft hatte. Aus alter Gewohnheit ging ich dann in die Küche und setzte mich an meinen Platz, wo meine Teetasse mit einem Bild des Kreml schon auf mich wartete. Ritas Küche war klein und gemütlich, und ich brauchte nur zwei Schritte in jede Richtung zu machen, um zur Spüle, zum Gasherd, an die Hängeschränke, den Kühlschrank oder den Fernseher zu kommen, der angeschaltet wurde, sowie Kolja nach Hause kam. Auf der Zentralheizung stand eine feuchte Kiste mit austreibenden Zwiebeln, und in einem alten Strumpf, der an einem Rohr hing, waren noch mehr davon.

Leere Milch- und Joghurtbehälter sowie Wodkaflaschen, die später gegen neuen Wodka getauscht oder zurückgegeben würden, um Geld dafür zu kassieren, sammelten sich in einer Ecke an, bis Rita ihren Mann dazu bringen konnte, sie endlich aus dem Haus zu schaffen. Im Winter wurden die Fenster gegen die Kälte abgedichtet, und im Sommer drang das Gezwitscher der Vögel zusammen mit der frischen Luft in die Küche.

Die Wärme und Gemütlichkeit der Küche standen in seltsamem Kontrast zu der Kälte des großen, spärlich möblierten Wohnzimmers, in dem nichts zusammenpaßte. Auf der einen Seite des Raumes stand ein langer, polierter Schrank aus Holz mit Glasfenstern und Schubladen, während die Sitzgarnitur auf der entgegengesetzten Seite stand.

Die Sitzgruppe bestand aus einem leuchtendroten Schaumstoffsofa, das man zu einem Doppelbett ausklappen konnte, und zwei orangefarbenen Sesseln, die vor einer pfirsichfarbenen Wand standen. Die Beleuchtung war glücklicherweise so schwach, daß sich die beißenden Farben nicht so deutlich hervortaten.

In einem kleinen Arbeitszimmer, das früher einmal Teil des Schlafzimmers gewesen war, befanden sich ein Schreibtisch und Ritas Unterrichtsmaterialien. Der dritte Raum war das Schlafzimmer, das gerade so groß war, daß ein Doppelbett und ein kleiner Kleiderschrank darin Platz fanden.

Als ich Rita zum erstenmal besuchte, erwartete mich ein Feinschmeckertisch ähnlich dem, den Tanja für mich gedeckt hatte, und ich wunderte mich wieder einmal, wo sie diese ganzen Köstlichkeiten, die ich noch in keinem der staatlichen Geschäfte gesehen hatte, aufgetrieben hatte. Als ich sie danach fragte, antwortete sie: »Wir hören immer, daß im Westen die Geschäfte gefüllt, die Tische aber leer sind. Hier sind die Geschäfte leer, aber die Tische voll, wie du siehst.« Damit hatte sie meine Frage zwar nicht beantwortet, aber ich mußte zustimmend nicken.

Nach kurzer Zeit und auf meine eindringlichen Bitten hin hörte diese Art Gastfreundschaft langsam auf. Tee, Kekse und eingewickelte Bonbons wurden statt dessen angeboten. Und wenn ich Hunger hatte, nahm ich mir etwas zu essen aus dem halbleeren Kühlschrank, in dem mindestens ein Fach immer voller Töpfe stand. Es ist bei den Russen üblich, nur ein paarmal in der Woche zu kochen und die Reste am darauffolgenden Tag einfach aufzuwärmen. Ich vermutete, daß Mangel an Zeit der Grund dafür war. Neben den Töpfen fand ich im Kühlschrank im allgemeinen Eier, Butter, Joghurt und andere Milchprodukte.

Rita hatte nie Freude am Kochen gehabt, und ihr Essen schmeckte dementsprechend. Zweimal in der Woche kochte sie eine Suppe aus Kohl, Kartoffeln oder roten Beeten – das tägliche russische Standardgericht. Außerdem machte sie manchmal Salz- oder Bratkartoffeln mit Fleisch, Hühnchen oder einer Art Frikadellen, die zu gleichen Teilen aus Brot und durchgedrehtem, fettem Rind- und Schweinefleisch bestanden.

Ritas wöchentliche Einkaufsgewohnheiten waren ebensowenig abwechslungsreich wie ihre Speisekarte. Sie kaufte jeden Tag frisches Brot in einem Geschäft gleich um die Ecke, und danach ging sie in den nahe gelegenen Milchladen. Die beste Zeit zum Einkaufen war morgens, weil da die Regale noch gefüllt waren. Am späten Nachmittag war meistens alles ausverkauft.

Im Gemüsegeschäft bekam sie meistens Karotten, Kohl, Zwiebeln, Kartoffeln und rote Beete, wobei die Auswahl im Sommer reichhaltiger war. Im Winter gab es häufig Orangen und Äpfel sowie Konserven mit Kompott.

Ich begleitete Rita gelegentlich, wenn sie einkaufen ging, denn sie meinte, es sei so entsetzlich langweilig, allein in der Schlange zu stehen. Und jedesmal erlebte ich etwas Neues, was mir in den Berioska-Geschäften, in denen man mit Devisen bezahlen mußte und die Regale wohlgefüllt waren, nie passierte. Manchmal gingen wir nur los, um zu sehen, was es an diesem Tag gab, und gelegentlich wurden unsere Anstrengungen dadurch belohnt, daß wir eine bestimmte Sorte Tee aus Indien fanden oder einen finnischen Käse, den es monatelang nicht gegeben hatte.

Jedesmal hielten wir Ausschau nach Bananen, die für Rita

eine exotische Frucht waren. Ich hatte Bananen nie als etwas Besonderes angesehen, bis ich in die Sowjetunion kam und jemanden sagen hörte, sie seien so selten wie »Blumen im Schnee«.

Ein Taxifahrer machte mit seiner ersten Frage deutlich, welchen Stellenwert Bananen haben: »Gibt es in Ihrem Land Bananen?« erkundigte er sich, statt wie üblich zu fragen: »Wo kommen Sie her?«

Als ich ihm sagte, daß man in den meisten Lebensmittelgeschäften bei uns das ganze Jahr über Bananen bekäme, schlug er vor, daß wir uns als Geschäftspartner zusammentun sollten. Als ich das ablehnte, zuckte er mit den Schultern und fragte, was Jeans in Amerika kosteten.

Da ich nun den Wert von Bananen kannte, war ich außerordentlich aufgeregt, als Rita und ich eines Tages zum Einkaufen gingen und auf dem Bürgersteig ein paar weggeworfene Bananenschalen sahen. Da wir damit wußten, daß es in Moskau Bananen geben mußte, machten wir uns auf die Suche. Es dauerte nicht lange, bis uns eine alte Frau entgegenkam, die ein Einkaufsnetz voller Bananen hatte, und wir fragten sie, wo sie sie gekauft hätte. Das war die übliche Methode, herauszufinden, wo es Dinge gab, die knapp waren, und wir folgten ihren Richtungshinweisen.

Wir mußten nicht weit gehen, um an einer ungewöhnlich lautstarken Schlange vor einem Obstgeschäft zu erkennen, daß dort Bananen verkauft wurden, aber da hatten wir keine Zeit mehr, um uns eine Stunde oder länger anzustellen. Ich versprach Rita, daß ich im Laufe des Tages irgendwie Bananen kaufen würde, und wir verabschiedeten uns voneinander.

Nach ein paar Stunden bemerkte ich, daß an jedem Obststand in unserem Bezirk Bananen verkauft wurden, und ich hatte das Gefühl, daß jede Arbeit in Moskau zum Stillstand gekommen war, während die Leute sich anstellten, um einen Bananentag einzulegen. Auf der Straße, in den Bussen, den Parks und der U-Bahn aßen die Menschen eine Banane nach der anderen, und neben den vollen Abfallbehältern lagen überall Bananenschalen.

Erst am späten Nachmittag, als ich einen kleinen Obstkiosk entdeckte, vor dem nur zehn Leute standen, beschloß ich, mich auch anzustellen. Im Gegensatz zu den Russen mußte ich mich normalerweise nicht in eine Schlange stellen, und so war das Schlangestehen für mich eher eine Abwechslung als Notwendigkeit.

Die Menschen, die vor mir standen, waren sehr wählerisch, und der schon müde Rentner, der das Obst und das Gemüse verkaufte, bediente außerordentlich langsam. In Anbetracht der Sonderwünsche der Kunden und der Langsamkeit des Verkäufers rechnete ich mit einer Wartezeit von mindestens dreißig Minuten. Die vor mir stehende Kundin bestätigte meine Schätzung, als sie mich bat, ihren Platz freizuhalten, weil sie telefonieren wollte, denn sie kam erst eine ganze Zeit später.

Auch ich wollte aus der Schlange heraus, um zu telefonieren, aber ich befürchtete, ich könnte etwas verpassen. Ich hatte aufmerksam zugehört, was der Verkäufer gesagt und die Kunden verlangt hatten, und ich wollte mir ihre Bemerkungen und ihr Verhalten merken, um auch beste Qualität zu bekommen. Der Verkäufer versuchte des öfteren, jemandem grüne oder matschige Bananen unterzuschieben, aber er kam mit diesen kleinen Betrugsversuchen nicht durch, weil die Kunden auf der Hut waren. Bei einem Kilopreis von zwei Rubeln konnte niemand sich leisten, auch nur eine Banane wegwerfen zu müssen.

Eine andere Kundin wollte nicht nur Bananen, sondern auch Gemüse und diskutierte mit dem Verkäufer darüber, was sie nehmen sollte. Er empfahl ihr alles, was er hatte, aber als sie feststellte, daß die Gurken, die sie gekauft und bezahlt hatte, weich und nicht so gut waren, wie er behauptet hatte, kam sie zurück, um zu reklamieren, und verlangte das Geld zurück. Ihre Hartnäckigkeit und ihr Geschrei führten dazu, daß sie ihr Geld zurückbekam, aber wir hatten auch viel Zeit verloren. Das hielt aber andere Menschen nicht davon ab, sich auch noch anzustellen, und es waren Taxifahrer darunter, die eigentlich Dienst hatten.

Kurz bevor ich an der Reihe gewesen wäre, kam ein älterer Mann mit vielen Orden auf der Brust, die ihn als Kriegsveteranen auswiesen, und er nutzte seinen Vorzugsstatus, gleich an die Spitze der Schlange zu gehen. Wie die anderen Kunden lehnte auch er es ab, grüne Bananen zu nehmen, und sagte: »Die Bananen sind für meine Enkeltochter. Sie müssen mir solche geben, die sie auch essen kann.«

Nachdem ich eine dreiviertel Stunde gewartet hatte, kam ich schließlich dran. Als der Verkäufer mir matschige Bananen mit Stellen gab, die noch warm waren, weil sie den ganzen Tag in der Sonne gelegen hatten, lehnte ich es ab, sie zu nehmen, wobei ich die gleichen Einwände vorbrachte, die ich von den anderen Kunden gehört hatte. Er schaute hoch und sagte: »Was wissen Sie schon von Bananen. Ich habe Ihnen die besten gegeben, und Sie wollen Sie nicht haben.«

Und während er andere suchte, murmelte er: »Da, wo die herkommt, haben sie nicht einmal Bananen.«

In einem bestimmten Lebensmittelgeschäft faszinierte mich immer wieder die Fleischabteilung. Statt durch den Haupteingang zu gehen wie die anderen Kunden, gingen Rita und ich zur Rückseite des Ladens und klopften dort an die Tür. Das erregte im allgemeinen die Aufmerksamkeit eines dort herumgammelnden oder betrunkenen Angestellten, den Rita dann zu Sascha, dem Chefmetzger, schickte, um ihm sagen zu lassen, daß sie auf ihn wartete. Nach wenigen Minuten erschien dann ein Mann mit einem lächelnden, fleischigen Gesicht.

Bis zum Tod ihres Schwiegervaters hatte Rita nie Fleisch eingekauft, denn das war seine Spezialität gewesen. Am Tag des Fleischeinkaufs wählte er, wie sie mir erzählte, seine Garderobe sorgfältig aus. Während die meisten Männer nur einen Anzug haben wie beispielsweise auch Kolja, hatte Ritas Schwiegervater drei, und er wechselte sie bei jedem seiner allwöchentlichen Einkaufsausflüge. Er nahm auch einen Schirm mit, zu einer Zeit, als nirgendwo in Moskau ein Schirm zu bekommen war.

Bis zu seiner Erkrankung hatte sich Ritas Schwiegervater strikt geweigert, seine Fleischquelle zu verraten. Erst als er nicht mehr aufstehen konnte, sagte er Rita, sie solle den Metzger anrufen, der zu jener Zeit Mischa hieß. Nachdem sie nach Mischa gefragt hatte, sagte man ihr, daß er in der vergangenen Woche zum Leiter der Fleischabteilung eines großen Lebensmittelgeschäfts befördert worden wäre.

Für ihren Schwiegervater war das keine große Überraschung. Er sagte später: »Ich wußte, daß man ihn befördern würde. Als er mir Fleisch ohne Knochen gab und seine Lehrlinge ihn fragten, was sie mit den Knochen machen sollten, antwortete er: ›Die sind für die anderen.‹ Mischa hatte das System von Anfang an durchschaut. Man gibt den wichtigen Leuten gutes Fleisch und den einfachen Leuten die Knochen. Deshalb stieg er schnell auf.«

Rita hatte es immer beeindruckt, wie ihr Schwiegervater am Telefon das bekam, was er wollte, und sie hatte daraus gelernt. Er hatte manchmal gesagt, er würde seinen Fahrer vorbeischicken, um einen Artikel abzuholen, der Mangelware war, oder er erklärte, er bereite sich auf eine Auslandsreise vor und brauche deshalb einen bestimmten Artikel. Das wies ihn sofort als bedeutende Persönlichkeit aus, weil nur die Privilegierten reisen dürfen. Und so bekam er dann plötzlich das, was er haben wollte.

Als er hörte, daß Mischa nicht mehr in dem Geschäft arbeitete, nahm der Schwiegervater den Telefonhörer und fragte, mit wem er spräche. Rita erinnerte sich daran, daß er bei solchen Gelegenheiten auch eine besondere Stimme hatte – so wie den besonderen Einkaufsanzug. Wenn der Mann am anderen Ende der Leitung seinen Namen genannt hatte, fragte er seinerseits, mit wem er spräche. Mit seiner gewichtigen, eine gute Erziehung verratenden Stimme sagte der Schwiegervater dann: »Iwan Pawlowitsch«, das heißt seinen Vor- und seinen Vatersnamen, wobei Pawel ein weitverbreiteter Name ist. In der Annahme, daß er diesen Mann kennen müßte, der ihm seinen Nachnamen nicht genannt hatte, erklärte sich der Metzger dann bereit, das Fleisch fertigzumachen, und sagte, Rita könne es später abholen.

Zu Lebzeiten ihres Schwiegervaters war das Fleisch immer gut gewesen, aber kurz nach seinem Tod bekam sie immer häufiger Fleisch mit Fett und Knochen. Da sie nicht wußte, welche Vereinbarungen mit dem Metzger getroffen worden waren, hatte sie ihm keine Geschenke gebracht. Sie schaute sich deshalb nach einem anderen Metzger um. Da sie nur wenig Geld hatte, bevor sie die Erbschaft bekam, stellte sie sich wie alle anderen auch in den Fleischgeschäften an, aber sie war nie zufrieden mit dem, was man ihr gab. Wenn sie auf ein Stück Fleisch zeigte, das sie haben wollte, legte die Verkäuferin immer einen Knochen dazu und sagte, es gäbe nur beides zusammen.

Es war sinnlos, zu reklamieren. Als Rita einmal sagte, sie bekäme für ihr Geld nur Fett und Knochen, schrie die ungeduldige Verkäuferin sie an: »Ja, glauben Sie, Sie sind hier auf dem privaten Markt, wo Sie wählerisch sein können? Gehen Sie doch hin, nehmen Sie sich all die Zeit, die Sie brauchen, und bezahlen Sie halt den Preis, den man für Fleisch ohne Knochen verlangt.«

Die Marktpreise konnte Rita sich nicht leisten, denn dort kostete das Fleisch sechs Rubel pro Kilo, vier Rubel mehr als in den staatlichen Läden, und so wechselte sie häufig den Metzger, immer in der Hoffnung, mehr Fleisch und weniger Fett und Knochen zu bekommen.

Erst nachdem sie die Erbschaft angetreten hatten, konnte Rita es sich leisten, sich nach einem besseren Metzger umzusehen. Sie setzte die Taktiken ihres Schwiegervaters ein, zog sich speziell für diese Gelegenheit etwas Besonderes an und kaute demonstrativ Kaugummi, das zu jener Zeit ein Prestigeartikel war.

Als sie zum erstenmal von Sascha bedient wurde, fragte er sie, ob sie für ihn auch Kaugummi hätte. Sie versprach ihm, beim nächstenmal etwas mitzubringen, und er flüsterte daraufhin: »Kommen Sie an die rückwärtige Tür.«

Wenn andere Kunden sähen, wie er Rita besseres Fleisch im Austausch gegen Kaugummi gab, bestand die Gefahr, daß diese Leute anonyme oder auch unterschriebene Beschwerdebriefe schreiben könnten, und dann riskierte er, seinen Arbeitsplatz zu verlieren.

Seitdem Rita ihr Fleisch bei Sascha kaufte, hatten sich seine Position, seine Erscheinung und seine Aufstiegsmöglichkeiten gebessert. Als sie ihn zum erstenmal getroffen hatte, war er ein einfacher Verkäufer hinter der Ladentheke, aber jetzt, zwei Jahre später, war er zum Leiter der Fleischabteilung aufgestiegen und hatte zwei Helfer.

Er trug jetzt Jeans statt der blutigen Metzgerschürze und einen goldenen Ring, und er hatte einen Goldzahn, der viel mehr gekostet hatte, als er sich mit seinem Gehalt hätte leisten können. Das Kaugummi, mit dem er anfangs zufrieden gewesen war, beeindruckte ihn jetzt nicht mehr. Nur ausländische Zigaretten, eine besondere Wodkamarke oder ausländische Schokolade, an Fest- und Feiertagen überreicht, sicherten Rita gutes Fleisch.

Nach und nach verlangten auch die anderen Angestellten des Ladens Geschenke von ihr. Erst als die Regierungskampagne zur Ausrottung der Korruption begann, zeigten Sascha und

Oben: Eine Familie und ihre Freunde genießen einen Nachmittag im Sportstadion.

Unten: Da Vater und Mutter arbeiten, können sie nur am Wochenende ausspannen und mit ihren Kindern zum Picknick fahren.

Oben: Am Tage der Veteranen tragen die ehemaligen Kriegsteilnehmer stolz ihre Medaillen. Außer einer kleinen Rente haben sie manche Sonderrechte – zum Beispiel, sich nicht am Ende einer Schlange anstellen zu müssen.

Unten: Frauen bevorzugen eng sitzende Kleider, die ihre Figur hervorheben.

Oben: In einem der vielen privaten Märkte von Moskau hängen getrocknete Pilze wie Halsketten. Im Winter geben sie der Suppe die Würze.

Unten: Anders als in staatseigenen Geschäften kann der Kunde auf dem privaten Markt sein Stück Speck selbst aussuchen, muß dafür aber auch dreimal soviel oder noch mehr bezahlen.

Oben: Wenn Gäste zum Abendessen kommen, ist das ein besonderer Anlaß, und der Tisch ist mit Delikatessen überfüllt, die sich eine Familie sonst nicht leisten kann.

Unten: Nach alter russischer Tradition nehmen Familienangehörige und Freunde kalte Gerichte und Wodka mit zum Friedhof, um an den Gräbern der Verstorbenen gemeinsam zu essen.

seine Helfer sich besorgt. Da sie Gefahr liefen, eingesperrt zu werden, wurden sie, auch ihren alten Kunden gegenüber, vorsichtiger. Als ich das erste Mal zusammen mit Rita dorthinging, hatte sie Schwierigkeiten. Nachdem sie an der rückwärtigen Tür geklopft hatte, schrie Saschas Assistent, den sie gut kannte: »Was wollen Sie?«

Bevor sie antworten konnte, sagte er ihr, sie solle sich so wie die anderen Kunden auch vorne im Laden anstellen. Sie erkannte, daß das Ganze einer Klarstellung bedurfte, als er sagte: »Es reicht schon, wenn Sie allein kommen, aber jetzt sind Sie zu zweit. Das bedeutet eine Spezialkundin mehr und dementsprechend mehr Schwierigkeiten.« Rita erklärte ihm darauf, daß ich nur zu Besuch bei ihr wäre, und er lenkte ein.

In den folgenden Monaten mußte Rita feststellen, daß fünf Kilo Rindfleisch zu Hause auf der Küchenwaage nur viereinhalb Kilo wogen und mehr Knochen und Fett enthielten. Das bedeutete, daß sie sich bald wieder nach einem neuen Metzger umschauen mußte, wenn sich die Antikorruptionskampagne abgekühlt hatte.

Deshalb ging sie weiterhin zu Sascha, bis sie eines Tages in den Laden kam und feststellte, daß Slawa die Abteilung übernommen hatte. Die Putzfrau sagte ihr, daß Sascha zu einer dreijährigen Gefängnisstrafe verurteilt worden wäre. Als Rita nach dem Grund fragte, war die Antwort: »Das übliche Verbrechen.« Rita vermutete, daß Sascha zuviel gestohlen hatte.

5. Kapitel

Intime Gespräche
in Küche und Dampfbad

Was Rita am meisten liebte, waren unsere nachmittäglichen Gespräche in der Küche über mein Leben im Westen, meine Reiseerlebnisse und meine Familie. Bevor wir uns kennengelernt hatten, war sie auf die Informationen des Fernsehens angewiesen gewesen, die sie »unsere Art des Reisens um die Welt« nannte.

Der antiwestlichen Propaganda, die sie jeden Tag las und hörte, stand sie sehr skeptisch gegenüber, und sie neigte deshalb dazu, selbst die Schwierigkeiten, die wir im Westen hatten, in einem verklärten Licht zu sehen. Ich traf auf Widerstand bei ihr, als ich versuchte, ihr ein ausgewogenes Bild zu vermitteln statt des rosaroten, das sie hatte.

»Du hast mir von den besonderen sozialen und politischen Problemen in Amerika erzählt. Aber du bist dort ein freier Mensch. Du kannst reisen, wohin du willst. Du kannst sagen, was du willst, ohne Angst vor Schwierigkeiten. Wenn in deinem Land jemand hart arbeitet, hat er praktisch unbegrenzte Möglichkeiten. Wenn bei uns jemand hart arbeitet, verdient er nicht mehr als sein Kollege, der nur dasitzt und den ganzen Tag Tee trinkt. Deshalb machen viele fähige Leute nur das Allernotwendigste. Jeder weiß, daß er die richtigen Beziehungen haben muß, wenn er etwas erreichen will und wenn er eine leitende Stellung in der Administration haben möchte, muß er Parteimitglied sein. Das bedeutet, daß deine Fähigkeiten oft eine völlig untergeordnete oder nebensächliche Rolle spielen bei deinem beruflichen Erfolg. Wir haben hier einen Spruch, der besagt: ›Eigeninitiative ist strafbar.‹ Eine Freundin von mir wurde wegen ihrer ausgezeichneten Arbeit von ihrem Chef vor den anderen gelobt. Der Chef wollte, daß ihre Kolleginnen und Kollegen sich ein Beispiel an ihr nähmen, und das bedeutete, daß die anderen mehr zu arbeiten und höhere Normen hätten erfüllen sollen. Diese Auszeichnung brachte ihr einen anonymen Brief an ihren Chef ein, in dem man ihr Privatleben kritisierte. Jeder Mensch in diesem Land nimmt sich das Recht, anonyme Briefe zu schreiben, in dem er andere Menschen kritisiert oder angreift. Wenn ein solcher Brief eingeht, ist eine Kommission verpflichtet, den Vorwürfen nachzugehen. Selbst wenn man der oder dem Betreffenden nichts nachweisen kann, bleibt dieser Brief in den Personalakten und hängt ihm oder ihr das ganze Leben an. Die Menschen bekommen dadurch ein Gefühl der Hilflosigkeit.«

Da ich ein solches Schicksal nicht nachempfinden konnte und auch nicht unter einem solchen System leben mußte, schien es mir besser, das Thema zu wechseln.

Obwohl wir uns oft trafen, sprach Rita nur sehr wenig über sich selbst. Aber als sie anfing, von ihrem früheren Leben zu erzählen, wurde mir klar, wie schmerzhaft es für sie sein mußte, darüber zu sprechen, und warum sie so lange geschwiegen hatte.

Sie war in einem kleinen, 350 Einwohner zählenden Dorf in Sibirien aufgewachsen, wo der Winter fast zehn Monate dauerte. Ihr Vater und ihre Mutter arbeiteten jeden Tag fünfzehn Stunden als Bauern und teilweise auch als Fachkräfte in einem Schuhmacherbetrieb bzw. im Krankenhaus. Sie hatten wenig Zeit für die Familie. Deswegen verbrachte Rita die frühen Jahre ihrer Kindheit bei ihrer Großmutter, die sich in ihrer winzigen Wohnung auch um Ritas drei Brüder kümmerte.

Die Familie war so arm, daß die Kinder, als sie noch klein waren, nur eine Garnitur Wäsche zum Anziehen hatten, die Ritas Mutter abends wusch und dann am Feuer aufhängte, damit sie über Nacht trocknen konnte. Sie hatten auch nur einen Wintermantel, der im Laufe des Tages abwechselnd von jedem einmal angezogen werden durfte.

Rita erinnerte sich daran, daß sie in verschiedenen Wohnungen gelebt hatte, aber am schönsten war die gewesen, in der sie zusammen mit ihrer Großmutter in der geheizten Küche hatte schlafen dürfen, während die anderen fünf Familienmitglieder die Nacht in einem anderen Zimmer verbrachten, das nicht so gemütlich war. Ritas Augen füllten sich mit Tränen, wenn sie daran dachte, wie einsam sie als Kind gewesen war. Die anderen Dorfbewohner hatten sich über sie lustig gemacht, weil sie es vorzog, zu Hause zu bleiben und Bücher zu lesen, die sie sich in der Bibliothek ausgeliehen hatte, statt auf dem Feld zu arbeiten oder ihrer Mutter bei der Hausarbeit zu helfen. Trotzdem mußte sie gewisse häusliche Arbeiten verrichten wie Putzen oder Kartoffelschälen.

Das Kochen empfand sie als langweilig, denn es gab immer das gleiche – Kartoffeln, Brot und »unser Fleischgericht Kascha«, das entweder aus Haferflocken oder aus Grütze gemacht wurde. »Hätte meine Mutter gesagt: ›Heute machen wir mal etwas anderes‹, dann hätte mich das wahrscheinlich interessiert«, sagte Rita.

Sie war unglücklich über dieses Leben und auch darüber, daß sie Zielscheibe des Spottes der verständnislosen Nachbarn war. Sie hatte es satt, von ihnen immer wieder zu hören: »Wer wird ein Mädchen wie dich je heiraten?« Deshalb beschloß sie, einen Beruf zu erlernen, der es ihr ermöglichen würde, aus dem Dorf wegzukommen. Sie studierte Krankenpflege und kam so nach Nowosibirsk, einer großen sibirischen Stadt, wo sie auch ihren Mann kennenlernte, der dort Verwandte besuchte. Schon bei seinem zweiten Besuch in Nowosibirsk heirateten sie.

Als sie dann mit ihrem Mann nach Moskau kam, stand sie vor anderen Schwierigkeiten. »Ich sprach nicht so wie die anderen Moskauer Mädchen. Ich war auch anders gekleidet. Erst als ich diese Mädchen näher kennenlernte, sah ich ein, daß ich sie nicht nachzuahmen brauchte.«

Seit Rita vor sieben Jahren nach Moskau gekommen war, hatte sie ihr Heimatdorf nur einmal besucht, und da sie immer noch dünn war, glaubten die Bewohner, daß sie unglücklich und das Leben in Moskau schwer wäre. Für diese Menschen war Glücklichsein gleichbedeutend mit einer fülligen Figur, auf die die Frauen im Dorf stolz sind.

Nach ihrem Besuch traten auch ihre Eltern die zweiundfünfzig Stunden dauernde Eisenbahnfahrt zu einem Gegenbesuch nach Moskau an, wo ich sie kurz sah. Ich war für sie der erste Mensch aus dem Ausland, den sie zu Gesicht bekamen, und sie waren in meiner Gegenwart sehr schüchtern und schweigsam. Ritas fünfundfünfzigjährige Mutter, die nicht einen Zahn mehr hatte, sagte kein einziges Wort, während ihr wesentlich jünger aussehender Mann mir fast flüsternd sagte: »Das Leben in Moskau ist schön.«

So wie Ritas Eltern möchten viele Menschen in die Hauptstadt der Sowjetunion ziehen, weil sie die am besten versorgte Stadt des Landes ist und den höchsten Lebensstandard sowie das interessanteste kulturelle Leben bietet. Das bedeutet, daß alles leichter und abwechslungsreicher ist. Für manchen Sowjetbürger ist es, als ob er im Westen lebe.

Die Zuzugsgenehmigung wird jedoch nur wenigen gewährt. Wenn die Menschen bereit sind, »Defizit«-Arbeiten zu verrichten, für die sich in Moskau keine Arbeitswilligen finden, bekommen sie eine vorübergehende Aufenthaltsgenehmigung, die sie berechtigt, in bestimmten Heimen in Moskau zu wohnen. Erst wenn sie mehrere Jahre als Helfer in einem Krankenhaus oder als Straßenreiniger gearbeitet haben, gibt man ihnen die Möglichkeit, eine Daueraufenthaltsgenehmigung und eigene Wohnräume zu bekommen.

»Vorgetäuschte Eheschließungen« sind ein beliebter Weg, um eine ständige Aufenthaltsgenehmigung zu bekommen. Die Heirat ist eine rein geschäftliche Angelegenheit, die 1500 Rubel und mehr kosten kann. Wenn sich beide Beteiligten auf die Bedingungen geeinigt haben, findet die Hochzeit statt, und der oder die Interessierte bekommt die erforderlichen Papiere, die dazu berechtigen, in Moskau zu wohnen. Danach erfolgt dann die Scheidung. In der Sowjetunion ist es so einfach, zu heiraten und sich wieder scheiden zu lassen, daß diese Methode von denen bevorzugt wird, die es sich leisten können.

Da sie wußte, wie schwer das Leben ihrer Eltern gewesen war, wollte Rita, daß sie nach Moskau kämen und in dem Zimmer leben sollten, das vorher ihr Schwiegervater bewohnt hatte. Deshalb stellten sie einen Antrag bei den örtlichen Behörden, die ihr mitteilten, daß Rentner und Pensionäre bei ihren Kindern leben dürften, aber daß man ihnen keine offizielle Aufenthaltserlaubnis für Moskau erteilen würde.

Aus irgendeinem bürokratischen Grund, den ich nie verstanden habe, waren Rita und ihre Familie mit dieser Lösung nicht einverstanden und überlegten es sich anders. Sie begannen, sich nach einem Haus umzusehen, von dem aus man leicht nach Moskau hätte kommen können, aber die Preise waren so hoch, daß sie immer weiter entfernt von Moskau suchen mußten, um etwas zu finden, was sie sich leisten konnten. Außerdem war es ein kompliziertes bürokratisches Verfahren, die Erlaubnis zum Bau eines Hauses zu bekommen. Die örtlichen

Behörden mußten in manchen Fällen zustimmen und wollten oft nicht, daß alte Leute in ein Dorf zögen. Sie brauchten junge Arbeitskräfte, die auf den Kolchosen arbeiten konnten.

Als sie schließlich ein Haus gefunden hatten, das zwar drei Autostunden von Moskau entfernt war, aber ihren Ansprüchen entsprach und auch bezahlbar war, brauchten sie Zeit, um das nötige Geld zusammenzubekommen. Da sie sehr sparsam gelebt hatten, hatten die Eltern im Laufe ihres Lebens 3000 Rubel zusammengespart, aber das waren 2000 Rubel zuwenig. Rita und Kolja boten ihnen Hilfe an und forderten auch die beiden Brüder dazu auf, die noch in Ritas Heimatdorf lebten. Mit diesen zusätzlichen Mitteln schafften sie es, ein Holzhaus mit zwei Räumen zu erwerben, in dem es jedoch weder eine Toilette noch fließendes Wasser gab. Aber das war kein Problem, denn die alten Leute hatten ihr ganzes Leben lang in Wohnungen oder Häusern gelebt, in denen sie Wasser von der Pumpe holen mußten und die Toilette sich außerhalb des Hauses befand.

Rita und Kolja begaben sich auf die Suche nach den billigsten gebrauchten Möbeln in Moskau, und nachdem sie mehrere Monate lang an den Wochenenden hinausgefahren waren, um die neuen Sachen hinzubringen und das Haus zu renovieren, konnten die Eltern umziehen.

Jetzt verbrachten Rita und Kolja ihre Wochenenden bei den Eltern, säuberten den Garten von Unkraut und bepflanzten ihn und kamen mit den Früchten ihrer Arbeit zurück nach Moskau. Bedauerlicherweise lag das Haus in einer Gegend, die für Ausländer verboten war, so daß ich nur durch die frischen Tomaten und Gurken aus dem Garten etwas von dem neuen Heim hatte.

Eines Morgens im Sommer rief Rita mich an und sagte, daß sie mein russisches Kochbuch dringend und sofort brauchte. Es war eines der vielen Bücher, die ich in unserem Berioska-Geschäft gegen Devisen hatte kaufen können, was für Rita nicht möglich war. Da ich wußte, daß Rita nicht gern kochte, überraschte mich ihre Bitte, aber ich lieh ihr das Buch natürlich gern. Wir verabredeten, uns in zwanzig Minuten auf dem Bürgersteig vor unserem Haus zu treffen. Sie kam nicht gern zu uns nach Haus, weil sie Angst davor hatte, von dem Milizionär, dem Wachpolizisten, ausgefragt zu werden, der ihr möglicherweise verbieten könnte, uns zu besuchen, wenn ich sie nicht unten in Empfang nahm.

Rita strahlte vor Freude, als sie mich begrüßte, und erklärte mir, daß sie Gurken einlegen wollte, wie ihre Großmutter es gemacht hatte, als sie noch klein gewesen war, aber daß sie sich nicht mehr an das Rezept erinnerte. Während ihre Großmutter Obst und Gemüse eingemacht hatte, um ihre Familie auch im Winter mit Vitaminen zu versorgen, wollte Rita die Gurken für mich einmachen.

Sie wußte, daß ich sehr gern Eingemachtes aß und oft auf den Markt ging, um dies und das auszuprobieren und zu kaufen. Im kommenden Winter, erklärte sie mir, wäre das dann nicht mehr nötig. Zwei Tage später rief sie mich an, um mir zu sagen, daß sie alle notwendigen Zutaten beisammen hätte, und um zu fragen, ob ich nicht Lust hätte, ihr beim Einmachen Gesellschaft zu leisten – nicht um zu arbeiten, wie sie betonte, sondern damit sie nicht allein sei.

Die Küche hatte sich in eine Art Laboratorium verwandelt. Aus den beiden Kübeln, die auf dem Gasherd standen, stieg Dampf, und die Anrichte stand voll mit Töpfen und Gläsern, die mit Wasser gefüllt waren. Daneben und dazwischen lagen Gurken und Grünzeug. Auf dem Tisch standen und lagen ein Thermometer, eine Pinzette, eine Waage und ein Taschenrechner bereit.

Als ich Rita sagte, daß sie müde aussähe, meinte sie, sie hätte den ganzen gestrigen Tag damit verbracht, »Vergleichseinkäufe« wegen der Gurken zu machen. Sie wäre von einem staatlichen Geschäft zum nächsten gewandert, um die Gurken zu untersuchen, sei aber schließlich zu dem Entschluß gelangt, daß es sich nicht lohne, 20 Kopeken pro Kilo zu sparen, wenn sie gezwungen wäre, eine Mischung von guten und schlechten Gurken zu kaufen. Deshalb hätte sie sich dazu durchgerungen, nicht auf den Preis zu schauen und auf dem Markt vier Rubel mehr für die 20 Kilo auszugeben, weil sie dort jede einzelne Gurke probieren, anfassen und aussuchen konnte.

Während wir mit den Vorbereitungen beschäftigt waren, hörten wir im Hintergrund den Lärm eines Fußballspiels, das gerade begonnen hatte. Kolja hatte seinen freien Tag, und wie für viele andere Russen war auch für ihn ein Fußballspiel im

Fernsehen wichtiger als alles andere, selbst wenn das bedeutete, daß er sich an diesem Tag einmal nicht um sein Auto kümmern konnte.

Wir waren beim Abwiegen der Gurken, als Rita feststellte, daß sie keinen Essig hatte. Sie war immer vergeßlich und durcheinander, aber jetzt war der falsche Zeitpunkt, diese Zerstreutheit an den Tag zu legen. Kolja schrie sie an, und als ich mich erbot, den Essig zu holen, bestand er darauf, daß wir warten sollten. Er würde sich schon darum kümmern, aber erst nach der Übertragung des Fußballspiels.

Während Kolja unterwegs war, um Essig zu kaufen, klingelte es. Es war die Verkäuferin eines nahe gelegenen staatlichen Geschäfts, die jeden Tag kam, wenn aber Rita meistens nicht zu Hause war. Im Gegensatz zu den meisten anderen Häusern, deren Bewohner in Büros und nicht wie die Schriftsteller zu Hause arbeiteten, hatte Rita in ihrem Haus den Vorteil eines Lieferservice, für den sie einen kleinen Aufschlag auf die Kilopreise bezahlen mußte. Doch das war es ihr wert, weil sie Zeit sparte. Heute nun brachte die Verkäuferin Kartoffeln, und Rita kaufte einen Fünfkilobeutel. Nachdem sie sie in die Küche gebracht hatte, zeigte sie mir, wie groß und fest die obenaufliegenden Kartoffeln waren. Aber als sie etwas tiefer in den Beutel faßte, lachte sie still in sich hinein und sagte: »Ich wette, sie hat die kleinen Kartoffeln unten versteckt.«

Rita hatte recht, aber sie freute sich trotzdem. »Aber sie sind wenigstens besser als die, die ich in den Geschäften bekomme«, bemerkte sie.

Während sie sich wieder dem Einmachen zuwandte, erklärte Rita mir, warum sie erst in diesem Jahr damit angefangen hatte. Sie hatte Zeit gebraucht, um große Gläser zum Einmachen zusammenzubekommen. Jedesmal, wenn es in den Geschäften Konserven gegeben hatte, hatte sie sie gekauft, den Inhalt verbraucht und die leeren Gläser aufbewahrt. Danach hatte sie darauf warten müssen, daß es Verschlußdeckel gab. Das war dann kurz vor den Olympischen Spielen 1980 gewesen, als es plötzlich Haushaltsartikel zu kaufen gab, die jahrelang nirgends zu bekommen gewesen waren.

So gab es unter anderem ein spezielles Gerät zum Verschließen von Gläsern, das Rita jedoch schon hatte. Als sie sah, daß es zusammen mit dreißig Metalldeckeln verkauft wurde, die es einzeln nicht gab, kaufte sie zwei solcher Geräte und hatte nun sechzig Deckel.

Zwei Stunden später kam ein erhitzter und grantiger Kolja wieder nach Hause. In den Geschäften der näheren Umgebung war der Essig ausverkauft gewesen, und so hatte er in die Gorkistraße gehen müssen, die lebhafteste Moskauer Geschäftsstraße.

Während sie die Flasche öffnete und mit ihrer Arbeit weitermachte, begann Rita, von den vielfältigen Verwendungsmöglichkeiten des Essigs zu erzählen. In einem polnischen Buch hatte sie gelesen, daß man mit Essig sogar Schweißgeruch verhindern könnte.

Als ich das hörte, wünschte ich mir, daß mehr Russen dieses Geheimnis kennen würden. In den öffentlichen Verkehrsmitteln und in den Geschäften war der Schweißgeruch im Sommer so intensiv, daß ich sie in dieser Zeit mied.

Als wenn sie meine Gedanken gelesen hätte, sagte Rita: »Es gibt nur wenige Menschen, die Zeit haben, sich über ein Deodorant Gedanken zu machen oder sich gar eines zu kaufen. Meine Mutter wäscht sich jeden Tag und versteht nicht, warum sie außerdem noch ein Deodorant benutzen soll. Für die meisten ist das ein unnötiger Luxus; nicht nur, weil es verhältnismäßig teuer ist, sondern auch, weil es oft zu den Defizit-Artikeln gehört.«

»Essig wird oft von Teenagern benutzt«, fuhr sie fort, »die versuchen, zu Hause Abtreibungen an sich selbst vorzunehmen. Die Mädchen machen das deshalb, weil sie Angst haben, ihre Eltern könnten etwas erfahren, wenn sie Antrag auf eine offizielle Abtreibung stellen.«

Ich hatte davon gehört, daß es für Frauen sehr schwierig war, Verhütungsmittel zu bekommen, und ich fragte Rita, ob sie auch schon abgetrieben hätte. In den sieben Jahren, die sie verheiratet war, hätte sie dreimal abgetrieben, sagte Rita, während Freundinnen von ihr es viel öfter getan hätten. Sie war das erste Mal kurz nach ihrer Eheschließung schwanger gewesen. »Wir waren sehr verliebt und haben nicht an die möglichen Folgen gedacht, bis es zu spät war. Ich studierte noch und wollte mich nicht mit einem Baby belasten.«

Rita ging deshalb ins Krankenhaus, um die offizielle Erlaubnis für eine Abtreibung einzuholen. Als der Arzt die Genehmigung unterschrieben hatte, ging sie in die Klinik, um einen Termin zu vereinbaren. An dem Tag, an dem die Abtreibung vorgenommen werden sollte, wartete Rita zusammen mit anderen Frauen, die zu dem gleichen Zweck in die Klinik gekommen waren.

»Einige Mädchen waren gerade fünfzehn, und sie taten mir leid. Sie waren minderjährig, und ihre Eltern hatten die Papiere unterschreiben müssen, damit sie die Genehmigung bekamen«, sagte Rita.

Das Honorar für die Abtreibung betrug fünf Rubel, aber in dem Preis war die Betäubung nicht enthalten. Beim nächstenmal sei sie klüger gewesen, sagte Rita. »Ich habe dann fünfzig Rubel für die Spezialbehandlung bezahlt.« Dafür mußte sie dann nicht mehr anstehen und warten, und statt eines jungen Assistenzarztes nahm der Chefarzt die Abtreibung mit Betäubung vor.

Als sie zum drittenmal schwanger wurde, sei es nicht ihre Schuld gewesen, sagte Rita. Die schlechte Qualität der sowjetischen Präservative, die nur vier Kopeken kosteten, wären dafür verantwortlich gewesen. Mittlerweile waren indische Kondome, die doppelt soviel kosteten wie die sowjetischen, zur meistverkauften Marke in den Apotheken geworden.

Rita hatte für Kolja auch welche gekauft, und sie zeigte mir die Schachtel. In fettgedruckten Buchstaben stand darauf: »Elektronisch geprüft« – eine beruhigende Garantie für die sowjetischen Männer und Frauen. Dann gab sie zu, daß Kolja Kondome, wie die meisten Männer, ungern und selten gebrauchte.

Sie sprach dann mit mir über ihre Ansichten zu den Methoden der Geburtenkontrolle, und ich stellte später fest, daß ihre Meinung der meiner anderen Freundinnen ähnlich war. Rita war gegen die Pille, weil die Ärzte meinten, sie sei gesundheitsschädlich. Diese Beurteilung hatte ihre Grundlage jedoch in den Erfahrungen mit einer ungarischen Antibabypille, der einzigen, die in der Sowjetunion verkauft wird. Aber ich kannte keine Frau, die die Pille hätte kaufen und ausprobieren können. Denn als ich einer Freundin gegenüber, die schon mehrere Abtreibungen hinter sich hatte, die ungarische Pille erwähnte, sagte diese, daß sie gar nicht wüßte, daß irgendeine Antibabypille in der Sowjetunion zu bekommen sei.

Als wir andere Methoden der Empfängnisverhütung diskutierten, meinte Rita: »Das Diaphragma ist lästig. Diese Methode ist unter den gegebenen Umständen, wo Eltern und Kinder im gleichen Zimmer schlafen, nicht angebracht. Die Spirale setzt sich immer mehr durch, aber die Ärzte sagen, sie sei nicht hundertprozentig sicher.« Wie Rita versuchen viele Frauen, ihre unfruchtbaren Tage zu berechnen, aber dabei passieren oft Fehler. Aber eine unerwünschte Schwangerschaft ist kein großes Problem, weil die Abtreibungen so billig und einfach zu machen sind.

Rita mußte zugeben, daß sie mehr über Geburtenkontrolle und Sexualität wußte als die meisten ihrer Freundinnen, denen es peinlich war, sowohl über das eine als auch über das andere zu sprechen. »Die gebildeten Leute lesen in ausländischen Büchern nach, was sie über Sex wissen wollen, und sie experimentieren auch viel mehr«, sagte sie.

Sie nahm dann einen wichtig aussehenden roten Ordner aus dem Regal, den Kolja aus dem Büro mitgebracht hatte. Aber als sie ihn öffnete, sah ich, daß er keine Arbeitsunterlagen enthielt. In dem Ordner befand sich »Xavieras Supersex – die persönlichen Techniken einer Hure zur totalen sexuellen Erfüllung« – ein Text, der in Koljas Büro die Runde machte.

Material dieser Art, Pornofilme und sogar Aktbilder sind in der Sowjetunion verboten, aber diese Sachen gelangen auf verschiedenen Wegen trotzdem ins Land und kosten auf dem schwarzen Markt viel Geld. In anderen sozialistischen Ländern, in die die Sowjetbürger reisen dürfen, sind die Gesetze nicht ganz so streng. Wenn die Touristen zurückkommen, geben sie damit an, daß sie eine Stripteasebar besucht haben, und die wenigen, die die Chance bekommen, ins westliche Ausland zu reisen, sehen es als einen unabdingbaren Höhepunkt ihrer Reise, einen Sexshop zu besuchen oder sich einen Pornofilm anzusehen.

Rita erinnerte sich, daß die einzige Literatur, die sie über das Verhältnis zwischen Mann und Frau – abgesehen von wissenschaftlichen Büchern und Texten – gelesen hatte, politischer Natur gewesen war. In der Bibliothek der Schwesternschule hatte sie eine Veröffentlichung gefunden, die sich hauptsächlich damit befaßte, wie der Mensch seine Kräfte einsetzen sollte: zuallererst für die Arbeit und erst an zweiter Stelle für das Privatleben. Dementsprechend enthielt der Text die Empfehlung, daß Mann und Frau mittwochs und am Wochenende miteinander schlafen sollten, damit ihre Energie richtig aufgeteilt würde. Außerdem sollte der Geschlechtsverkehr nicht mehr als fünf bis sieben, aber äußerstenfalls zehn Minuten dauern. Auch das wurde damit begründet, daß die beiden ja am nächsten Tag wieder zur Arbeit müßten.

Während sie noch über diese Erklärungen lachte, sprach Rita von der Notwendigkeit, die jungen Leute über die Sexualität aufzuklären. Sie erzählte mir, daß Tanja in dem Moment, als sie merkte, daß ihr Sohn Sascha sich für Mädchen zu interessieren begann, mit ihm über sexuelle Dinge gesprochen hatte. Sie hatte ihm klargemacht, daß er die Verantwortung trüge. Unter seinen Freunden war niemand, mit dem seine Eltern über dieses Thema gesprochen hatten, und auch in der Schule war es verboten, darüber zu sprechen. So gab Sascha seine Kenntnisse an andere weiter. Wenig später riefen dann die Mütter seiner Klassenkameraden bei Tanja an, um sich zu beschweren oder um zu fragen, wie sie mit ihren Kindern über dieses Problem sprechen sollten. Die junge Generation möchte Informationen über Sex, und das beste wäre, wenn sie diese Informationen entweder von ihren Eltern bekommen oder wenn man den Lehrern erlauben würde, die Kinder aufzuklären, schloß Rita.

Nachdem Kolja uns den Essig gebracht hatte, verschwand er wieder, um sich mit einem Freund zu treffen. Als er ein paar Stunden später wiederkam, sah ich an seinem Gesichtsausdruck, daß er getrunken hatte. Von früheren Gelegenheiten her wußte ich, daß er locker wurde, wenn er trank, und dann gern Geschichten erzählte.

Skeptisch hörte ich ihm zu, als er von seinem letzten Abenteuer berichtete. Ich ging davon aus, daß jede der Geschichten, die er in diesem Zustand erzählte, leicht übertrieben war. Als Rita meinen ungläubigen Gesichtsausdruck bemerkte, unterbrach sie ihn von Zeit zu Zeit und versicherte mir, daß er die Wahrheit sagte.

Mehrmals im Jahr, vor allem zur Erntezeit, werden Behördenangestellte, Lehrer, Ärzte und Angehörige anderer Berufe dazu verpflichtet, körperliche Arbeiten zu verrichten. So werden sie zum Beispiel zum Ernten von roten Beeten, zum Kartoffelsammeln oder zum Sortieren von Obst und Gemüse eingesetzt. Das bedeutet im Grunde, daß jeder – vom Abteilungsleiter bis zum bedeutenden Professor – gehalten ist, sich an solchen Arbeiten zu beteiligen.

»Man sagt uns«, sagte Kolja, »daß wir von der Arbeit der Landbevölkerung leben, und weil dort Arbeitskräfte fehlen, müssen wir unseren Beitrag leisten.« Nur die krankgeschriebenen Kollegen Koljas waren von dieser Arbeit freigestellt, während die Mehrheit sich auf diesen Ausflug freute, auch wenn das bedeutete, daß sie um fünf Uhr früh aufstehen und mit dem Bus zum Treffpunkt fahren mußten. Kolja gehörte nicht zu dieser Gruppe, denn er hatte ja ein Auto. Deshalb konnte er länger schlafen und mit einigen Kollegen zusammen auf das Feld hinausfahren, wo sie Kartoffeln einsammeln sollten.

Gutgelaunt machten sie während der Fahrt ihre Witze. Kolja erinnerte sich daran, daß eine Stenotypistin im Büro gesagt hatte: »Jetzt verstehe ich erst, was Kommunismus wirklich heißt – wenn alle Leute zum Kartoffelsammeln mit dem eigenen Auto kommen.«

Am Ziel angekommen, mußten sie erst einmal warten, weil nicht genügend Kartoffelsäcke und -eimer da waren. Während sie warteten, bemerkte Kolja, daß alle Eimer kleine Löcher hatten, und er fragte eine Landarbeiterin nach dem Grund. »Wie kann ein so gebildeter Mensch nur eine so dumme Frage stellen. Wenn die Eimer Löcher haben, werden sie nicht gestohlen«, war die Antwort.

Mit Eimer und Sack in der Hand begaben sich die Männer zum Einsammeln der Kartoffeln, die schon an der Erdoberfläche lagen, und ihre Stimmung war auch weiterhin gut. Ein Ingenieur meinte: »Die Amerikaner würden es nie so machen. Ihre Maschinen würden die Kartoffeln nicht nur ausgraben, sondern auch gleich einsammeln, und wäre das bei uns auch so, brauchten wir die Arbeit nicht zu machen. Hier bei uns gibt es nur halbautomatisierte Maschinen, damit wir uns nicht langweilen und jeder eine Arbeit findet. Stellt euch vor, man ordnete die Modernisierung unseres Instituts an – wir würden damit unmittelbar Arbeitslosigkeit schaffen!«

Die Männer bemerkten, daß eine Landarbeiterin durch die Felder patrouillierte und ihre Arbeit beobachtete. In den Jahren davor hatte es keine Kontrollen gegeben, aber in diesem Jahr waren sie wegen der schlechten Ernte erforderlich geworden. Die Arbeiterin sollte aufpassen, daß nichts gestohlen würde. Auch wenn Kolja und seine Kollegen beschlossen hatten, die Vorschriften einzuhalten, änderten sie ihre Absicht wegen der Anwesenheit der Frau. Jetzt sahen sie es als Herausforderung an, sie auszutricksen.

Im nachhinein bedauerte Kolja dies Verhalten und hatte Verständnis für die Lage der Frau. Sie waren im Auto gekommen und würden wahrscheinlich Kartoffeln stehlen, während die Frau nicht mehr als sechzig Rubel verdiente. Sie hatte die Felder bebaut und mußte nun mit ansehen, wie die »Intellektuellen« die Früchte ihrer Arbeit stahlen.

Kolja sagte: »Wir streckten der Sowjetmacht die Zunge raus und nahmen die Frau in ihrer Rolle als gesetzestreue Bürgerin auf die Schippe. Wir glaubten, wir könnten alles mit ihr machen, weil wir klüger waren als sie. Wenn wir sprachen, war das eine ganz andere Sprache als die ihre. Wir sahen mit unseren Jeans und unseren Brillen auch anders aus als sie in ihrer unförmigen Landarbeiterkleidung.«

Deshalb heckten sie einen Plan aus, wie sie Kartoffeln stehlen könnten, und fuhren vergnügt nach Hause. Die Landfrau hatte sie aber überlistet. Sie hatte die Miliz gerufen, damit alle Fahrzeuge beim Verlassen des Feldes überprüft würden.

Kolja entging dieser Überprüfung, weil er Schwierigkeiten mit seinem Auto hatte. Dadurch konnte er erst später starten und sah dann, was auf der Straße passierte. Die Miliz hatte eine Straßensperre errichtet und durchsuchte die Wagen. Klugerweise entschloß Kolja sich, in die entgegengesetzte Richtung, also weg von Moskau, zu fahren, und über einen langen Umweg kam er dann mit seiner Beute schließlich nach Hause.

Als er am nächsten Tag ins Büro kam, hörte er von den Schwierigkeiten, die die anderen gehabt hatten. Wer mit Kartoffeln erwischt worden war, wurde von der Miliz verhört; man schrieb die Namen und andere Angaben auf. Das beunruhigte die Mitglieder der kommunistischen Partei, die wußten, daß sie aus der Partei ausgeschlossen werden konnten, wenn ihr Vergehen bekannt wurde. Die anderen machten sich keine Gedanken darüber, denn nach geltendem Gesetz wird nicht vor Gericht gebracht, wer Ware im Wert von weniger als fünfzig Rubeln stiehlt.

Kurz nachdem Kolja seine Geschichte erzählt hatte, klingelte das Telefon. Rita sagte, es wäre eine »Geschäftsfrau, die hereinschauen wollte, um ihr Kleider zu zeigen«. Rita war an Mode sehr interessiert wie alle Frauen, die ich kannte. Sie bat mich immer, ihr die neuesten Modezeitschriften aus dem Westen mitzubringen, wenn ich von einer Auslandsreise zurückkam. Bevor wir uns kennenlernten, hatte sie in einem Abendkurs nähen gelernt, und während dort drei Jahre alte französische Modezeitschriften als Unterrichtsmaterial gedient hatten, war sie jetzt auf dem laufenden.

Wenig später kam die junge Frau, die angerufen hatte. Sie erinnerte mich an eine andere Frau, die ich einmal beobachtet hatte, als sie einen Schönheitssalon betrat und der Friseuse etwas ins Ohr flüsterte. Die Frau hatte sehr beeindruckend ausgesehen, und wäre sie auf der Straße an mir vorbeigegangen, wäre sie nur durch ihr starkes Make-up als Russin zu erkennen gewesen. Jedes einzelne Haar lag an seinem Platz, ihre Fingernägel waren frisch manikürt, und sie trug aktuelle westliche Mode, die in Moskau erst zwei oder drei Jahre später modern sein würde.

Die Besucherin leerte ihre Stofftasche voller westlicher Kleider auf dem Bett aus, und Rita zeigte Interesse an einem Paar Levis-Cordhosen. Nachdem sie sie anprobiert und festgestellt hatte, daß sie wie angegossen saß, sagte Rita, daß sie die Hose kaufen wollte. Als ich hörte, daß die Frau 200 Rubel dafür verlangte, versuchte ich, Rita von dem Kauf abzubringen. Ich versprach ihr, daß ich ihr von meiner nächsten Reise in den Westen welche mitbringen würde. Aber sie widersprach. »Warum willst du dein Geld so verschwenden?« rief sie aus.

Wie oft hatte ich diesen Satz von meinen Freundinnen schon gehört, wenn ich ihnen etwas aus dem Berioska-Geschäft oder aus dem Ausland mitgebracht hatte. Für sie waren Devisen weitaus wertvoller als Rubel, weil man damit viel mehr kaufen konnte. Aber wenn sie mir etwas schenkten, was in Rubeln irrsinnig viel gekostet hatte, und ich gegen so teure Geschenke protestierte, war ihre Antwort: »Unser Geld ist doch nichts wert.«

Ich verstand diese Bemerkung nie, denn ich rechnete die Preise immer in Mark und Dollar um und fand, daß die Sachen in der Sowjetunion teuer waren. In Anbetracht ihrer niedrigen Gehälter nahm ich an, daß sie das auch so sähen.

Nachdem sie mein Angebot abgelehnt hatte, kaufte Rita die Hose und sagte: »Bei uns in den Geschäften gibt es so wenig zu kaufen, daß ich mein Geld lieber so ausgebe.«

Dann erzählte sie mir von einer Freundin, die mehrere Monate lang ausschließlich von Brot und Milchprodukten gelebt hatte, um sich ihr erstes Paar Jeans kaufen zu können. Dann trug sie die Jeans sechs Monate lang, verkaufte sie für etwas weniger und legte sich dann ihre nächsten Jeans zu.

Es ist allgemein üblich, daß die Leute ihre gebrauchte Kleidung entweder untereinander oder an das amtliche Vermittlungsgeschäft verkaufen, in dem sie allerdings weniger bekommen als bei Privatverkäufen. Aber es ist gesetzlich verboten, von derartigen Profiten zu leben, wie diese »Geschäftsfrau« es tat. Doch sie kann damit rechnen, daß die Gefahr, verhaftet zu werden, gering ist. Sie füllt eine Lücke in der sowjetischen Wirtschaft und macht gleichzeitig die Menschen zufrieden.

Bei meiner Kleidung ziehe ich klassische Modelle und Formen vor und kaufe mir nie die neueste Mode, ausgenommen, sie steht mir. Das war immer eine Quelle der Kritik von meinen Freundinnen, die darauf bestanden, daß ich am besten auszusehen hätte, wenn wir abends zusammen ausgingen. Das bedeutete, daß meine Kleidung auffallen sollte, als sei ich einem der Modemagazine entstiegen, die ich ihnen gegeben hatte.

Da sie wenig Gelegenheit hatten, sich festlich anzuziehen, nahmen einige meiner Freundinnen indirekt an meinen gesellschaftlichen Verpflichtungen teil. Sie baten mich, bei ihnen vorbeizuschauen, bevor ich beispielsweise an einem Botschaftsempfang teilnahm, was für sie ein wichtiges Ereignis war. Und jedesmal machten sie mir Vorschläge, die ihrer Ansicht nach von Vorteil für mein Aussehen waren.

Jede von ihnen bestand darauf, daß alle Accessoires farblich passen müßten, selbst wenn ich Rot trug. Um mit ihnen über Geschmacksfragen nicht streiten zu müssen, akzeptierte ich alles, was sie mir für mein besseres Aussehen liehen, und gab ihnen die Sachen dann am nächsten Tag unbenutzt zurück.

Ich war, was das Bügeln meiner Kleidung anging, etwas

Oben links: Roter Platz in Moskau.

Oben rechts: Das Anstreichen von Gebäuden, Wohnungen oder auch Telefonzellen ist eine Arbeit, die meistens von Frauen gemacht wird. Sie sind wie die Männer für das Einkommen der Familie verantwortlich.

Unten: Kräftige ältere Frauen leisten oft Schwerstarbeit, wie Ausbesserungsarbeiten an Straßen und Arbeit am Bau.

Oben: Alte Frauen heben Brot und Essensreste für Tauben und herrenlose Hunde auf.

Unten: Auf dem »Vogelmarkt« in Moskau werden die verschiedenen Tiere verkauft, auch Hunde. Da es verboten ist, Tiere in öffentlichen Verkehrsmitteln zu transportieren, werden sie von ihren Besitzern oft in Einkaufstaschen geschmuggelt.

Oben: Einige der Metrostationen sehen wie Hallen eines Palastes aus. Mit großem Personalaufwand werden sie regelmäßig sauber gehalten und auf Hochglanz gebracht.

Unten: Mehr als zwanzig Kilometer vom Zentrum Moskaus entfernt entstehen Hochhäuser, um die Wohnungsnot zu lindern.

Oben: An warmen Sommertagen strömen die Leute zum nächstgelegenen Fluß, denn öffentliche Schwimmbäder sind rar. Das größte Vergnügen ist es, im Freien Schaschlik zu grillen.

Unten: Unseren ersten Kajak-Trip machten wir mit der Familie Pankow in den Osten Sibiriens.

nachlässig, und da die Russen in dieser Hinsicht fast schon fanatisch sind, mußte ich mich, wenn ich bei einer Freundin war, oft ausziehen, während sie Falten aus meinen Kleidern bügelte, die niemand bemerkt hätte. Außerdem wurde immer wieder beanstandet, daß ich zuwenig Make-up trug, und auch das mußte korrigiert werden. Die kleinen Ergänzungen, fügten meine Freundinnen hinzu, brauchten mindestens dreißig Minuten – das waren fünfundzwanzig Minuten mehr, als ich insgesamt brauchte –, und eine schnelle Maniküre war ein Muß. Keine gutangezogene Frau konnte zu einem Essen gehen, ohne daß die Fingernägel poliert waren.

Durch Beobachtung und Erfahrung lernte ich, daß die Russinnen Mode mit anderen Augen sehen. Wenn jemand sich klassisch oder zeitlos anzieht, bedeutet das, daß man sich keine neuen Sachen leisten kann. Kleidung ist außerordentlich teuer, und gut angezogen zu sein heißt, das Modernste zu tragen und so den Eindruck zu vermitteln, man sei reich und hätte gute Beziehungen – »Blat« –, was gleichbedeutend ist mit »jemand zu sein«.

Ich erinnerte mich, daß Rita mir von ihrem Schwiegervater erzählt hatte, der sich extra umzog, wenn er zum Einkaufen ging. Ich bemerkte, daß Rita – wie viele ihrer Freundinnen auch – es ebenso hielt. Sie hatte eine ausgezeichnete Figur, und fast alles, was sie anzog, stand ihr. Allerdings ist bei der Mehrzahl der Frauen eher das Gegenteil der Fall.

Wenn ein Kleidungsstück in Mode war, mußten es alle Frauen haben, ungeachtet dessen, ob sie es nun tragen konnten oder nicht. Ich weiß nicht, ob es an der beschränkten Auswahl oder an ihrem Geschmack lag, daß die Frauen enganliegende Kleider bevorzugten, die ihren kräftigen Körperbau nur noch stärker hervortreten ließen.

Bequemlichkeit spielte eine untergeordnete Rolle. Ich sah oft junge Frauen durch die Straßen hinken auf Stöckelabsätzen, die nicht für lange Gänge oder zum Schlangestehen geeignet waren. Hüte sind in der Sowjetunion praktisch ein Fetisch, und die Frauen tragen das ganze Jahr über Hüte, aber ich habe selten einen gesehen, der zu dem Gesicht gepaßt hätte, über dem er saß. Eine meiner russischen Freundinnen versuchte, mich dazu zu überreden, einen großen, imposant aussehenden Pelzhut zu kaufen, der mein langes, schmales Gesicht nur noch länger erscheinen ließ. Als ich meinte, daß mein Gesicht jetzt wie eine Erdnuß aussähe unter diesem Monstrum, sagte meine Freundin: »Das spielt doch keine Rolle. Er sieht teuer aus.«

»Du beurteilst einen Menschen zunächst nach dem, was er anhat, und später nach seiner Intelligenz«, sagte Rita und zitierte damit ein populäres russisches Sprichwort. Da ich wußte, wie teuer Kleidung war, fragte ich, wie es sich so viele Leute doch leisten könnten, gut angezogen zu sein und ein ganzes Monatsgehalt für ein paar Stiefel oder mehrere Monatsgehälter für einen Mantel auszugeben.

»Sie tragen alles, was sie haben, auf dem Leib. Zu Hause ist der Kühlschrank leer, und die Wohnung ist nur kärglich möbliert. In ihren Kleiderschränken hängen nicht mehr als eine oder zwei Hosen, ein paar Blusen oder Hemden und ein Kleid für zwei Jahreszeiten. Sie sparen fast alles, was sie verdienen, um in der Öffentlichkeit so modisch und gut angezogen zu sein wie die anderen, ungeachtet des Status der anderen. Das ist ihr Glück und die Grundlage ihres Selbstbewußtseins. Ihre Kleidung läßt sie wichtig erscheinen, und dadurch vergessen sie all ihre Schwierigkeiten und Probleme.«

»Wenn jemand gut angezogen ist, weiß jeder, wieviel Geld und Zeit das gekostet hat. Es ist so gut wie unmöglich, ein gutgearbeitetes, modisches, in Rußland hergestelltes Kleidungsstück zu bekommen. Das ist der Grund dafür, daß wir unser Geld sparen, damit wir davon ausländische Kleider kaufen können, die modern sind und Eindruck machen. Wenn eine Frau sich das nicht leisten kann, macht sie ihre Kleider selbst und kopiert ausländische Mode.«

Wir nahmen das Gespräch über dieses Thema wieder auf, als wir einige Wochen später auf dem Weg in eines der russischen Badehäuser, eine »Banja«, waren. Wir waren später als vorgesehen von zu Hause weggekommen, weil Ritas Freundin Tamara aufgehalten worden war. Als sie schließlich kam, hatte sie sich mit den Worten entschuldigt: »Ich mußte noch Etiketten abtrennen.«

Als Rita meinen erstaunten Gesichtsausdruck sah, erklärte sie, daß Tamara eine ausgezeichnete Schneiderin wäre, die ihr Einkommen damit aufbesserte, daß sie nebenbei noch nähte. Tamaras Kundinnen waren sehr »etikettenbewußt« und zahlten für ein Kleidungsstück mit einem ausländischen Etikett mehr als für eines mit einem russischen. Aber es war schwierig, Etiketten zu bekommen.

Tamara hatte am Morgen dieses Tages Glück gehabt. In einem der sowjetischen Geschäfte hatte sie Kleidungsstücke mit ausländischen Etiketten gesehen, aber es dauerte natürlich seine Zeit, sie herauszutrennen, ohne daß die Verkäuferinnen es bemerkten. Das erklärte auch ihre Verspätung.

Als wir uns dem Badehaus näherten, kamen wir an einer Gruppe Frauen vom Land vorbei, die auf hölzernen Kisten saßen und riefen: »Frische Eichen- und Birkenzweige zu verkaufen!«

Wir beschlossen, ein Bündel zu fünfzig Kopeken zu kaufen, und man sagte uns, wir sollten sie zuerst in kaltem und dann in heißem Wasser auswaschen, um den Staub abzuspülen. Wir gingen dann durch den Eingang, der für Frauen bestimmt war. Die Männer hatten einen eigenen. Nachdem wir unsere Eintrittskarten bei der Kassiererin erstanden hatten, sagte man uns, daß die »Banja« schon voll sei, und so setzten wir uns für eine Weile in die Eingangshalle.

Mir machte es nie etwas aus, in der Sandunowskaja-Banja warten zu müssen, denn es war eines der ältesten und auf jeden Fall das eleganteste Badehaus in Moskau. Zu den Besuchern hatte im vergangenen Jahrhundert neben Tschechow die Moskauer Aristokratie gehört. Das Gebäude hatte einen Hauch von Barock mit seiner blau und rosa dekorierten Decke, seinen gewaltigen Säulen und pompösen Stehlampen.

Wir ließen unsere Mäntel und Wertsachen unten in der Garderobe und stiegen die geschwungene Treppe zu den Eingangstüren der Baderäume hinauf. Der am wenigsten ästhetische Teil unseres Weges führte durch einen Raum, wo Frauen unter Haartrocknern saßen. Der Raum gehörte zu dem Schönheitssalon auf dem gleichen Stockwerk.

Nachdem wir einer schwergewichtigen, freundlichen Badewärterin, die auf jeder Wange ein Birkenblatt trug, fünfzig Kopeken in die Hand gedrückt hatten, führte sie uns an die uns zugewiesenen Plätze. In dem Vorraum zur eigentlichen »Banja« kamen wir an nackten oder nur mit einem Handtuch bekleideten Frauen aller Formen, Größen und Altersstufen vorbei. Sie saßen, lagen und dösten auf langen Holzbänken, die aussahen, als wenn sie in einen Eisenbahnwaggon gehörten, und sie waren zusammengestellt wie in einem Zugabteil ohne Türen.

Wir packten unsere Taschen aus, in denen sich alles Notwendige wie ein Paar Gummischuhe, ein Handtuch, Seife, Shampoo, eine Wollmütze und eine größere Auswahl spezieller Hautcremes befand. Die Frauen um uns herum waren völlig entspannt. Manche ließen sich in einem Nebenraum maniküren oder pediküren. Andere knabberten an Kleinigkeiten und tranken Tee oder Fruchtsaft. Sie hatten die Sachen entweder von zu Hause mitgebracht oder bei der Badewärterin gekauft. Die Männer tranken in ihrer abgetrennten »Banja« Bier und Wodka.

Einige Gesichter waren unter weißer Creme versteckt, und ihre Besitzerinnen waren gezwungen zu schweigen, während die anderen Frauen fröhlich waren und schwatzten. Die Frauen, die unbefangen die gewaltigsten Proportionen zur Schau stellten, standen Schlange, um sich zu wiegen.

Eine neben uns sitzende alte Frau war dabei, eine wollene Strumpfhose auf so umständliche Weise zu ändern, daß Rita sie fragte, was sie da machte. Sie erklärte, daß Strumpfhosen für Kinder viel billiger wären als die für Erwachsene und daß sie eine Methode entwickelt hätte, kleine Hosen größer zu machen, um sie dann zu verkaufen. »Sie sparen drei Rubel, wenn Sie Ihre Hosen bei mir kaufen.«

Die »Banja« bot die Möglichkeit, dem anstrengenden Alltag zu entfliehen, und das seltene Vergnügen, sich entspannen zu können. Gruppen von zwei und drei Besucherinnen saßen lachend und schwatzend zusammen. Andere hatten sich ausgestreckt und lasen ein Buch oder eine Zeitung. Wieder andere waren aus gesundheitlichen Gründen dort, weil sie glaubten, daß durch Schwitzen alle Krankheiten aus dem Körper gespült werden. Sie konzentrierten sich mehr darauf, als daß sie den Besuch der »Banja« als Gelegenheit zur Begegnung mit anderen Menschen ansahen.

Wieder andere wie die uns gegenübersitzende einsame Rentnerin kamen zu eben diesem Zweck. Als wir anfingen, uns auszuziehen, sprach sie mit uns, während sie sich anzog. Ich hörte ihr zunächst nicht zu, sondern sah nur ihre zerrissenen, ausgebeulten Unterhosen, ihre Krampfadern und Hühneraugen, die darauf schließen ließen, daß ihr Leben schwer gewesen war.

Als ich mich mehr auf das Gespräch konzentrierte, hörte ich, wie sie ihre verschiedenen Krankheiten beschrieb, und dann sah ich sie auf ihren geschwollenen Bauch und eine hervorstehende Narbe zeigen. Sie erzählte, daß man ihr vor einem Jahr den Blinddarm herausgenommen hatte und daß sich eine Entzündung um die Nähte herum entwickelt hätte. Ihr Gesicht lief rot an, als sie erzählte, wie es dazu gekommen war.

Es hatte ihr niemand gesagt, daß sie den Arzt bezahlen müßte, um besser behandelt zu werden. Erst als die anderen Patienten gingen, fragten sie sie, warum sie ihm nicht auch Geld zugesteckt hätte. Hätte sie das getan, hätte er ihr auch das richtige Medikament gegeben, um eine Infektion zu verhindern. Als sie die »Banja« verließ, waren ihre letzten Worte: »Wie kann jemand von einer Rente von fünfzig Rubeln leben und außerdem noch Geld übrig haben, um die Ärzte zu bezahlen.«

Wir gingen in den anschließenden Baderaum, wo die Frauen auf Marmorblöcken lagen und von ihren Freundinnen mit einer Bürste oder einem Schwamm geschrubbt wurden. Andere füllten Eimer mit Wasser und schütteten sie dann über sich aus. Wir stellten uns in die Reihe der Frauen, die vor den offenen Duschkabinen warteten, um sich die Haare zu waschen oder sich abzukühlen, nachdem sie im Dampfraum gewesen waren.

Nachdem sie sich geduscht hatte, bestand Rita darauf, daß ich mir eine Wollmütze aufsetzte als Schutz gegen die starke Hitze, die entstand, wenn man Wasser über glühende Steine schüttete. Jetzt war der Augenblick gekommen, um die Birkenzweige zu verwenden, die wir von den Landfrauen vor der »Banja« gekauft hatten. Beim Schlagen mit den Zweigen wechselten wir uns ab, um unsere Blutzirkulation anzuregen.

Da ich an eine so starke Hitze nicht gewöhnt war, ging ich nach kurzer Zeit aus dem Raum, während die Frauen, die vor uns hineingegangen waren, träge auf den Holzbänken saßen oder standen, wobei der Schweiß an ihren nackten Körpern herunterlief.

Nach einer kurzen kalten Dusche riet Rita mir, in den Vorraum zu gehen, bevor ich wieder in den Dampfraum ginge. In diesem Moment fragten drei hübsche junge Mädchen, die achtzehn oder neunzehn Jahre alt sein mochten, schüchtern, wie man sich in der »Banja« verhalte. Sie waren zum erstenmal dort und wußten nicht, was sie tun sollten. Während Rita die Prozedur genau erklärte, stellte ich fest, daß es eine strenge Reihenfolge gab, wenn der Körper von dieser Behandlung auch wirklich etwas haben sollte. Anderen Freundinnen, mit denen ich die »Banja« besucht hatte, schien dieser Ablauf unbekannt, weil sie hauptsächlich dorthin gingen, um mit Freunden zusammenzusein.

Nach der empfohlenen kurzen Ruhepause begann die Schönheitsbehandlung, und ich entspannte mich, um sie zu genießen. Ich hatte die Pfirsichhaut der jungen Mädchen und Frauen in der Sowjetunion immer bewundert, und ich fragte mich, ob sie das gleiche Rezept hatten wie Rita. Rita begann zunächst damit, meinen Körper mit einer Mischung aus Honig und einem Eigelb einzureiben. Dann trug sie auf mein Gesicht eine Mischung aus allem möglichen – von zerdrückten Erdbeeren bis Gurkenschalen – auf und klopfte sie in die Haut ein, wobei sie mir erklärte, daß der Haut ebenso wie dem Körper Vitamine zugeführt werden mußten.

Nachdem sie mir eine Joghurtmixtur im Gesicht aufgetragen hatte, empfahl sie mir, während der nächsten fünfzehn Minuten keinen Muskel zu bewegen. Sie wollte zwei Falten auf meiner Stirn und ein Fältchen oberhalb meiner Lippe wegbekommen. Bevor ich schweigen mußte, murmelte ich noch: »Es wäre wirkungsvoller und schneller, wenn ich mir für 300 Rubel hier in Rußland das Gesicht liften ließe.«

6. Kapitel

Tamaras Heirat und die Probleme der Mutterschaft

Während wir entspannt in der »Banja« saßen, sprach Ritas Freundin Tamara darüber, wie einsam sie war und wie gern sie heiraten würde, wenn es nicht so schwierig wäre, den richtigen Mann zu finden. Nur während ihres Urlaubs hatte sie so etwas wie ein Privatleben, aber sie verliebte sich jedesmal in verheiratete Männer, die sie vergaßen, sobald die Ferien vorüber waren. Sie kehrte dann unglücklich und enttäuscht zurück in die Einzimmerwohnung, die sie mit ihrer Mutter teilte, und ihr unbefriedigender Alltag begann von neuem.

Wochen später traf ich Tamara wieder bei Rita zu Hause und erfuhr, daß sich die Lage völlig verändert hatte. Sie hatte einen neuen Mann kennengelernt, der all das hatte, was sich die russische Durchschnittsfrau wünschen kann. Er kam aus einer guten Familie, und seine Berufsaussichten waren gut. Nur war Tamara sich nicht sicher, ob sie ihn liebte.

Das nächstemal traf ich Tamara, als ich wieder bei Rita war. Sie stürmte hochrot und aufgeregt in die Wohnung mit der Nachricht, daß sie und ihr Verlobter am Tag zuvor beim Standesamt, dem SAGS, gewesen waren und daß sie Tag und Zeit für die Hochzeit festgelegt hatten. Sie war jetzt, nachdem die Entscheidung gefallen war, viel ruhiger und erzählte uns, wie es ihnen beiden auf dem SAGS ergangen war.

Zunächst hatten sie einen umfangreichen Fragebogen in deutlich lesbarer Handschrift ausfüllen müssen. Aber Tamaras Hände hatten dabei so gezittert, daß sie um einen zweiten Fragebogen bitten mußte. Eine der Fragen war gewesen, ob sie ihren Mädchennamen nach der Eheschließung beibehalten wollte oder ob sie den ihres Mannes annehmen würde. Ihr Verlobter hatte die Möglichkeit, ihren Namen zu tragen, aber das geschah selten. Sie folgte dem Wunsch ihres Verlobten und entschied sich für seinen Namen. Nachdem der Fragebogen ausgefüllt war, reichten sie ihn zusammen mit ihren Pässen bei der Standesbeamtin ein.

Jeder Sowjetbürger und jede Sowjetbürgerin erhalten bei Vollendung des sechzehnten Lebensjahres einen Ausweis, der im Inland gültig ist, aber nicht zu Auslandsreisen berechtigt, und der als Paß bezeichnet wird. Neben einem Foto, das ausgewechselt werden muß, wenn der Inhaber oder die Inhaberin fünfundzwanzig beziehungsweise fünfundvierzig Jahre alt werden, enthält dieser Paß alle wichtigen persönlichen Angaben. Nicht nur der Name, die Anschrift und der Geburtsort sind darin vermerkt. Das kleine rote Büchlein gibt zusätzlich Auskunft über den Familienstand, Scheidungen und die Zahl der Kinder sowie über die Nationalität. Denn die Russen sind nur eine von über hundert Nationalitäten in der heutigen Sowjetunion; andere Nationalitäten sind beispielsweise die armenische, die georgische, die tatarische, die jüdische und die deutsche.

Nachdem sie sich überzeugt hatte, daß die Angaben des Fragebogens mit denen des Passes übereinstimmten, gab die Standesbeamtin Tamara und ihrem Verlobten einen Termin und die Uhrzeit für die Eheschließung, die vier Wochen später stattfinden sollte. Zusätzlich bekamen die beiden ein »Heiratsbüchlein«, das Tamara uns aufgeregt zeigte. Das dünne Heftchen berechtigte sie zum Einkauf in den sogenannten »Frühlingsgeschäften«, die nur Brautpaaren offenstehen. Nachdem wir uns das Heftchen angeschaut hatten, in dem die große Auswahl an Artikeln dieser Geschäfte aufgeführt war, machten wir einen Termin aus, um Tamara bei der Auswahl ihrer Aussteuer zu helfen.

Ein paar Tage später standen wir vor der Auslage des Geschäftes und bestaunten einen Herrenanzug mit Nadelstreifen, Brautkleider, Nachthemden, Schuhe, Hemden und viele andere Artikel, die es in den örtlichen Warenhäusern nicht zu kaufen gab. Im Geschäft selbst gab es noch viel mehr solcher Dinge, zum Beispiel Toilettenartikel, Unterwäsche, Kleidung, Accessoires und goldene Trauringe.

Sonderangebot des Tages waren Rollkragenpullover aus Polyester, die so gefragt waren, daß wir uns anstellen mußten. Die einzige andere Abteilung, wo wir noch Schlange stehen mußten, war die mit Kissen und Bettwäsche, denn diese Sachen gehören auch zu den »Defizit«-Artikeln. Sonst konnten wir ungehindert schauen und einkaufen, ohne drängeln zu müssen oder geschubst zu werden, was in den Geschäften sonst üblich ist.

Während Tamara sich angesichts der Auswahl kaum beruhigen konnte, betrachtete ich die jungen Leute, die in dem Geschäft waren. Die meisten jungen Bräute hatten offensichtlich gerade das gesetzlich zulässige Heiratsalter von achtzehn Jahren erreicht, und irgendwie schien es angemessen und richtig, daß ihre Mütter die Auswahl trafen und auch bezahlten.

Als wir, ohne etwas gekauft zu haben, aus der Schuhabteilung kamen, näherte sich uns ein junges Mädchen und fragte, ob sie das »Heiratsbüchlein« für einige Minuten ausleihen könnte, um den Schuhkupon zu benützen. Sie wollte sich ein Paar Winterstiefel kaufen, hatte aber in den anderen Geschäften kein Glück gehabt. Jetzt hätte sie ein Paar in ihrer Größe gefunden, aber ohne das »Hochzeitsbüchlein« mit dem offiziellen Stempel darin könne sie in dem Geschäft nichts kaufen.

Da sie wußte, wie schwierig es war, Stiefel zu bekommen, lieh Tamara der Unbekannten ihr Buch, lehnte es aber ab, Geld dafür zu nehmen. Während wir warteten, erzählte sie uns, daß manch junges Mädchen zum SAGS ging, um das »Heiratsbüchlein« zu bekommen, aber am Tag der Trauung dann nicht erschien.

Tamara hatte sich entschlossen, ihr Brautkleid selbst zu machen, aber sie brauchte die dazugehörigen Accessoires. Nachdem sie sie gefunden hatte, verließen wir das Geschäft, und ich sah der Hochzeit mit fast genauso großer Erwartung entgegen wie die Braut, denn es war meine erste russische Hochzeit.

Am Hochzeitstag erschien das Brautpaar vor dem SAGS, dem Standesamt, in einem gemieteten Wolga, der mit dem üblichen Schmuck versehen war: einem Brautpüppchen auf der Motorhaube und zwei Trauringen aus Pappe oder Plastik auf dem Dach. Der Wolga reihte sich in die Schlange der wartenden Taxis und Schigulis ein. Auch eine Tschaika, eine schwarze Limousine, war unter den wartenden Wagen. Andere Paare hatten sie für diesen Tag gemietet.

Nachdem wir im SAGS-Gebäude waren, mußten wir eine Treppe hochgehen. Die Wände des Treppenhauses bestanden aus Spiegeln, und wir legten unsere Mäntel in einen Raum mit

Spiegelwänden ab. Dann setzten wir uns zu den anderen Hochzeitsgesellschaften; es waren zum größten Teil Freunde der jungen Brautpaare dabei, deren Eltern zu Hause warteten, um die Frischvermählten dort zu empfangen.

Als wir in den Raum traten, spürte ich, wie uns die Wartenden anstarrten. Wir hatten extravagante Blumensträuße dabei, die wir am gleichen Tag auf dem Markt zu haarsträubenden Preisen erstanden hatten, während die anderen Leute bescheidene und schon verwelkende Nelken trugen, die sie beim SAGS gekauft hatten.

Außerdem sahen wir anders aus. Die Mitglieder unserer Gruppe waren modisch und westlich gekleidet, während die Wartenden die typische russische schlechtsitzende Kleidung trugen. Die jungen Mädchen und Frauen unter den Hochzeitsgästen hatten Polyesterkleider mit großen Blumendrucken an und die jungen Männer rechteckig geschnittene, formlose Anzüge. Andere bevorzugten Jeans und trugen dazu Hemden mit offenen Kragen oder Jacketts mit Hosen, die nicht zueinander paßten.

Wir waren eine Stunde vor dem vorgesehenen Termin der Trauungszeremonie gekommen, aber die Braut und der Bräutigam sowie ihre beiden Trauzeugen waren während dieser Zeit vollauf beschäftigt. Zunächst verschwanden sie in einem Büro, wo die Papiere noch einmal auf ihre Richtigkeit überprüft wurden. Danach bekamen die Braut und der Bräutigam je einen Scheck über hundert Rubel, der später bei einer bestimmten Bank eingelöst werden konnte. Nachdem der Goldpreis vom Staat um 100 Prozent erhöht worden war, sollte dieser Betrag dazu bestimmt sein, den Brautleuten, die zum erstenmal heirateten, beim Kauf goldener Trauringe zu helfen.

Nachdem der bürokratische Teil erledigt war, wurden Fotos vom Brautpaar gemacht. Dann mußten Tamara und ihr künftiger Mann darüber entscheiden, ob bei ihrem Eintreten in den Trauungsraum ein Viermannorchester die Musik spielen sollte oder ob sie Musik vom Band vorzögen. Außerdem hatten sie die Möglichkeit, die Trauungszeremonie mit einer 8-mm-Kamera aufnehmen zu lassen.

Als wir an die Reihe kamen, schritten wir hintereinander zu den Klängen der Musik von Mendelssohn-Bartholdy, gespielt von vier gelangweilt dreinschauenden Männern im Smoking, die das Stück wahrscheinlich zum tausendstenmal spielten, in einen großen holzgetäfelten Raum. Außer einem langen, polierten Holzschreibtisch, an dessen Ende die Standesbeamtin saß, standen praktisch keine Möbel in dem Raum. Die Standesbeamtin erhob sich, begrüßte das Brautpaar und begann mit der offiziellen Zeremonie.

Ihre Ansprache, die sie teilweise auswendig konnte, handelte von der Ehe und den sich daraus ergebenden Verpflichtungen. Nachdem die Brautleute ihre Bereitschaft zur Eheschließung erklärt hatten, wurden die Ringe ausgetauscht. Sie küßten sich, nahmen die Glückwünsche entgegen und trugen sich in ein Heiratsregister ein. Nicht einmal zehn Minuten, nachdem wir den Raum betreten hatten, verließen die Frischvermählten zu musikalischer Begleitung den Raum und trafen auf die nächste Hochzeitsgesellschaft, die schon darauf wartete, an die Reihe zu kommen. Ich hatte ein Gefühl, als wenn wir gerade eine geschäftliche Besprechung hinter uns gebracht hätten.

Vom SAGS aus machten wir die bei vielen Jungvermählten übliche Fahrt, die uns zunächst auf die Leninhügel führte, von denen aus man die schönste Sicht auf Moskau hat. Das war dann auch der Ort für weitere Fotos. Danach fuhren wir zum Grabmal des Unbekannten Soldaten in der Nähe des Roten Platzes, wo Tamara einen Blumenstrauß niederlegte.

Obwohl Tamara sich im Anschluß an die standesamtliche auch eine kirchliche Trauung gewünscht hatte, war ihr Mann, der Parteimitglied war, strikt dagegen. Er machte sich Sorgen, daß er registriert würde, daß sein Büro davon Kenntnis erhalten und seine künftige Karriere gefährdet werden könnte. Nur die Menschen, die keine Nachteile befürchten müssen, können es sich erlauben, kirchlich zu heiraten. Der Besuch von Gottesdiensten zu Ostern oder bei anderen wichtigen Gelegenheiten war für Tamaras Mann kein so großes Risiko.

Dann fuhren wir in die Zweizimmerwohnung von Tamaras Schwiegereltern, wo das frischverheiratete Paar jetzt leben würde. Die Eltern waren zu Hause geblieben und warteten nun nach einem alten russischen Brauch mit Salz und Brot. Nach dem ersten und vielen weiteren Wodkas riefen alle Anwesenden das traditionelle »gorkij« (das russische Wort für »bitter«) aus, und das Paar küßte sich, damit alles wieder süß würde.

Abends setzten wir die Feier in einem Restaurant fort als

Gäste beider Familien, die dem Brauch entsprechend für die Kosten aufkamen. Es wurde weitergetrunken, »gorkij« gerufen und getanzt, und immer wieder wurden neue Gerichte aufgetragen, die unberührt blieben.

Der lange Tag endete irgendwann am frühen Morgen, aber im Gegensatz zu den Jungvermählten, die drei Tage Hochzeitsurlaub hatten, mußten die Gäste am gleichen Morgen um neun Uhr an ihrem Arbeitsplatz erscheinen. Das Hochzeitspaar wollte eine Reise nach Leningrad machen – ein Geschenk ihrer Eltern. Das spezielle Flitterwochenarrangement schloß die Hotel- und Reisekosten ein.

Statt der praktischen Haushaltsartikel hatten sich die Brautleute Geld gewünscht – das zur Zeit beliebteste Hochzeitsgeschenk. Mit diesem Geld konnten sie sich einen extravaganten Urlaub leisten, der wahrscheinlich der unbeschwerteste ihrer ganzen Ehe sein würde.

Zwei Monate nach der Trauung glaubte Tamara, schwanger zu sein. Aber sie wartete noch einen Monat länger, bevor sie zur Untersuchung ging und der Arzt der Bezirkspoliklinik es ihr dann bestätigte. Sie bekam die Anweisung, zweimal monatlich zu einer Reguntersuchung zu kommen. Als sie einmal einen Termin nicht einhielt, rief eine besorgte Mitarbeiterin der Poliklinik an, um zu fragen, ob irgend etwas nicht in Ordnung sei. Es war die Aufgabe dieser Frau, dafür zu sorgen, daß die werdenden Mütter die notwendige Vorsorge hatten.

Da Tamara wußte, daß schwangere Frauen zum Zeitpunkt der Geburt von jedem Krankenhaus aufgenommen werden mußten, beschloß sie, dem Rat von Freundinnen zu folgen und ihr Baby entweder in der Entbindungsklinik 23 oder 25 zur Welt zu bringen. Dort sollten die hygienischen Verhältnisse und die Pflege besser sein als in den Entbindungsabteilungen der Bezirkskrankenhäuser.

Eines der größten Probleme in der Sowjetunion ist die unzureichende Betreuung der Patienten in den Krankenhäusern. Die Mehrzahl der erfahrenen Ärzte ist gut, aber die Krankenhäuser haben so wenig Pflegepersonal, daß sowohl die Patienten als auch die Hygiene vernachlässigt werden. Hinzu kommt, daß viele Medikamente knapp sind.

Ich hatte schon Freundinnen im Krankenhaus besucht und war entsetzt über die Zustände. Auf dem Fußboden lagen Abfälle, die aus den überlaufenden Mülleimern gefallen waren. Die Räume stanken nach nicht ausgeleerten Bettpfannen. Die Patienten lagen auf blutbefleckten Laken, und ihre Krankenhauskleidung war verfärbt.

Ich hatte von Staphylokokkenepidemien gehört, die sich in Moskauer Krankenhäusern ausgebreitet hatten, und von Entbindungsabteilungen, die geschlossen werden mußten, damit man sie desinfizieren konnte. Die Menschen sprachen nicht nur darüber, daß sie Angst hätten, ins Krankenhaus zu gehen. Die Zeitungen veröffentlichten auch Briefe von Patienten, die von ihren negativen Erfahrungen berichteten.

Einige beklagten sich über die Frechheit oder die Gleichgültigkeit von Krankenschwestern, die sich geweigert hatten, ihnen zu helfen. Andere beschwerten sich darüber, daß sie für das Leeren der Bettpfannen, für saubere Bettlaken und für Medikamente hätten bezahlen müssen, obwohl offiziell jede medizinische Behandlung kostenlos ist.

Als Tanjas Tante mit Krebs im Sterben lag, hatte sie Glück, ein Bett im einem Krankenhaus zugewiesen zu bekommen. In hoffnungslosen Fällen, in denen eine Behandlung nichts mehr bringen würde, erwartet man, daß sich die Familie zu Hause um den Patienten kümmert, weil es zuwenig Krankenhausbetten und Pflegepersonal gibt.

Private Pfleger oder Pflegerinnen sind so gut wie nicht zu bekommen – ungeachtet dessen, wieviel Geld man bietet. Wenn also ein Patient ernsthaft erkrankt und sich nicht mehr selbst helfen kann im Krankenhaus, müssen auch da die Familienmitglieder helfen. Tanjas Mutter war von morgens bis abends an der Seite der Tante und fütterte und badete sie. Aber als sie am nächsten Morgen das Krankenzimmer betrat, war sie entsetzt über die unhygienischen Bedingungen, in denen sie sie fand. Während der Nacht hatte niemand Zeit oder Lust gehabt, sich um sie zu kümmern. Nach dieser Erfahrung fand sie, wenn auch unter enormen Schwierigkeiten, einen Pfleger, der sich bereit erklärte, für zehn Rubel pro Nacht ab und zu nach der kranken Frau zu sehen.

Tanja erzählte mir auch, was sie im Krankenhaus hatte durchmachen müssen. Nach einer Magenoperation brauchte sie dringend eine Bettpfanne, aber es war keine Schwester in der Nähe, und es bestand auch keine Möglichkeit, eine zu rufen. Deshalb holte ihr eine Patientin, die mit im Zimmer lag und aufstehen konnte, eine Bettpfanne aus der Toilette, die Tanja während der nächsten drei Tage benutzte. Das heißt bis zu dem Tag, an dem eine Schwester Tanja beschuldigte, eine Bettpfanne gestohlen zu haben, die einer anderen Patientin gehörte. Tanja entschuldigte sich damit, daß sie angenommen hätte, die Pfanne sei Krankenhauseigentum. Aber das half nichts. Die Schwester bezeichnete Tanjas Angehörige als geizig – sie hätten ihr dieses Utensil kaufen sollen – und verließ das Zimmer mit der Pfanne in der Hand. Danach bekam sie die Bettpfanne nur, wenn sie der Schwester jedesmal einen Rubel bezahlte. Als sie sich besser fühlte und aufstehen konnte, war sie eine von vierzig Patienten, die vor den zwei Toiletten auf dem Flur Schlange stehen mußten.

Außerdem hatte sie länger als eine Woche nach ihrer Operation in der gleichen Bettwäsche liegen müssen. Als sie nach sauberer fragte, sagte man ihr, es gäbe keine. Daraufhin beschwerte sie sich beim Arzt, der ihr antwortete: »Ich glaube nicht, daß es keine Bettwäsche gibt. Wenn Sie dafür bezahlen, werden Sie schon welche bekommen.« Als die Schwester das nächste Mal kam, bot Tanja ihr zwei Rubel an, und sie brachte ihr nicht nur saubere Wäsche, sondern machte sogar das Bett.

Die Erklärung für diesen beklagenswerten Zustand liegt darin, daß die jungen Leute keine schmutzige Arbeit gegen schlechte Bezahlung machen wollen. Selbst bei besserer Bezahlung würden es die meisten von ihnen vorziehen, Berufe zu erlernen oder zu studieren, die angesehener sind – zum Beispiel den des Arztes. Niemand will die Hilfsarbeiten wie Krankenpflege oder sanitäre Aufgaben übernehmen, und eine Lösung dieses Problems ist schwer zu finden.

Viele Menschen sagen, daß sie die medizinische Behandlung lieber offiziell bezahlen würden, als dem Krankenhauspersonal Geld zustecken zu müssen. »Obwohl die Behandlung kostenlos ist, werden die Menschen nicht gleich behandelt«, bemerkte Tamara. Deshalb hoffte sie, daß die auf Entbindungen spezialisierte Klinik, die sie sich ausgesucht hatte, ihr eine angemessene Pflege bieten würde. Im siebten Monat ihrer Schwangerschaft hörte Tamara mit ihrer Arbeit als Sekretärin auf. Nach dem Gesetz hatte sie nun Anspruch auf einen Mutterschaftsurlaub von anderthalb Jahren. Während der ersten vier Monate bezog sie ihr volles Gehalt weiter, und danach bekam sie in den folgenden zehn Monaten monatlich 35 Rubel. Nur die letzten Monate des Mutterschaftsurlaubs wurden nicht bezahlt. Nach Beendigung des Urlaubs hatte sie ein Anrecht darauf, an ihren alten Arbeitsplatz zurückzukehren, auch wenn jemand anders ihre Position in der Zwischenzeit übernommen hatte.

Kurz vor ihrer Niederkunft zeigte Tamara mir die Babykleidung, die sie und ihre Schwiegermutter angeschafft hatten. Da ich die enormen Preise für die Kleidung Erwachsener kannte, war ich überrascht, daß Babykleidung so preiswert und hübsch war. Alles, was Tamara gekauft hatte, war aus reiner Baumwolle, denn es ist nicht gestattet, Babyartikel aus Polyester oder Nylon zu verkaufen. »Das führt bei den Babys zu Hautreizungen«, erklärte Tamara und zeigte mir die Spezialseife, die zum Waschen der Babykleidung gedacht war.

Fertige Windeln sind nicht immer zu bekommen, aber Tamara hatte es geschafft, einen großen Vorrat zusammenzutragen und dazu auch noch etliche Meter eines speziellen Mulls, der in den Apotheken verkauft wird und für alles mögliche dient – als Verbandsstoff wie als Windel.

Als Rita mich verständigte, daß Tamara ihr Baby bekommen hätte und daß Mutter und Kind wohlauf wären, fragte ich, ob ich sie besuchen könnte. Rita erklärte mir daraufhin, daß in den Entbindungskliniken keinerlei Besuch erlaubt sei und daß das nicht nur für die Freunde, sondern auch für die engsten Verwandten und sogar für den Vater gelte.

Es gibt noch eine Reihe weiterer Bestimmungen, die verhindern sollen, daß gefährliche Bakterien ins Krankenhaus gelangen. Wenn die werdende Mutter in die Klinik kommt, muß sie ihre gesamte Kleidung bei den Schwestern abgeben und darf nur Krankenhauskleidung tragen. Sie darf nur ihre Zahnbürste, abwaschbare Hausschuhe und ihren Paß mitnehmen.

In einigen Kliniken ist es sogar verboten, Blumen zu schicken. Wenn die Familie und die Freunde der jungen Mutter etwas zu essen schicken wollen, müssen sie sich vorher erkundigen, welche Lebensmittel zugelassen sind.

Während ihres sechstägigen Klinikaufenthaltes gab es für Tamara nur einen einzigen Kontakt zu ihrem Mann und ihrer

Familie: durch das Krankenhausfenster, wenn sie ihr von der Straße aus zuwinkten, und durch Briefe, die ihre Angehörigen der Schwester gegeben hatten.

Eine Woche, nachdem Tamara aus der Klinik entlassen worden war, rief ich sie an, und sie lud mich ein vorbeizuschauen. Als ich kam, war der junge Vater mit aufgekrempelten Ärmeln im Badezimmer damit beschäftigt, die Windeln in der Badewanne zu waschen und sie auf eine Leine zu hängen, die darüber hing.

In der ganzen Wohnung waren Anzeichen des Neuankömmlings zu sehen. Auf dem Küchenherd stand ein großer Topf voll Wasser, in dem die Windeln kochten. Im Wohnzimmer, das gleichzeitig als Schlafzimmer diente, lagen Babyartikel, bedeckt mit einem Stück Mull, auf der Kommode. Bei der Wiege, in der das Baby lag und schlief, stand ein aufgeklapptes Bügelbrett. Die Kleine war kaum zu erkennen, wie sie dalag, zugedeckt mit einer flauschigen Steppdecke und einem Mützchen auf dem Kopf.

Eine der sechsmal täglich vorgeschriebenen Fütterungen war gerade zu Ende, und Tamara begann, mir von der Geburt zu erzählen. Als die Wehen einsetzten, war eine der beiden Kliniken, die sie ausgesucht hatte, wegen Renovierung geschlossen gewesen, und so war ihr Mann mit ihr in die andere gerast.

Unglücklicherweise hatten an dem Wochenende fünfzig andere Mütter auch ihr Baby zur Welt gebracht, und um all die Frauen unterbringen zu können, waren zwei zusätzliche Betten in jedes Krankenzimmer gestellt worden, so daß dort jetzt sechs statt vier Patientinnen lagen.

Sobald das Baby das Licht der Welt erblickt hatte, wurde es der Mutter gegeben. Sie wurde dann gefragt, ob es ein Junge oder ein Mädchen sei. Danach wurde am Handgelenk des Babys eine Erkennungsmarke angebracht. Das sollte den Müttern die Gewißheit geben, daß sie das richtige Baby mit nach Hause bekamen und nicht das einer anderen Frau.

Zu einem Alptraum nach der Geburt wurde das Vernähen, denn dabei bekam die Mutter ebensowenig eine Betäubung wie bei der Geburt. Tamara erzählte, daß sie vor Schmerzen geschrien hätte und sie daraufhin von einer gefühllosen Schwester böse beschimpft worden wäre. Wenn sie vorher gewußt hätte, wer Dienst haben würde, hätte Tamara eine Krankenschwester oder einen Arzt dazu bringen können, ihr gegen Bezahlung ein schmerzlinderndes Mittel zu geben.

Während des Krankenhausaufenthaltes wurden die Mütter jeden Tag von einer Schwester und einem Arzt untersucht und über den Zustand des Babys informiert. Der Säugling wurde der Mutter mehrere Male am Tag zum Stillen gebracht. Man ging davon aus, daß jede Mutter ihr Kind stillen wollte. Nur wenn die Mutter nicht genug Milch hatte, wurden andere Mütter mit ausreichend Milch aufgefordert, ihr zu helfen.

Nach der Entlassung aus der Klinik versorgt eine spezielle Einrichtung, die »Kinderküche« genannt wird, die Mütter, die nicht ausreichend stillen können, mit geprüfter Milch anderer Mütter in versiegelten Flaschen. »Das Stillen ist sehr wichtig«, sagte Tamara, »und ich hoffe, daß ich mein Kleines mindestens sechs Monate lang stillen kann.«

Bevor sie die Klinik verließ, hatte Tamara mit der Ärztin über Familienplanung gesprochen. Die Ärztin meinte, daß der ideale Abstand zwischen Kindern drei bis vier Jahre wären, aber als Tamara sie fragte, wie sie eine unerwünschte Schwangerschaft in Zukunft verhindern könnte, antwortete die Ärztin sehr vage. Sie entschloß sich schließlich, die Knaus-Ogino-Methode als sichersten Schutz vor einer Schwangerschaft zu empfehlen. Nach einer Denkpause fragte sie Tamara, ob sie mit irgend jemandem in der Bundesrepublik Deutschland Kontakt hätte, denn dort gäbe es eine bestimmte Spirale, die sie empfehlen könnte.

Während wir uns unterhielten, klingelte es. Es war die Krankenschwester, die nach dem Baby sehen wollte. Während der ersten Monate kommt jeden Tag eine Schwester und mehrere Male pro Woche ein Arzt, um zu prüfen, ob das Kind gesund ist. Danach muß die Mutter regelmäßig einmal im Monat zu einer Untersuchung des Kindes in die Poliklinik kommen.

Nachdem die Krankenschwester die Wohnung verlassen hatte, war das Baby wach, und der Vater forderte mich auf, es mir anzuschauen, während er und Tamara die Windeln wechselten. Sie waren beide noch unerfahren, und es dauerte ewig. Aber das Baby schien Verständnis für die Schwierigkeiten der Eltern zu haben und war geduldig.

Ich hatte Gummihöschen und spezielle Babycremes, Babypuder und Babyöl mitgebracht, die in der Sowjetunion nicht hergestellt werden, und schlug vor, sie gleich zu verwenden. »Dazu ist die Haut unseres Babys noch zu empfindlich«, erklärte Tamara, »und wir müssen mindestens noch einen Monat warten, bis wir die Sachen ausprobieren.«

»Aus dem gleichen Grund können wir auch in den ersten Monaten keine von den Papierwindeln nehmen, weil es die bei uns in den Geschäften nur gelegentlich gibt«, fügte sie hinzu. Als die Kleine gewickelt war, sah wie aus wie eine Mumie und konnte nur ihr Köpfchen bewegen, das durch ein Baumwollkäppchen geschützt war. Als ich mich darüber wunderte, daß die Kleine so verpackt war, erklärte Tamara mir: »Wenn sie ihre Hände sieht, erschrickt sie. Außerdem könnte sie sich mit ihren Fingern das Gesicht verletzen. Ihre Beinchen sind zusammengebunden, damit sie gerade wachsen. Und das Wichtigste ist: Das Baby muß immer warm sein.«

Tamara erzählte, daß eine ihrer Freundinnen ihr Baby nach dem ersten Monat nicht mehr eingewickelt hätte. Aber das hätte sie nur eine Nacht getan, denn das Baby sei unruhig geworden und seine Mutter nicht zum Schlafen gekommen. Die Ärzte würden empfehlen, erst nach drei Monaten die Hände frei zu lassen.

Viele von Tamaras Freundinnen hätten Kopien des Buches von Dr. Spock in russischer Sprache, aber sie seien trotzdem bei den traditionellen russischen Methoden geblieben. Einige seien sogar abergläubisch.

»Wußtest du, daß nur die engsten Freunde das Baby während der ersten vierzig Tage sehen dürfen? Es gibt nämlich Leute, die etwas Ungutes im Blick haben, und selbst wenn es Verwandte sind, dürfen sie uns nicht besuchen.«

Als ich Tamara anbot, meine Polaroidkamera mitzubringen, um bei meinem nächsten Besuch ein Foto von der Kleinen zu machen, lehnte der Vater das energisch ab. »Für lange Zeit darf noch kein Foto von unserem Baby gemacht werden«, sagte er ohne jede Erklärung.

Bei meinem nächsten Besuch war Tamaras Schwiegermutter gerade dabei, die Windeln zu bügeln, die kaum Falten hatten. Als ich mich erbot, die trockenen Windeln zusammenzulegen, bestand sie darauf, sie zuerst zu bügeln: »Es ist notwendig, alles zu bügeln, damit die Mikroben abgetötet werden.« Das erklärte, warum andere meiner Freundinnen Stunden damit verbrachten, Socken, Unterwäsche und alles, was sie gewaschen hatten, zu bügeln.

Tamara war müde, weil sie eine unruhige Nacht verbracht hatte. Sie sah auch so aus, als wenn ihr kaum noch Zeit für sich selbst bliebe. Ihre Haare waren nicht gewaschen und hätten geschnitten werden müssen. Make-up war zu einem Luxus geworden, den sie vergessen hatte.

Als ich sie fragte, ob sie seit der Geburt ihrer Tochter schon einmal aus dem Haus gekommen wäre, schüttelte sie den Kopf. Das Wetter war nicht gut gewesen, und so bekam das Baby die vorgeschriebene frische Luft auf dem Balkon. Der Arzt hatte zwanzig Minuten frische Luft täglich für den Anfang empfohlen. Sowie das Wetter besser würde, müsse das Baby täglich mindestens zwei bis drei Stunden hinaus. Tamara freute sich auf irgendeinen Sonntag in der Zukunft, an dem ihr Mann mit dem Baby spazierenfahren und sie während dieser Zeit frei haben würde.

»Die schönste Zeit meines Lebens ist vorüber«, sagte sie, vierundzwanzig Jahre alt. »Von jetzt an muß ich mich um meine Tochter kümmern.«

»Aber kannst du nicht gelegentlich abends einmal ausgehen?« fragte ich naiv.

»Und wer kümmert sich dann um das Baby?«

Tamara sagte, daß ihre Schwiegermutter arbeite und keine Lust habe, zu einer Vollzeit-»Babuschka« zu werden. Als ich ihr vorschlug, einen Babysitter zu nehmen, erklärte sie mir, daß dieser Service in Moskau neu und sehr teuer wäre. Außerdem wäre sie nicht bereit, ihr Baby einer Fremden anzuvertrauen.

Tamara wußte, daß sie ihre Tochter mit eineinhalb Jahren in die Kinderkrippe geben müßte, weil sie dann wieder arbeiten gehen wollte. Einen Platz in einer Krippe, die sich in der Nähe der Wohnung befand, hatte Tamara schon reservieren lassen. Sie war in einer glücklicheren Lage als Freundinnen von ihr, die ihre Kinder über Nacht in der Krippe lassen mußten und sie nur am Wochenende holen konnten, weil diese so weit von ihren Wohnungen entfernt war.

Auf die Kinderkrippe würde der Kindergarten folgen, und Tamara machte sich schon jetzt Gedanken darüber, wie sie einen Platz für ihre Tochter finden könnte. Sie hatte eine

Freundin, die für ihren Sohn erst dann einen Kindergartenplatz bekommen hatte, nachdem sie Linoleum für den Fußboden und ein Paar Stiefel für die Verwalterin besorgt hatte. Die Verwalterin hatte ihre Forderung damit begründet, sie bekämen vom Staat so wenig, daß »wir nur Kinder von Eltern aufnehmen, die bereit sind, für uns etwas zu tun.«

Das Kind einer anderen Freundin war erst aufgenommen worden, nachdem sich die Mutter verpflichtet hatte, ihre Arbeit aufzugeben und in dem Kindergarten zu arbeiten. Kinderkrippen und -gärten sind so überfüllt und personell derart unterbesetzt, daß die Leiterinnen überall in Moskau an den Anschlagtafeln Zettel anbringen, auf denen sie Kindern, deren Mütter dort eine Vollzeitarbeit übernehmen, Plätze anbieten.

Tamara und ihr Mann hatten sich das Baby gewünscht, aber sie waren nicht auf die Schwierigkeiten und die Verantwortung vorbereitet, die ihnen durch das Kind entstehen würden. Tamaras einzige Hoffnung war, daß ihr Mann anders sei als die anderen Väter, die versuchten, ihr früheres sorgloses und verantwortungsfreies Leben wiederaufzunehmen, während die Frau mit dem Kind zu Hause bleiben mußte.

Im Gegensatz zu ihren verheirateten Freunden hatten Rita und Kolja keine Kinder, und nach unserem letzten gemeinsamen Besuch bei Tamara beschloß Rita, nie Kinder zu bekommen. »Sie machen zuviel Arbeit, und ich möchte mein Leben leben, ohne durch eine Familie belastet zu sein. Das Leben ist so schon schwer genug«, stellte sie fest.

Ich wußte, daß viele der Frauen, die ich kannte, diese Einstellung mißbilligten. Die meisten sagten, es sei unnormal, wenn eine Frau keine Kinder wolle. Einige erzählten mir von Freundinnen, die kaum Aussichten hatten, zu heiraten, aber sich dazu entschlossen hätten, ein Kind zu haben, weil sie im Alter nicht allein sein wollten.

Wohl als Reaktion auf Tamaras »Hausarrest«, wie sie es nannte, und als Selbstbestätigung ihrer eigenen Freiheit schlug Rita vor, wir sollten zusammen ausgehen. Ich hatte sie einmal zu einer samstäglichen Tanzparty der Universität begleitet, und das war eine Katastrophe. In der Fülle, der muffigen Luft und beim Plärren der westlichen und der russischen Schlagermusik hatte ich Kopfschmerzen bekommen. Außerdem war ich es nicht gewohnt, mit Männern zu tanzen, die fünfzehn Jahre jünger waren als ich. Ich war früh nach Hause gegangen und hatte mich sehr alt gefühlt.

Bei unserem zweiten Nachtbummel schlug Rita vor, wir sollten in eine Bar gehen, weil das etwas Neues für mich war. Keine meiner anderen Freundinnen hatte bis dahin eine Bar in Moskau besucht, weil sie sie entweder nicht kannten, die Warterei ihnen zu lange dauerte oder weil sie ihnen zu teuer war. Als wir uns der Bar näherten, die Rita schon einmal besucht hatte, sahen wir keine Neonreklame oder irgendwelche auffallenden Hinweise. Nur die geduldig wartende Schlange vor der verschlossenen Tür zeigte an, wo sie war. Jungen und Mädchen warteten in Zweier- oder Dreiergruppen vor der Tür. Ich schloß daraus, daß wir das russische Pendant einer Single-Bar für junge Leute zwischen achtzehn und Ende zwanzig besuchen würden. Ab und zu öffnete sich die Tür, und jemand verließ die Bar. Aber das bedeutete nicht, daß der nächste in der Warteschlange gleich eingelassen wurde. Hinter der Tür stand ein Mann, der die Gäste kontrollierte und entschied, wen von den geduldig Wartenden er einlassen wollte.

Zwei junge Männer, die aus einem Taxi gestiegen waren und wie Ausländer aus dem Westen aussahen, gingen gleich vor und klopften an die Tür. Zunächst nahm niemand von ihrer Anwesenheit Kenntnis. Als sie kräftiger klopften, schloß der Kontrolleur die Tür auf und öffnete sie einen Spaltbreit. Nach einem kurzen geflüsterten Gespräch wurden sie eingelassen.

Niemand in der Warteschlange protestierte. Nur ich fragte Rita, mit welchem Recht die beiden vor uns eingelassen worden wären. Rita beruhigte mich mit der Erklärung, daß es Russen seien, die entweder durch ihre Familie gute Beziehungen hatten oder in der Bar bekannt waren. Eine Stunde später durften wir dann auch in die schwach beleuchtete, verräucherte Eingangshalle, wo Gäste herumstanden und Zigaretten pafften. Wie in Restaurants und anderen öffentlichen Gebäuden ist das Rauchen nur in bestimmten Bereichen oder Räumen gestattet.

Der Garderobenraum hing – ebenso wie viele Wohnungen, Warenhäuser und Theater – voller Spiegel, und sowohl die Männer als auch die Frauen betrachteten sich darin und richteten sich her. Öffentliches Auftreten spielt eine so wichtige Rolle in ihrem Leben, daß sie zu jeder Zeit so gut wie möglich aussehen wollen.

Frauen frischen ihr Make-up auf, wo immer sie auch sind – ob an einer Straßenecke oder im Büro. Ein Mann erzählte mir einmal, daß die Sekretärinnen in seinem Büro die ersten Arbeitsstunden damit verbringen, ihr Make-up aufzutragen, weil sie zu Hause nicht die Zeit haben. Erst wenn sie damit fertig seien, fingen sie mit ihrer Arbeit an.

In der Nähe der Garderobe in der Bar war die Toilette, und wie in allen öffentlichen russischen Toiletten war auch hier der Gestank fast nicht zu ertragen. Wenn ich daran dachte, wie sauber die Menschen ihre Kleidung hielten, die sie sogar bügelten, um sie zu desinfizieren, konnte ich nicht verstehen, warum dieses Bedürfnis nach Sauberkeit nicht auch die Orte einschloß, wo sie am nötigsten ist. Ich nahm an, daß die Gründe dafür im Mangel an Reinigungsmitteln und in den fehlerhaften und unzulänglichen Sanitärinstallationen liegt. Eine Freundin erklärte das später mit dem Mangel an Reinigungspersonal.

Nachdem sich meine Augen an die schummrige Beleuchtung gewöhnt hatten, konnte ich auch die Gesichter der gutangezogenen jungen Leute erkennen. Sie ähnelten denen, die draußen standen und auf Einlaß warteten. Mein erster Gedanke war, daß es verwöhnte Kinder wohlhabender Eltern waren. Denn wer sonst konnte sich den Luxus leisten?

Da ich noch nie mit einer Frau in eine Bar gegangen war, fühlte ich mich etwas komisch, bis ich eintrat und sah, daß die Mehrzahl der Gäste Frauen waren, die in Vierer- oder Fünfergruppen zusammensaßen. Dabei fiel mir ein, daß ich von anderen Frauen oft Klagen über den Mangel an akzeptablen Männern in Moskau gehört hatte.

Als die Musik begann, hörte ich als erstes den damals populärsten Schlager Moskaus – »Rasputin«, durch den die Gruppe »Boney M« berühmt geworden war. In kurzer Zeit war die kleine Tanzfläche in der Mitte zwischen den einfachen Tischen voll mit Mädchen und jungen Frauen, die miteinander tanzten. Vereinzelt sah ich Männer mit Frauen tanzen, die aufgefordert worden waren.

Rita tanzte leidenschaftlich gern, aber Kolja wußte mit seinen Füßen auf der Tanzfläche nichts anzufangen. Sie ging deshalb öfters allein mit einer Freundin aus, und an diesem Abend war ich ihre Tanzpartnerin. Als wir an zwei zusammen tanzenden Männern vorbeikamen, fand ich es schade, daß sie zu schüchtern waren, eine der vielen Frauen ohne Begleiter zum Tanzen aufzufordern.

Bei einigen Mädchen sah es so aus, als tanzten sie regelmäßig miteinander. Rita bestätigte meine Vermutung. Als sie noch studierte, hatte sie sich öfters mit einer Freundin getroffen und das Tanzen vor dem Spiegel geübt. Da es keine andere Möglichkeit gab, es zu lernen, brachten sie es sich gegenseitig bei. Wir hatten Glück, daß wir an diesem Abend in einer Bar waren, in der das Tanzen erlaubt war. Manchmal würde es von der Geschäftsleitung nämlich verboten, weil die Angst vor Raufereien hatte, berichtete Rita.

Fast alle Gäste trugen Jeans. Eine Frau zog Aufmerksamkeit auf sich, weil sie einen großen Pelzhut trug. Im Theater hatte ich oft Frauen mit teuer aussehenden Pelzhüten gesehen, durch die die Sicht der anderen Besucher beeinträchtigt wurde, aber niemand hatte sich darüber beschwert. Ich glaubte, daß diese Frauen ihre Hüte trugen, um aufzufallen. Doch Rita erklärte, sie hätten keine Zeit gehabt, sich die Haare zu waschen.

Die Speise- und Getränkeauswahl in der Bar war sehr beschränkt. Die Gäste begnügten sich jedoch damit, süßen russischen Champagner, armenischen Cognac oder einen Cocktail zu trinken und Schokoladenriegel oder belegte Brote mit Wurst oder Kaviar zu essen. Der Mindestverzehr in Bars beträgt zwischen zwei und fünf Rubeln, aber die meisten Gäste, die sich dort von sechs bis elf Uhr abends, wenn geschlossen wird, aufhalten, geben mehr aus.

Während viele junge Leute das Nachtleben in den Bars liebten, waren ihre Eltern manchmal dagegen. Sie fanden diese Lokale teuer und beklagten den verderblichen westlichen Einfluß, der durch die Bars in das Land hereinkomme. Kinder sollten ihrer Ansicht nach zu Hause bleiben und lernen, statt ihre Zeit und das Geld ihrer Eltern zu vergeuden.

Der Besuch von Bars und Restaurants ist für die Mehrheit der jungen Moskauer und Moskauerinnen allerdings nicht typisch, weil sie es sich nicht leisten können. Wenn sie einmal im Jahr in ein Restaurant gehen, ist das ein Ereignis, von dem sie lange zehren.

Die beliebteste Unterhaltung sind Kinobesuche. Die Eintrittskarten sind billig und können entweder im voraus oder vor Beginn des Films an der Kasse gekauft werden.

Theater- oder Musikliebhaber können ihre Eintrittskarten zu weniger beliebten Vorstellungen und Veranstaltungen an den Kiosken kaufen, die es an den U-Bahn-Stationen und in den Hauptstraßen gibt. Karten für die guten Theater stehen dem normalen Publikum normalerweise jedoch nicht zur Verfügung. Die sind reserviert für hohe Regierungsbeamte, führende Institute, Fabriken und Ausländer. Aber es finden immer Karten ihren Weg auf den schwarzen Markt, wo sie dann bis zu einhundert Rubel kosten. Die Menschen, die nicht über das nötige Geld, aber die erforderliche Ausdauer verfügen, verbringen die Nacht vor dem Theater und warten auf die Karten, die vielleicht am nächsten Tag verkauft werden. Oder sie versuchen ihr Glück am Abend der Vorstellung in der Hoffnung auf nicht abgeholte Eintrittskarten.

Das Beste, was ich einer Freundin bieten konnte, war, sie in das Bolschoitheater einzuladen, für das selbst privilegierte Ausländer nur selten Karten bekommen. An dem Tag, als Rita mich zum erstenmal in ihrem Leben ins Bolschoitheater begleitete, war sie so aufgeregt, daß sie weder arbeiten noch essen konnte. Während der Vorstellung war sie darüber so gerührt, daß ihr Tränen über die Wangen liefen. Sie bedauerte nur, daß sie vergessen hatte, Blumen mitzubringen, wie es viele Russen tun, um sie nach dem Ende der Vorstellung auf die Bühne zu werfen, wenn die Schauspieler sich vor dem Publikum verbeugen.

Während all der Jahre, die ich Rita kannte, litt sie an chronischen Magenbeschwerden, die sie auf die kohlehydratreiche Kost zurückführte, die sie als Kind bekommen hatte. Als es ihr in der Woche einmal sehr schlecht ging, begab sie sich in das Bezirkskrankenhaus. Der Arzt empfahl ihr, in ein Sanatorium zu gehen und dort eine Trinkkur zu machen. Also ging sie zu ihrem Gewerkschaftsvertreter, um ihn um Hilfe zu bitten. Wie alle anderen Werktätigen in der Sowjetunion war auch sie Mitglied einer Gewerkschaft, an die sie einen monatlichen Mindestbeitrag zu zahlen hatte. Eine der Aufgaben der Gewerkschaft war es, Kuren und Sanatoriumsaufenthalte für die Mitglieder zu organisieren.

Das Sanatorium, in dem sie sich behandeln lassen wollte,

war voll belegt. Man sagte ihr, daß sie unter Umständen mehrere Monate warten müßte. Aber nach einem Monat bekam Rita von ihrem Gewerkschaftsvertreter überraschend den Bescheid, daß sie sich sofort in das Sanatorium begeben könne. Es war jemand ausgefallen und so ein Platz frei geworden.

Rita nahm das Angebot an. Sie eilte in das Gewerkschaftsbüro, um sich die schriftliche Genehmigung abzuholen und die fünfzig Rubel zu bezahlen für den vierundzwanzigtägigen Aufenthalt, der die Gewerkschaft weitere hundertzehn Rubel kostete. Danach hatte sie innerhalb von achtundvierzig Stunden all die Formalitäten zu erledigen, die vom Sanatorium vorgeschrieben waren.

Ihr erster Weg führte sie in die Poliklinik, die wie üblich voll war. Glücklicherweise wurde sie von einer Krankenschwester erkannt. Als Rita ihr erklärte, wie wenig Zeit sie hätte, ließ die Schwester sie vor. Unter den Leuten, die schon seit Stunden gewartet hatten, brachen Proteste aus. Die Krankenschwester erklärte den wartenden Patienten, daß Rita eine Kollegin sei, was sie nach den Vorschriften dazu berechtigte, ebenso wie das andere medizinische Personal bevorzugt behandelt zu werden. Aber einige schimpften trotzdem und sagten: »Halten Sie uns für so blöd, daß wir das glauben?«

Nachdem die körperliche Untersuchung vorüber war, mußte Rita noch in die Zahnklinik. Da sie in ihrem ganzen Leben nicht beim Zahnarzt gewesen war, fragte sie nach der Zahnklinik.

Ungläubig sagte jemand vom Krankenhauspersonal: »Wir haben so viele Patienten und so wenig Zeit. Warum machen Sie so alberne Witze?«

Als Rita antwortete, daß sie es wirklich nicht wüßte, erklärte man ihr den Weg. Und dann sagte die gleiche Frau so laut, daß es jeder hören konnte: »Und dort werden Sie dann Ihren ersten Zahnarzt kennenlernen, und ich hoffe, Sie haben Freude daran«, worauf die anderen lachten.

Rita kam in der Zahnklinik an, als die zweite Schicht die Arbeit aufnahm, die von zwei Uhr mittags bis acht Uhr abends Dienst hatte. Sie mußte drei Stunden warten, weil sie niemanden dort kannte. Während sie wartete, hörte sie beunruhigende Schreie aus dem Behandlungsraum nebenan und sah, wie Leute mit Tränen in den Augen aus dem Raum kamen. Sie hörte erst später vom Mangel an schmerzstillenden Mitteln und daß die Zahnärzte nur den Patienten Linderung verschafften, die ihnen vorher Geld zugesteckt hatten.

Als sie an die Reihe kam, mußte sie in einen großen Raum gehen, in dem sechs Stühle nebeneinander standen, an denen die Zahnärzte die Patienten behandelten. Sie mußte zu einer älteren Zahnärztin mit einem säuerlichen Gesicht. Nachdem sie sich in den Stuhl gesetzt hatte, sah Rita sich um.

»Warum sitzen Sie da, als wenn Sie in einem Theater wären«, fragte die Zahnärztin irritiert. »Öffnen Sie Ihren Mund!« Rita entschuldigte sich und sagte, sie hätte es vergessen, aber diese Bemerkung verärgerte die Zahnärztin nur noch mehr. »Wenn Sie daran nicht denken, bedeutet das, daß Ihnen nichts fehlt«, bemerkte sie.

»Aber ich bin wirklich krank«, protestierte Rita, »mein Magen ist immer noch nicht in Ordnung.« Das war zuviel für die Zahnärztin. Sie explodierte und schrie so laut, daß die behandelten Patienten ihre Schmerzen vergaßen: »Warum mußten Sie ausgerechnet zu mir kommen. Es warten so viele Patienten, und Sie vergeuden meine Zeit!« Erst da fiel Rita ein, der Zahnärztin zu sagen, daß sie ins Sanatorium wollte und deshalb eine zahnärztliche Untersuchung benötigte.

Nachdem die Zahnärztin sich Ritas Zähne angeschaut hatte, verrauchte ihr Ärger ebenso schnell, wie er gekommen war. Aufgeregt rief sie ihre Kollegen und Kolleginnen zu sich, um ihnen das beste Gebiß zu zeigen, das sie seit Jahren gesehen hatte.

Rita blieb nur noch ein Tag, die Labortests machen und auswerten und sich röntgen zu lassen – ein Unterfangen, das normalerweise mehrere Tage in Anspruch nahm. Da sie keine andere Möglichkeit hatte, machte sie sich, bewaffnet mit Geschenken und Entschuldigungen auf den Weg. Schokoladenriegel verhalfen ihr bei den Schwestern zu den Ergebnissen der Laboruntersuchungen.

In der Röntgenabteilung mogelte sie sich in der Warteschlange nach vorn mit der Begründung, sie sei Studentin der medizinischen Fakultät der Patrice-Lumumba-Universität, an der Studenten aus Entwicklungsländern und Kinder einflußreicher sowjetischer Familien studieren.

Das letzte Hindernis, das sie dann noch zu überwinden hatte, war der Kauf einer Fahrkarte für den Zug, der angeblich ausgebucht war. Kolja setzte sich mit einem Freund in Verbindung, dessen Vater über »Blat« verfügte, und nach diesem Anruf war auch eine Fahrkarte verfügbar.

7. Kapitel

Auf dem Weg ins Sanatorium

Ritas Zug hätte um Mitternacht abfahren sollen, aber er verspätete sich um eine Stunde. So mußte sie mit Hunderten anderer Menschen warten, die auf dem Bahnhof kampierten.

Entweder hatten sich ihre Züge auch verspätet, oder es war für sie zu schwierig gewesen, ein freies Hotelzimmer zu bekommen. Als Rita sich ihren Weg an den schlafenden Körpern vorbei bahnte, die auf dem Fußboden oder den Bänken ausgestreckt lagen, ertönten hinter ihr Rufe. Drei Arbeiter mit Besen in der Hand weckten die Menschen und forderten sie auf, sich einen anderen Platz zum Schlafen zu suchen. Sie wollten die Wartehalle saubermachen.

Der Zug fuhr schließlich um ein Uhr morgens ab, und Rita machte es sich in ihrem Zweiter-Klasse-Abteil bequem, zusammen mit ihren Abteilgenossen, mit denen sie zwei Tage unterwegs sein würde. Der Mann und die Frau, die ihr gegenübersaßen, benahmen sich nicht wie ein Ehepaar, obwohl beide Eheringe trugen. Als sie sich vor dem Schlafengehen leidenschaftlich küßten, bestätigte das Ritas Verdacht.

»Kein Ehepaar würde sich so verhalten«, sagte sie mir nüchtern. Außerdem hatte jeder von beiden einen eigenen Koffer dabei, und als der Mann seinen öffnete, bemerkte Rita, daß er so ordentlich gepackt war, daß nur eine zu Hause gebliebene Frau dafür verantwortlich sein konnte. Am darauffolgenden Morgen verbrachte die Frau viel Zeit damit, sich zurechtzumachen, denn ohne Make-up sah sie wesentlich älter aus als ihr Freund – und sie war es wahrscheinlich auch.

Aber als sie mit vollem Make-up zurückkam, war der Altersunterschied nicht mehr so deutlich zu erkennen, wie Rita bissig feststellte.

Rita sah, daß der Rock der Frau selbstgenäht war, aber er sah viel besser als all das aus, was man in den Geschäften kaufen konnte. Die Frau hatte einen guten Geschmack, denn alles, was sie trug, paßte zusammen, selbst die Bernsteinkette und die gelbe Bluse, die sie anhatte. Der einzige ausländische Artikel an ihr war eine Brille, die sie intellektuell aussehen ließ.

Eine Frau mit blondgefärbten Haaren, die neben Rita saß, war die einzige Reisende, die bis dahin mit niemanden gesprochen hatte, bis die Zugkellnerin kam und ihr ein Glas Tee brachte. Als die Frau sah, daß das Glas schmutzig war, sprach sie ihre ersten Worte: »Waschen Sie das Glas nochmal«, verlangte sie empört.

Ein Mann, der bisher vergeblich versucht hatte, ein Gespräch mit ihr anzuknüpfen, stimmte ihr zu. »Ja, das Glas ist wirklich nicht besonders sauber.« Die Kellnerin erwiderte in freundlichem Ton: »Ich habe es abgewaschen.«

»Dann waschen Sie es noch einmal, sonst trinke ich keinen Tee.«

»Mir ist es völlig egal, ob Sie Tee trinken oder nicht«, bemerkte die Kellnerin, als sie wegging. Das führte zu einer lebhaften Diskussion im Abteil, bei der sich die Reisenden einig waren.

»Diese Kellnerin wie überhaupt die meisten Arbeiter fühlen sich deshalb so sicher, weil sie nicht gefeuert werden können. Sie weiß, daß es schwierig ist, Ersatz für sie zu finden, und selbst wenn sie kündigt, findet sie sofort eine neue Arbeit. Die Arbeiter sind die wirklichen Aristokraten in unserem Land.«

»Wir müssen fünfzehn oder sechzehn Jahre studieren, während die nach der achten Klasse mit der Schule fertig sind und ein besseres Leben haben als wir. Die Verkäuferinnen legen die besten Sachen für ihre Freunde zur Seite oder für Kunden, die ihnen etwas extra geben. Natürlich sind sie vorsichtiger, wenn die Kampagnen gegen die Korruption beginnen, aber schon nach ein paar Monaten machen sie genauso weiter wie vorher. Sie haben in diesem Land alle Freiheiten.«

»Sie haben mein schmutziges Teeglas gesehen – so etwas darf einfach nicht vorkommen. Aber die Arbeiter tun, was sie wollen, und sie haben vor nichts Angst. Vor fünf Jahren bin ich in ein Sanatorium im Süden gefahren, und da habe ich Tee aus einem schmutzigen Glas getrunken und etwas im Speisewagen gegessen. Ich kam mit schrecklichen Magenbeschwerden an. Wir lesen täglich in den Zeitungen über unsere Schwierigkeiten und deren mögliche Lösungen, auch über die Arbeitsdisziplin, aber es ändert sich nichts, und alles geht so weiter wie vorher.«

»Wenn man eine Fahrkarte für einen Zug kaufen will, wird

einem oft gesagt, der Zug sei voll. Tatsächlich aber gibt es zeitweilig viele leere Sitze in den Zügen, die später von Reisenden eingenommen werden, denen man zunächst keine Fahrkarte verkauft hatte. Die haben dann der Zugschaffnerin Geld zugesteckt. Die bessert damit ihr Einkommen unter der Hand auf, wie es andere auch tun.«

»Ich bin Ingenieur und habe versucht, einen Teilzeitjob als Hilfsarbeiter zu bekommen, um mehr Geld zu verdienen. Aber das hat man mir nicht erlaubt, weil ich eine Hochschulausbildung absolviert habe und besonders qualifiziert bin. Solche Vorschriften sollte man ändern, damit ein Spezialist jede Art von Arbeit machen kann, die er möchte, statt daß man ihn dazu verdammt, nur auf seinem Fachgebiet zu arbeiten.«

Jetzt war der Moment gekommen, in dem jeder der Reisenden seinem Unmut Luft verschaffen konnte. (Eine solche Offenheit ist typisch unter Menschen, die sich nicht kennen und wissen, daß sie sich niemals wiedersehen werden.) Einer der Reisenden beschwerte sich über die angeblich zwei Millionen Touristen, die jeden Tag nach Moskau kämen und die Geschäfte leerkauften, so daß die Einheimischen am späten Nachmittag vor leeren Regalen stünden. »Unsere Regierung sollte mit solchen Leuten viel strenger umgehen. Wenn die tagsüber arbeiteten, statt einkaufen zu gehen, wären die Geschäfte nicht leer, und alles wäre besser.« (1983, nachdem Andropow an die Macht gekommen war, wurden die Leute, die aus anderen Landesteilen nach Moskau kamen, strengeren Kontrollen unterzogen.) Ein anderer Reisender klagte darüber, daß er nicht ins Ausland reisen könnte.

»Wovor haben sie Angst – daß wir das Leben da drüben mit dem unseren vergleichen? Wir wissen doch schon, daß die im Westen besser leben als wir. Das sehen wir doch jeden Tag im Fernsehen. Aber ich würde nie mein Land verlassen wie die Juden, die behaupten, sie hätten ein anderes Vaterland. Laßt sie doch gehen, aber sie sollen dann für alles bezahlen, was unsere Regierung ihnen gegeben hat.«

»Aber was passiert mit den Juden, die bleiben möchten, aber am Arbeitsplatz Diskriminierungen ausgesetzt sind wegen derer, die das Land verlassen haben oder es verlassen wollen? Wenn jemand Russe ist, stehen ihm die Türen offen – er hat seine Chance. Aber wenn Sie Jude sind, ist Ihnen jede Tür verschlossen. Ich bin Russe, und meine Frau ist Jüdin, aber ich habe meinem Sohn geraten, sich für die russische Staatsangehörigkeit zu entscheiden, wenn er sechzehn wird und seinen Paß bekommt. Er macht sich das Leben damit leichter.«

Im Nebenabteil saß ein junges Mädchen, das Rita anstarrte. Als die Frau mit den blondgefärbten Haaren das Abteil verließ, nickte Rita dem Mädchen zu, daß es zu ihr kommen sollte. Froh darüber, daß sie sich mit jemandem unterhalten konnte, begann das dreizehnjährige Mädchen, das die Tochter der Putzfrau in dem Zug war, zu schnattern. Rita hörte ihr geduldig zu.

»Meine Mutter mag es nicht, wenn ich mich zu Fremden setze, weil ich zuviel von meiner Familie erzähle«, sagte das Mädchen und bestätigte gleich die Meinung seiner Mutter: Ihre Halbschwester studierte in Moskau, sei aber für die letzten beiden Monate ihres Abschlußsemesters nach Hause zurückgekommen, um sich auf die Examina vorzubereiten. Nun hätte sie gehört, daß wegen der bevorstehenden Olympischen Spiele niemand mehr ohne eine besondere Erlaubnis nach Moskau kommen könnte, und so sei sie schnell nach Moskau zurückgefahren.

Als im Zugradio Musik ertönte, sagte das junge Mädchen: »Jetzt weint meine Mutter, weil sie dieses Soldatenprogramm hört, bei dem sich Eltern Lieder für ihre Söhne wünschen können. Meine Eltern haben Angst, weil mein Bruder bei der Armee ist.«

»Alle jungen Männer müssen bei der Armee dienen«, sagte Rita. »Das ist doch kein Grund zum Weinen.«

»Sie fürchten, daß mein Bruder nach Afghanistan geschickt werden könnte«, erklärte das Mädchen.

Daraufhin fragte Rita, wo der Bruder denn jetzt wäre. Das Mädchen erwiderte: »Er ist in der Nähe von Leningrad beim Häuserbau eingesetzt.«

»Dann braucht ihr euch keine Sorgen zu machen, daß er getötet werden könnte«, bemerkte Rita.

Nach einer Weile kam die Großmutter des Mädchens, nahm es bei der Hand und sagte, es solle keine Fremden belästigen.

Als Rita aus dem Sanatorium zurückkam, sah sie erholt und ausgeruht aus. Sie hatte etwas zugenommen, und ihr braungebranntes Gesicht sah nicht mehr so abgespannt aus. Sie erzählte mir von ihrem dortigen Tagesablauf und ihrer Enttäuschung, daß es nur langweilige alte Leute und keine Möglichkeit zu einem kleinen Flirt gegeben hätte. Dann fragte sie mich, was ich während ihrer Abwesenheit gemacht hätte.

Ich hatte mich mit Tanja getroffen, die gerade eine Pause von ihrer anstrengenden Teilzeit-Lehrtätigkeit gemacht hatte. Ich hatte außerdem Tamara besucht, die ihrer Mutterrolle schon überdrüssig war. Beide hatten mich außerdem mit neuen Freundinnen bekannt gemacht, die ich mochte, und ich hoffte, daß auch Rita sie mögen würde.

Als ich es schließlich geschafft hatte, alle einmal zusammenzubekommen, wie ich es mit meinen Freundinnen im Ausland zu tun pflegte, bemerkte ich sofort, daß sie anders waren als sonst. Sie behandelten sich gegenseitig mit kalter Höflichkeit und Zurückhaltung. Es war so, als wäre jede vor der anderen auf der Hut, während sie sich sonst mit mir keine Zurückhaltung auferlegten. Das machte mich betroffen, denn wenn wir allein waren, waren sie offen und voll Wärme.

Nach jenem denkwürdigen Treffen kritisierte jede der Teilnehmerinnen die andere bei der nächsten Zusammenkunft, bei der wir zu zweit waren. Die eine sagte, ich dürfte einer anderen nicht trauen, denn sie sei der Typ, der für den KGB arbeitete. Während das die meisten Ausländer in Schrecken versetzt hätte, nahm ich diese Bemerkung gar nicht zur Kenntnis.

Da ich weder eifersüchtig noch mißtrauisch bin, dauerte es eine Weile, bis ich das Verhalten meiner Freundinnen verstand, das ich zunächst ihrer Gehässigkeit und ihrer Eifersucht zugeschrieben hatte. Aus einem unerklärlichen Grund wollte jede von ihnen mich ganz für sich allein haben und war dagegen, mich mit anderen teilen zu müssen.

Andererseits akzeptierte und mochte ich Menschen sofort, und da mich niemand verletzt oder enttäuscht hatte, wollte ich auch weiterhin mit allen zusammenkommen. Aber ich entschied, daß es das beste wäre, sie einzeln zu treffen. Meine Gespräche wollte ich auf die Themen beschränken, die sich auf die jeweilige Beziehung oder Person bezogen, und wollte nicht darüber sprechen, was ich mit anderen unternommen hatte. Ich hatte gleichzeitig bemerkt, daß sich meine Freundinnen nie erzählten, daß sie mich getroffen hatten.

Um die Bedeutung einer Freundschaft in der Sowjetunion besser zu verstehen, fragte ich Rita. »Im Gegensatz zu dir habe

Oben: Janna bat mich, Lieder aufzunehmen, an die sich alte Leute noch aus ihrer Kindheit erinnern. Sie wird die Lieder später in Konzerten singen und auf diese Weise russische Folklore lebendig erhalten.

Unten: Manchmal kamen wir aus nahe am Fluß gelegenen Dörfern mit frischem Gemüse, Milch und Eiern zurück, die uns Einheimische aus Liebe zu Janna verkauft haben.

Janna Bitschweskaja, eine bekannte russische Folk-Sängerin, hört teilnahmsvoll einer Dorfbewohnerin zu, die ihre Lebensgeschichte erzählt.

Oben: Wenn umgestürzte Bäume den Flußlauf blockierten, mußten wir unsere Ausrüstung über Land transportieren. Während ich diesen Schnappschuß machte, schleppten Gerd und einige unserer Reisegefährten ein Kajak.

Unten: Das Leben auf dem Lande ist für die alten Leute hart. Sie müssen die Arbeit in Haus und Hof alleine verrichten, da ihre Kinder in die nahegelegenen Städte gezogen sind, um bessere Arbeit zu finden.

Oben: Pilze sammeln war das Hobby unseres Kapitäns Valentin, Jannas Ehemann. Manche waren so groß wie eine Grapefruit, und wir hatten die langweilige Aufgabe sie zu putzen.

Unten: Nach Schwierigkeiten am Anfang routinierte Kajak-Fahrer: Gerd Ruge und Lois Fisher-Ruge in ihrem Boot.

ich nur wenige wirkliche Freunde, denn Freundschaft bedeutet Vertrauen«, begann sie. »Mit einer Freundin kannst du jedes Problem diskutieren und besprechen. Du brauchst nichts zu verstecken und zu befürchten, wenn du dich aussprechen möchtest. Es muß nicht sein, daß du diesen Menschen jeden Tag siehst, und du brauchst ihn oder sie nicht einmal jede Woche treffen, aber er oder sie wird in dem Moment für dich dasein, wenn du in Schwierigkeiten bist und Hilfe brauchst. Die Probleme und Schwierigkeiten, die wir haben, unterscheiden sich von den euren. Deshalb ist es für dich unmöglich zu verstehen, daß nur die Freundschaft dir hilft, unter schwierigen Umständen zu überleben, und sie kann bedeuten, das Leben eines anderen Menschen zu retten oder sein eigenes aufs Spiel zu setzen.«

Es dauerte lange, bis ich die Bedeutung und die Verantwortung des Begriffs »Freundschaft«, wie Rita ihn beschrieben hatte, begriff. Ich erkannte, daß Freundschaft viel mehr war, als eine Freundin zu besuchen, wenn sie krank war, ihr ein Buch mitzubringen, das sie in ihren Geschäften nicht bekam, oder sie mit Delikatessen aus unseren Devisenläden zu überraschen. Trotzdem wußte ich immer noch nicht, was man von ihr erwarten würde oder könnte.

Ich fing an zu begreifen, als ich eines Tages Tanjas Wohnung betrat und sah, daß ihre sonst immer rosigen Wangen blaß waren. Als ich fragte, was denn los wäre, erzählte sie mir ausführlich von ihrem Problem. Saschas Freundin war schwanger, und er war noch viel zu jung, um sie zu heiraten. Denn er war erst achtzehn und hatte noch nicht einmal sein Medizinstudium begonnen. Seine künftige Karriere lag noch vor ihm, und er wußte noch nichts vom Leben. Das Mädchen müßte also abtreiben lassen. Aber sie war erst siebzehneinhalb, und Tanja fürchtete – wie ihre Schwiegermutter, als sie zum erstenmal geheiratet hatte –, daß dadurch psychologische Schäden entstehen würden oder daß das Mädchen nach der Abtreibung keine Kinder mehr bekommen könnte.

Die Familie des Mädchens hatte auf diese Nachricht böse reagiert. Sie waren Georgier mit strengen puritanischen Vorstellungen und hatten ihre Tochter verurteilt und ihr das Leben zu Hause schwergemacht. Sie war zu Tanja gekommen und hatte darum gebeten, sie bei sich aufzunehmen. Das hatte Tanja dann auch getan. Nachdem wir die wenigen möglichen Lösungen diskutiert hatten, begann Tanja zu weinen. Dies war eine Wiederholung ihrer Lebensgeschichte und der Geburt Saschas. Außerdem war sie mit ihren achtunddreißig Jahren nicht bereit, die Verantwortung einer Großmutter zu übernehmen. Das wäre so, als wenn sie ein zweites eigenes Kind aufziehen müßte. Deshalb entschloß sie sich, eine Abtreibung zu befürworten. Nachdem sie zu diesem Entschluß gekommen war, wischte sie sich die Tränen ab und entschuldigte sich, daß sie mich mit ihren Problemen belastete.

»Du sprichst nie über dich, deine Familie und deine Gefühle, und wenn, dann nur ganz allgemein. Wenn dich etwas beschäftigt, sprichst du nicht offen darüber. Wenn du leidest, versuchst du, es zu verbergen. Ich weiß nie, was du wirklich denkst oder fühlst. Wie kann ich mit dir meine Sorgen teilen und dich um Hilfe bitten, wenn du mir gegenüber nicht ehrlich und offen bist?«

Ich dachte über dieses Gespräch lange nach und mußte mir eingestehen, daß Tanja recht hatte. Keine meiner Freundinnen im Westen war mir gegenüber jemals so freimütig gewesen oder hatte solche Anforderungen an mich gestellt. Tanja zwang mich dazu, darüber nachzudenken, warum ich so verschlossen war.

Mir gingen alle möglichen Ausreden durch den Kopf. Ich hielt es für egoistisch, über mich selbst zu sprechen, und wenn andere über mich sprachen, war ich verlegen. Wenn ich Probleme mit anderen Menschen hatte, fand ich es unloyal, darüber zu reden. Ich glaubte, daß es mich verletzlich machen würde, wenn andere Menschen meine innersten Gedanken kennen. Alles, was man offenbart hat, nimmt eine andere Dimension an, und bis dahin war ich nicht bereit gewesen, mich mit den Konsequenzen oder möglichen Verletzungen, die durch Offenheit entstehen können, auseinanderzusetzen.

Ich begann erst, »meine Seele zu entblößen«, wie die Russen es bei einer wirklichen Freundschaft voraussetzen und erwarten, als mich eine sehr enge Freundin enttäuschte. Sie war eifersüchtig auf meine anderen Freundinnen und brach ihre Beziehung zu mir abrupt ab, wobei sie gleichzeitig ungute Gerüchte als Erklärung in Umlauf brachte. Die Russen lieben Klatsch und glauben fast alles, was man ihnen erzählt. Was allerdings über mich geredet wurde, nahmen sie nicht hin. Meine Freundinnen standen mir zur Seite und verteidigten mich, und in meiner Enttäuschung und aus Dankbarkeit suchte ich bei Rita und Tanja Trost. Es war das erstemal, daß ich meine Probleme mit ihnen teilte. Ich hatte ihnen erlaubt, mit mir zu leiden, und ich war zu ihnen gegangen, als ich moralische Unterstützung brauchte.

Das Ergebnis war, daß wir uns viel näherkamen, und alle Barrieren schienen beiseite geräumt – mit einer Ausnahme, die wahrscheinlich immer bleiben würde. Meine Freundinnen lebten in einer Welt, in der Furcht, Mißtrauen, Eifersucht und Hilflosigkeit ein ganz gewöhnlicher Teil ihres Lebens ist. Das war das Band, das sie einte und ein Verständnis mit sich brachte, das ich nie würde haben und nachempfinden können. Sie versuchten alles, um mich in ihr Leben einzubeziehen, aber wenn ich nach Hause ging, ging ich zurück in eine andere Welt.

8. Kapitel

Wie ich von meinen Lieblingskindern lernte

Während ich meine Zeit zwischen meinen Freunden sorgsam aufteilte, hatte ich wegen meiner Zuneigung zu ihren Kindern eine Familie besonders liebgewonnen. Die Kinder nannten mich Loika. Wie die meisten Russen hatten sie auch meinen Vornamen persönlicher machen oder abkürzen wollen, was ein Ausdruck der Zuneigung ist. So wird aus Namen wie Anastasia Nastja, Alexander wird zu Sascha, und aus mir wurde Loika.

Als das Telefon eines Tages klingelte und jemand nach der »Tante Loika« fragte, wußte ich sofort, wer der Anrufer war. »Wir vermissen dich so«, sagte Luda (Kurzform für Ludmila) in ihrer hohen Telefonstimme. »Wann kommst du uns besuchen? Mama ist krank.«

Als ich das hörte, setzte ich mich sofort ins Auto, um zu einer meiner Lieblingsfamilien zu fahren. Wie üblich fragte eine Stimme, als ich klingelte: »Wer ist da?«

Als sie hörten »Tante Loika«, flog die Tür auf, und alle drei Kinder versuchten, mich gleichzeitig zu umarmen und zu küssen. Aber meine Arme und meine Wangen reichten nicht aus, und so begann der dreijährige Aljoscha (die Kurzform für Alexei) zu weinen, denn seine beiden älteren Schwestern waren größer, stärker und frecher als er. Aber nachdem ich ihn auf den Arm genommen hatte, damit er mich abküssen konnte, wurde er wieder ruhig.

Nach der aufgeregten Begrüßung hörte ich eine schwache Stimme aus einem der drei kleinen Räume der Wohnung meinen Namen rufen. Es war Vera, die Mutter der drei, die an diesem Tag aus der Universität mit einer Grippe nach Hause gekommen war. Als ich sah, in welchem Zustand sie sich befand, sagte ich:

»Eine Mutter von drei Kindern kann es sich nicht erlauben, krank zu werden. Ich werde dir die Arbeit abnehmen.«

Vera unterrichtete an der Moskauer Universität, und im Gegensatz zu ihren Kolleginnen oder anderen Russinnen, die ich kannte, hatte sie drei Kinder. Als ich das anderen Freundinnen gegenüber erwähnte, waren diese erstaunt.

»Das ist eine heroische Tat.«
»Wie kommt die bloß zurecht?«
»Sie muß doch von der Arbeit völlig erschöpft sein.«

Die meisten meiner Freundinnen hatten nur ein Kind, und das ist in russischen Familien die Norm, obwohl sie gern mehr Kinder gehabt hätten, wenn sie über mehr Wohnraum oder Energie verfügt hätten. Hinzu kam, daß keine von ihnen ausschließlich von dem Verdienst des Mannes hätte leben können, und alles, was sie von der Arbeit ferngehalten hätte, wäre zu einer finanziellen Belastung für die Familie geworden.

Vera aber war nicht nur froh, eine große Familie zu haben, sondern sie hatte sie sich sogar gewünscht, da sie auch eines von vier Kindern gewesen war. Und sie hatte einen Vorteil gegenüber anderen Frauen – ihre Mutter und ihre Verwandten waren in der Lage und bereit, auf die beiden Mädchen aufzupassen, während sie heranwuchsen. Erst als Veras Mutter kurz nach Aljoschas Geburt starb, begannen ihre Schwierigkeiten.

Nachdem ich meinen Mantel aus- und meine Hausschuhe angezogen hatte, die ich inzwischen immer in der Einkaufstasche bei mir trug, sagte Vera, ich solle ihren Bademantel anziehen, um meine Sachen nicht schmutzig zu machen.

Die Kinder hatten die Schuluniform schon aus- und ihre abgetragene Spielkleidung angezogen, aus der sie fast schon herausgewachsen waren. Da sie sich mittlerweile beruhigt hatten, sagte ich ihnen, sie sollten wieder in ihr Zimmer gehen und ihre Schularbeiten machen.

»Machst du uns einen Schokoladenkuchen mit Nüssen, wenn wir ganz fleißig sind?« fragte die sieben Jahre alte Iruschka (Irina). Als ich ihnen das versprach, rannten sie aus der Küche, und ich begann, ihren Lieblingskuchen vorzubereiten.

Die Küche kannte ich – wie die Küchen meiner meisten Freundinnen – wie meine eigene, weil ich in allen schon einmal gekocht hatte. Jede meiner Freundinnen war erpicht darauf, neue Kochrezepte kennenzulernen, besonders dann, wenn die Zutaten in ihren Geschäften zu bekommen waren.

Das war immer eine Herausforderung, weil alltägliche Dinge

von einem Tag auf den anderen aus den Geschäften verschwanden und monatelang nicht wieder auftauchten. Außerdem war die Auswahl an Gewürzen und Abwechslung bei Lebensmitteln nicht sehr groß.

Deshalb horteten meine Freundinnen automatisch den Vorrat an Dingen, die ich für »meine« Küche brauchte. Vera kochte sehr gern und hatte mir Rezepte gezeigt, die sie von ihrer Mutter gelernt hatte. Sie hatte ihrerseits oft versucht, meine Rezepte nachzukochen, aber die Kinder zogen meinen Schokoladenkuchen dem ihren vor.

Während Aljoscha in der Küche saß und fernsah, beendete ich meine Vorbereitungen. Aber als ich abwaschen wollte, stellte ich fest, daß es kein Wasser gab. Wie oft war mir das auch schon ohne jede Vorwarnung zu Hause in meiner Küche passiert! Normalerweise dauerte es nicht mehr als eine Stunde, bis das Wasser wieder angestellt wurde.

Wenn das Wasser für längere Zeit abgestellt wurde – in jedem Sommer hatten wir vier bis sechs Wochen kein warmes Wasser, weil die Rohre gereinigt wurden –, hing immer ein Schild an der Hauseingangstür oder am Aufzug. Da ich beim Kommen heute kein solches Schild gesehen hatte, wartete ich geduldig.

Ich hatte mich an die Lebensbedingungen in der Sowjetunion gewöhnt und nahm sie mit der gleichen Passivität und Gelassenheit hin wie meine russischen Freundinnen. Vor dem Einbruch des Winters mußten wir unsere Fenster gegen Kälte und Zug mit Papier und Seife oder mit Watte und Mehlpaste abdichten, und wir mußten diese Fenster dann die nächsten fünf oder sechs Monate geschlossen halten.

Eine gurgelnde Toilette, ein ständig tropfender Wasserhahn, eine Tür, die nur zublieb, wenn man ein Stück Stoff einklemmte, das plötzliche Abstellen des Wassers, ein fehlender Wannenverschluß oder ein wochenlang nicht funktionierender Fahrstuhl – all das war eher die Norm als die Ausnahme.

Das mir bekannte Geräusch eines tropfenden Wasserhahns kündigte nur an, daß es wieder Wasser gab.

Ich konnte mit dem Aufräumen der Küche beginnen. Gleichzeitig füllte der Geruch des aromatischen Kuchens die Küche, und das lockte Iruschka, die Erstkläßlerin, an, die mich fragte, ob ich ihr bei den Rechenaufgaben helfen könnte. Ich war erleichtert, daß sie meine Grenzen erkannt und mich nicht gebeten hatte, ihr Russisch zu korrigieren.

Nachdem ich meinen Kugelschreiber aus der Handtasche genommen hatte, um ihre Lösungen nachzurechnen, bemerkte ich, daß Iruschka jedes Interesse an ihren Hausaufgaben verloren hatte. Sie fragte mich, ob sie meinen Kugelschreiber ausprobieren dürfe. Nachdem sie ein paar Buchstaben geschrieben hatte, stand für sie fest, daß mein Kugelschreiber besser schrieb als der ihre. Da ich keinen Unterschied feststellen konnte, bat ich sie, doch mal ihren zu holen, so daß wir sie beide ausprobieren könnten. Um daraus ein Spiel zu machen, sagte ich ihr, sie solle die Augen schließen, während ich mit den beiden Kugelschreibern schrieb, und sie müsse dann raten, welcher besser schriebe. Sie riet jedesmal falsch, weil sie glaubte, daß mein Schreiber besser geschrieben hatte, während es in Wirklichkeit ihrer war. Als ich ihr das sagte, meinte sie: »Das spielt keine Rolle. Deiner ist besser, weil man so einen hier nicht kaufen kann.«

Die Unterhaltung bewegte sich sogar noch weiter vom Rechnen weg, als Iruschka fragte: »Gibt es in deinem Land Kaugummi?«

Als ich das bejahte, wollte sie wissen, was er kostete und was für Sorten es gäbe. Sie wußte genau, wieviel das russische Kaugummi kostete, das sie von ihrem Vater nur dann bekam, wenn sie gute Noten aus der Schule nach Hause brachte.

Daraufhin holte sie ihr Schulheft mit den täglichen Noten, und mir wurde sofort klar, warum sie so an Kaugummi interessiert war. In der letzten Woche waren ihre Noten so schlecht gewesen, daß sie hoffte, ich wäre weniger streng zu ihr als ihr Vater und würde wie durch ein Wunder ein Päckchen Kaugummi aus meiner Handtasche hervorzaubern.

Nachdem ich ihre Schulaufgaben korrigiert hatte, die ich für eine Erstkläßlerin ungewöhnlich anspruchsvoll fand, kam die zwölfjährige Luda, um mir einen Text aus ihrem Englischbuch für die sechste Klasse vorzulesen.

Sie hatte in der vierten Klasse angefangen, Englisch zu lernen, und machte nur langsame Fortschritte; hauptsächlich deshalb, wie sie meinte, weil sowohl das Buch als auch die Lehrerin langweilig seien.

Der Text handelte vom achten März, dem Internationalen

Tag der werktätigen Frau, und es wurde darin beschrieben, wie die Familie die Mutter an diesem Tag ehren könnte. Die Kinder sollten die Wohnung saubermachen, und der Vater sollte der Mutter Blumen bringen und das Frühstück machen.

Ich blätterte dann in dem Buch, dessen Themen sich auf das Leben in der Sowjetunion konzentrierten, mit Texten über Lenin oder das Leben des Arbeiters Iwan und seiner Familie. Wären Geschichten über Tiere oder Märchen in dem Buch gewesen oder die Bilder farbig gewesen, hätte das Ludas Lerninteresse oder den Eifer sichtlich gesteigert.

Als ich die letzte Stelle des Buches aufschlug, stieß ich auf eine gedruckte Tabelle und einen Namen sowie eine Nummer, die mit Tinte eingetragen worden waren. Da ich nicht wußte, was das bedeuten sollte, bat ich Luda, es mir zu erklären. Das Buch war erst ein Jahr alt, und der Schüler, der es vorher benutzt hatte, hatte seinen Namen eingetragen. Am Ende des Schuljahres hatte die Lehrerin ihm eine Beurteilung gegeben, die besagte, in welchem Zustand er das Buch dem nächsten Schüler übergeben hatte.

Die erwartete Lebensdauer für das Buch betrug fünf Jahre, und die Lehrerin hatte den Schülern klargemacht, daß sie sorgsam damit umgehen müßten, weil Papier so knapp war. Der kleine Aljoscha war jedoch noch zu jung, um das zu wissen und zu begreifen, und er hatte bereits Flecken in das Buch gemacht und Seiten zerrissen.

Aus ihrem fiebrigen Schlaf aufgewacht, kam eine erhitzte Vera in die Küche, um mir und den Kindern Anweisungen zu geben. Der Kuchen sollte erst als Nachtisch gegessen werden, und die Kinder sollten sich zum Abendessen selbst Käse- und Wurstbrote machen. Als ich anbot, ein warmes Essen zu kochen, sagte Vera, die Kinder hätten schon Suppe, Fleisch und Kartoffeln gehabt, als sie aus der Schule gekommen wären, und es gäbe keinen Anlaß, ihnen noch ein großes Essen zuzubereiten.

Während wir beim Abendbrot saßen, kam der Vater nach Hause mit einem Netz, das mit Kartoffeln, Orangen, roten Beeten, Äpfeln und Kohl gefüllt war. Er freute sich, daß er zum erstenmal in einem Geschäft in der Nähe der Wohnung noch nach sechs Uhr abends volle Regale vorgefunden hatte. Normalerweise gab es zu dieser Tageszeit nichts mehr, was zu kaufen sich gelohnt hätte. Es war seine Aufgabe, die großen Einkäufe zu machen, während die Kinder für den Einkauf von Brot und Milch in einem Geschäft in der Nachbarschaft verantwortlich waren.

Nachdem er die Kinder begrüßt hatte, ging er ins Schlafzimmer, um nach seiner Frau zu sehen. Wenig später kam er wieder in die Küche – in Bademantel und Hausschuhen, seiner üblichen Hauskleidung. Er besaß nur einen einzigen, grauen Anzug, den er täglich ins Büro anzog und den er sorgsam schonte.

Er wollte nur belegte Brote zum Abendessen, da er schon in der Kantine an seinem Arbeitsplatz warm gegessen hatte. Während wir zusammen am Küchentisch saßen, forderte er seine Töchter auf, ihm ihre Hausaufgaben und die Noten des Tages zu zeigen. Iruschka, die in die erste Klasse ging, hatte wieder einmal eine Zwei nach Hause gebracht, was bei uns einem »gerade noch ausreichend« entspricht. Als er mit ihr schimpfte, brach sie in Tränen aus.

Dann klingelte es an der Wohnungstür. Es war die Ärztin aus der nächstgelegenen Poliklinik, die gekommen war, um Vera zu untersuchen. Sie sagte, daß Vera eine schwere Erkrankung der Atemwege – eine Grippe – hätte und mindestens drei Tage zu Hause bleiben müßte. Da Vera seit acht Jahren berufstätig war, hatte sie Anspruch auf volle Bezahlung während ihrer Abwesenheit von der Arbeit. Wäre sie kürzere Zeit beschäftigt gewesen, hätte sie nur einen bestimmten Prozentsatz ihres Gehaltes, abhängig von der Zahl der Arbeitsjahre, bekommen.

Gegen acht Uhr bereiteten die Kinder sich auf das Schlafengehen vor. Aljoscha mußte diese Nacht bei seinen Schwestern in deren kleinem Schlafzimmer statt bei seinen Eltern nächtigen. Sie freuten sich, daß sie ihn ausziehen und waschen durften, was sie oft taten, wenn ihre Mutter mit anderen Dingen beschäftigt war.

Da sie sich ein bißchen besser fühlte, leistete Vera uns in der Küche Gesellschaft, um fernzusehen, und brachte Socken und Unterwäsche der Kinder mit, um sie zu stopfen und zu nähen. »Wenn ich heute in Rückstand gerate, ist es morgen nur um so schlimmer«, erklärte sie. »Mach dir deshalb keine Gedanken. Ich bleibe und helfe dir«, sagte ich. Ich hatte kaum ausgesprochen, als ich eine Stimme aus dem Schlafzimmer nebenan rufen hörte: »Dann schläfst du bei uns und machst uns morgen unser Lieblingsfrühstück.«

Ich wußte, wie Veras Abende abliefen, und so legte ich die schmutzigen Kleider der Kinder in einen Eimer, damit sie über Nacht einweichen konnten. Nur die kleine Wäsche machte sie zu Hause, während die Bettwäsche und die Handtücher samstags in die Wäscherei gebracht wurden.

Das Mittagessen für die Kinder mußte noch gemacht werden, so daß sie es nur aufzuwärmen brauchten, wenn sie nach Hause kamen. Für die nächsten Tage war Rote-Beete-Suppe (Borschtsch) vorgesehen, und Vera erklärte mir, wie ich sie machen mußte. Während wir mit den Vorbereitungen und dem Kochen der Suppe beschäftigt waren, versuchte der Vater, das Kreuzworträtsel in der Zeitung zu lösen, und er bat seine Frau von Zeit zu Zeit um Hilfe. Aber ihre Vorschläge waren alle falsch. Kurz bevor wir ins Bett gingen, stellte er noch die Mausefalle unter das Abwaschbecken, wo zuletzt eine Maus gesehen worden war. Den Kampf gegen die Kakerlaken hatten sie schon aufgegeben, aber das war nicht nur Veras, sondern auch unser Alltagsproblem.

Ich mochte die russischen Küchen, denn sie waren im allgemeinen klein, übersichtlich, leicht aufzuräumen und sauberzuhalten. So wie in Veras Haus konnten auch wir die Küchenabfälle durch eine Klappe in der Küche werfen und den anderen Müll in den Zentralmüllschlucker. An diesem Tag hatte jedoch die zuständige Person den Müllschlucker nicht geleert, und so stauten sich die Abfälle bis hinauf in den vierten Stock. Nachdem ich festgestellt hatte, daß kein Platz mehr im Müllschlucker war, um noch etwas hineinzuwerfen, beschloß ich, den Abfall bis zum folgenden Tag stehenzulassen.

Zunächst stellte ich die Bratpfannen mit dem alten Brot in den Ofen. Vera schneidet es später in Würfel und verwendet es für Suppen, statt es wegzuwerfen wie die meisten anderen Russen. Dann beschäftigte ich mich mit den Krümeln, die sich auf dem Fußboden angesammelt hatten. Vera war immer bemüht, ihre Teppiche und die Fußböden makellos sauberzuhalten, und so bückte ich mich, so wie sie es im allgemeinen auch tat, und kehrte den Boden mit dem Handfeger. Obwohl Vera einen Staubsauger hatte, sah ich sie nie damit saubermachen.

Wir hatten meine Küche mit deutschen Küchenschränken

und Elektrogeräten ausgestattet, aber die Russen haben oft eine Art Hängeschrank, der über die Spüle paßt und in den sie das abgewaschene Geschirr stellen. Wenn das Geschirr trocken ist, lassen sie es dort stehen, bis sie es wieder brauchen. Da Vera kein Spülmittel mehr hatte, mußte ich mit viel heißem Wasser und kräftigem Schrubben versuchen, das Geschirr sauberzukriegen.

Als ich damit fertig war, zog ich mich in das kleine Gästezimmer zurück, in dem außer dem Bett all die Dinge standen, für die in den anderen Zimmern kein Platz mehr war.

Als ich am nächsten Morgen um sieben Uhr aufwachte, hatte Luda den Wasserkessel schon auf den Herd gestellt und war dabei, ein Taschentuch zu bügeln. Ich leistete ihr in der Küche Gesellschaft, um ihr – und mein – Lieblingsfrühstück zu machen – Sirniki. Das sind kleine Käsepfannkuchen, die aus Eiern, Weichkäse und Mehl zubereitet werden. Ich hatte das russische Originalrezept abgewandelt, indem ich Honig und Zimt hinzufügte, ein weiteres »Defizit« in den Geschäften. Und gerade mit diesen Zutaten mochten die Kinder sie so gern.

Gähnend und mit kleinen, verschlafenen Augen kam Iruschka an den Tisch, gekleidet wie alle Schulmädchen in eine langweilige Schuluniform, die aus einem braunen Kleid mit einem Spitzenkragen und Spitzenmanschetten sowie einer schwarzen Schürze bestand. Bei besonderen Anlässen wurde die Uniform abgewandelt und sah etwas freundlicher aus. Die schwarze wurde dann durch eine weiße Schürze ersetzt, und die Mädchen banden sich eine weiße Schleife ins Haar. Für Aljoscha begann die Schule in vier Jahren, und seine Uniform würde dann aus einer blauen Hose, einer blauen Jacke und einem weißen Hemd bestehen.

Iruschka trug eine kleine, runde Anstecknadel mit dem Porträt eines noch sehr jungen Lenin an der Uniform. Das wies sie als Mitglied der Organisation »Jungen und Mädchen des Oktobers« aus, die sich um die ideologische Erziehung der Schulkinder zwischen sieben und neun Jahren kümmert. Als ich sie nach dieser Organisation fragte, erklärte sie mir: »Sie tritt ein für Ehrlichkeit. Die Jungen und Mädchen des Oktobers sind brave Jungen und Mädchen.«

Die zwölfjährige Luda trug das rote Tuch der Jungen Pioniere um den Hals, die ordentliches Benehmen auf ihre Fahnen geschrieben haben. »Das bedeutet, alten Menschen zu helfen«, erklärte sie. Außerdem konnte sie einen Teil ihrer Sommerferien in einem Pionierlager verbringen, das Kindern zwischen sieben und sechzehn Jahren offenstand.

Mit vierzehn konnte Luda bei den Komsomolzen aufgenommen werden, einer kommunistischen Organisation, die politisch, sozial und kulturell aktiv ist. Ohne die Mitgliedschaft bei den Komsomolzen wäre es für sie schwierig, nach Beendigung der zehnten Klasse an einem Institut oder einer Universität zu einem weiterführenden Studium zugelassen zu werden.

Es war kurz vor acht, als die Kinder bereit waren, zum öffentlichen Bus zu gehen, der sie in der Nähe der Schule absetzen würde. Sie hatten ihre Schulranzen schon am Abend vorher gepackt, und nachdem ich ihnen geholfen hatte, sie auf den Rücken zu nehmen, fiel mir plötzlich der Briefumschlag ein, den ihr Vater für sie auf den Küchentisch gelegt hatte. Er enthielt das Geld für das tägliche Schulfrühstück, das aus Brot, Käse, Wurst und Tee besteht und im Laufe des Vormittags serviert wird. Sonst entstanden den Eltern keine weiteren Schulkosten.

Als ich mit dem Umschlag zurückkam, meinte Luda nach einem Blick in den Spiegel, daß ich ihr die Haare bürsten müßte. Nach ihr war Iruschka an der Reihe. Luda hatte dickes und Iruschka feines Haar, was mich an das russische Sprichwort erinnerte, wonach sensible, weiche Menschen feines Haar und starke Menschen dickes Haar haben.

Während ich mit den Mädchen beschäftigt war, spielte der Vater mit Aljoscha, der über Nacht einen Husten bekommen hatte und deshalb an diesem Tag nicht in die Krippe gehen konnte. Seit er in die Kinderkrippe ging, war er jeden Monat mindestens zwei Wochen zu Hause geblieben, weil er sich bei erkälteten Kindern angesteckt hatte. Jedesmal, wenn Aljoscha zu Hause bleiben mußte, fehlte auch Vera in ihrer Klasse, aber glücklicherweise hatte sie eine verständnisvolle Abteilungsleiterin, die entweder Ersatz fand oder den Unterricht an dem Tag ausfallen ließ.

Der Vater begann, den Tisch abzuräumen, um Platz zu machen, damit er seine Hose bügeln konnte. Als ich ihm anbot zu helfen, weil das Frauensache wäre, lehnte er das ab und sagte: »Wie viele russische Männer bin ich Spezialist auf diesem Gebiet und mache das ganz schnell.«

Nachdem er eine Wolldecke auf den Tisch gelegt hatte, fuhr er mit einer besonderen Bürste über die Hose, feuchtete ein Stück Mull an, legte es obenauf und bügelte das Kleidungsstück dann sorgfältig. Als er fertig war, mußte ich eingestehen, daß er es besser gemacht hatte, als ich es hätte tun können.

Normalerweise kaufte Vera Milcherzeugnisse in einem Geschäft in ihrem Wohnblock, bevor sie morgens zur Arbeit ging, aber an diesem Tag mußte ich das übernehmen. Ich hatte meine Hemmungen beim Einkaufen in sowjetischen Geschäften schon verloren und stellte mich in die Schlange an der Kasse. Jeder wußte, daß es die größte und frischeste Auswahl kurz nach dem Öffnen des Geschäfts um acht Uhr morgens gab, und die Käufer waren in Eile, weil sie um neun Uhr an ihrem Arbeitsplatz sein mußten.

An diesem Tag wurde zum erstenmal seit Monaten wieder Mayonnaise angeboten, was große Aufregung verursachte. Der vor mir stehende Mann kaufte gleich fünfzehn Gläser, und ich nahm bescheidene fünf, weil auch ich nicht wußte, wann es wieder welche geben würde. Gleichzeitig bezahlte ich eine Menge anderer Dinge wie Eier, Sauerrahm, Butter und Joghurt. Aber als ich mit der Quittung in der Hand am Tresen stand, hatte ich plötzlich vergessen, wieviel ich gekauft hatte. Die Verkäuferin war jedoch an diesem Tag guter Laune, und nachdem sie sich die einzelnen Posten auf meiner Quittung angesehen hatte, gab sie mir das, was ich bezahlt hatte, ohne mich wegen meiner Vergeßlichkeit zu beschimpfen.

Das war eine der wenigen Gelegenheiten, daß jemand die Schilder ernst zu nehmen schien, die in den meisten Geschäften hingen: »Laßt uns höflich miteinander umgehen.« Sonst hatte ich immer das Gefühl, daß ich eine der wenigen war, die die politischen und erzieherischen Hinweise und Ermahnungen an den Anschlagtafeln, den Gebäuden und in den Geschäften lasen – in einer Welt ohne kommerzielle Werbung.

Danach ging ich zum Verkaufstresen für Butter, wo ich lange warten mußte. Die Butter stand als großer Block auf der Theke, und die Verkäuferin zerschnitt ihn mit einem Draht in kleine Portionen. Dann tat sie mir noch dickflüssigen Sauerrahm in die mitgebrachte Kanne, und damit waren die Einkäufe erledigt.

Als ich zurückkam, traf ich Vera in der Küche. Sie war gerade dabei, eine Kompresse für Aljoschas Brust zu machen, um ihm damit Erleichterung bei seinem Husten zu verschaffen. Die Mischung bestand aus drei Eßlöffeln Honig, drei Teelöffeln Öl und etwas Mehl. Sie glaubte an natürliche Heilmittel, die ihre Großmutter und ihre Mutter ihr überliefert hatten.

Plötzlich klingelte das Telefon. Während ich mich zu Hause mit dem in Amerika üblichen »Hello« meldete, variierte Vera wie andere Russen auch ihre Begrüßung am Telefon. Manchmal sagte sie »Hallo«, manchmal »Ja?« oder auch »Ich höre.«

Der erste Anrufer wollte mit ihr über eine Versicherung für die Kinder sprechen. Da ich nur die Autoversicherung kannte, fragte ich nach den anderen Versicherungsmöglichkeiten. Kurz nach der Geburt jedes ihrer Kinder hatten sie und ihre Mutter eine Versicherung abgeschlossen, die pro Kind monatlich fünf Rubel kostete. Wenn eines der Kinder sich verletzte, würde die Versicherung voraussichtlich zahlen. Aber das war nicht der eigentliche Grund des Versicherungsabschlusses. Es war vielmehr Veras Art, für die Kinder Geld zu sparen, denn zu ihrem achtzehnten Geburtstag würden sie die eingezahlten Beträge – wenn auch ohne Zinsen – ausbezahlt bekommen.

»Für mich ist es unmöglich, Geld zu sparen, wenn ich es nicht so mache. Wir verdienen zusammen 350 Rubel, und das ist für eine fünfköpfige Familie nicht viel. Natürlich helfen uns unsere Verwandten, aber trotzdem bleib nicht eine Kopeke am Monatsende übrig, und manchmal müssen wir uns sogar von Freunden Geld leihen. Wegen unserer Defizit-Wirtschaft ist es unmöglich, mit dem Haushaltsgeld zu planen. Wenn ein neuer oder vielgefragter Artikel im Regal auftaucht, mußt du darauf eingerichtet sein, dein ganzes Geld dafür auszugeben, weil du diesen Artikel vielleicht nie wieder siehst. Ich habe einige Freundinnen, die das Haus nie mit weniger als fünfzig Rubeln in der Handtasche verlassen, weil man vielleicht unerwartet etwas finden kann. Aber sie haben auch keine drei Kinder.«

»Zweimal im Monat bekommen wir unser Gehalt, und das tun wir dann in den Topf da...« Sie zeigte auf einen Metallbehälter, der oben auf dem Küchenschrank neben einer Reihe leerer Schnapsflaschen ausländischer Herkunft stand. »Aus diesem Topf bezahlt mein Mann die Grundkosten wie Miete, Strom, Gas und Telefon, die nicht mehr als fünfundzwanzig Rubel ausmachen. Und wann immer jemand von uns beiden Geld braucht, nimmt er sich welches.«

Ich wußte aber, daß sie ihre Wertsachen nicht an einem so leicht zugänglichen Ort aufbewahrte. Der Schmuck, den sie von ihrer Mutter geerbt hatte, war sorgfältig zwischen ihrer Kleidung, ihrer Bettwäsche und in Schubladen versteckt, wo Einbrecher ihn nicht gleich finden würden.

Unser Gespräch wurde erneut durch das Telefon unterbrochen, aber diesmal klingelte es anders, was bedeutete, daß es kein Ortsgespräch war. Als sie hörte, wer am Telefon war, brach Vera in Koseworte aus, die ich oft von Russinnen und Russen gehört hatte, wenn sie mit jemandem sprachen, der ihnen nahestand. »Mein Sonnenschein, mein Samtpfötchen, wie geht es dir?« Es war ihre Tante, die aus der Ukraine anrief. Sie hatte keine eigenen Kinder und unterstützte Veras Familie, nachdem die Mutter gestorben war. Im Winter schickte sie regelmäßig Lebensmittelpakete mit dem Zug nach Moskau, und Veras Familie lebte von ihren vitaminreichen Gaben. Dafür schickte Vera ihr Wurst, Käse und Schokolade, die die Tante im Laden ihres Ortes nicht kaufen konnte.

Wenn Moskauer Verwandte haben, die in anderen Republiken wohnen, wandern oft Lebensmittel zwischen der Hauptstadt und diesen Orten hin und her. Ich erinnerte mich daran, daß Rita ihren Eltern in Sibirien regelmäßig Pakete schickte, und daß die Eltern von diesen Sendungen lebten; so wie Vera und ihre Familie von den Paketen der Tante profitierten, weil sie es sich nicht leisten konnten, auf dem Privatmarkt zu kaufen. Im Winter aber gab es in den staatlichen Geschäften so gut wie kein Obst und Gemüse.

Das lange Gespräch endete mit den Worten, die auch meine Freundinnen mir gegenüber oft gebrauchten: »Ich küsse dich, und ich vermisse dich.«

»Ich wüßte nicht, wie wir ohne ›Tante Honig‹ zurechtkommen würden«, sagte Vera, wobei sie den Kosenamen benutzte, den ich der Tante gegeben hatte, nachdem sie mir einen Topf mit fünf Kilo Honig geschickt hatte. In der Küche und auf dem Balkon standen Gläser und Körbe, die Eingelegtes, Tomaten, alle erdenklichen Arten von Marmelade, Obst und Kompott enthalten hatten, die von der großzügigen Hilfe der Tante zeugten.

Als sie gehört hatte, daß Vera krank war, hatte »Tante Honig« versprochen, am nächsten Tag mit dem Zug einen Topf selbstgemachter Himbeerkonfitüre zu schicken, die, wie Vera sagte, »das beste Mittel gegen Grippe ist.«

Die Kinder kamen am frühen Nachmittag in fröhlicher Stimmung aus der Schule nach Hause. Der nächste Tag war ein Feiertag, und das bedeutete, daß sie sich nicht an ihr Pult setzen mußten, um die üblichen zwei Stunden Hausaufgaben zu machen.

Nachdem ich den Borschtsch warmgemacht hatte, legte ich im Laden gekaufte Pelmeni (mit Fleisch gefüllte Ravioli) in kochendes Wasser, und das war für diesen Tag die Hauptmahlzeit. Danach bestand Vera darauf, daß die Kinder aus dem Haus gingen, um frische Luft zu schnappen. Sie schlug ihnen vor, einen Spaziergang zu machen. Sie mußten auf der Hauptstraße gehen, weil es in der Nähe keinen Spielplatz oder Park gab.

Während die Kinder draußen waren, klingelte es mehrere Male an der Tür. Es war Freitagnachmittag, und die Besucher hatten Glück, daß sie Vera zu Hause antrafen. Zuerst kam die Nachbarin, um zu fragen, ob Vera ausländische Kleidung für ihre Kinder kaufen wollte. Vera bemerkte: »Sie glaubt, ich sei reich, weil ich drei Kinder habe, aber ich kann ihre Preise nicht bezahlen.«

Der nächste Besucher war vom Roten Kreuz. Vera gab ihm dreißig Kopeken und bekam dafür Klebemarken, die sie sofort auf den Kühlschrank klebte, um zu zeigen, daß sie ihren Beitrag geleistet hatte. Ihr Mann gab bei solchen Gelegenheiten im Büro auch etwas und erklärte: »Man kann es nicht ablehnen, solche kleinen Spenden für einen patriotischen Zweck zu bezahlen.«

Danach kam ein Schuljunge, der um alte Zeitungen für seine Schule bat. Vera erklärte ihm, daß sie ihre ausgelesenen Zeitungen schon für die Schule ihrer Kinder sammelte.

Veras Mann kam früher als sonst von der Arbeit nach Hause und war ganz aufgeregt. An der U-Bahn-Station war er an einer Gruppe von Leuten vorbeigekommen, die einen kleinen, freundlichen Mann umringten, der gerade beim »Sprint« – einer Einrubellotterie – gewonnen hatte und sich nun aussuchen konnte, ob er ein Auto haben wollte oder das Geld, das der Wagen kostete. Bei dieser Lotterie stand – im Gegensatz zu den anderen – der Gewinn auf dem Los. An Kiosken, in den Geschäften, in Banken, Büros und sogar im Flugzeug, wie wir es einmal erlebt hatten, konnte man Lotterielose für dreißig und fünfzig Kopeken sowie für einen Rubel kaufen. Monate später wurden die Gewinner dann in den Zeitungen bekanntgegeben.

Das Telefon unterbrach uns erneut, und an Veras verändertem Tonfall konnte ich erkennen, daß es sich nicht um eine enge Freundin handelte, die anrief. Nachdem sie den Hörer aufgelegt hatte, kündigte sie an, daß am Abend ein unerwarteter Gast kommen würde. Die Bekannte einer Freundin war zum Einkaufen nach Moskau gekommen und brauchte eine Unterkunft für die Nacht. Da es für den einfachen russischen Touristen keine Möglichkeit gibt, ein Hotelzimmer zu reservieren, verlassen sich die Besucher auf Verwandte, Freunde, selbst flüchtige Bekannte, wenn sie einen Schlafplatz brauchen. Die Freundin war gerade nicht in der Stadt, und so nahm Vera den Gast bei sich auf.

Da nun Veras Mann zu Hause war, wurde es für mich Zeit, den Heimweg anzutreten. Er versprach, über das Wochenende auf die Kinder aufzupassen, so daß Vera sich ausruhen könnte. Aber ich wußte, daß das unmöglich war, denn an diesen Tagen war das große Reinemachen fällig. Vera versicherte mir, daß die Kinder ihr helfen würden, und ich versprach, noch einmal vorbeizuschauen, um nach ihr zu sehen.

9. Kapitel

Erholung und Freizeit auf russisch

An den meisten Wochenenden machten wir es wie so viele Russen und fuhren ins Grüne, um uns von Moskau zu erholen. Im Winter liefen wir mit unseren Langlaufskiern übers Land, wobei wir durch Dörfer kamen, in denen die Holzzäune alle in der gleichen Farbe gestrichen waren, weil es in den Geschäften keine andere gab. Die wunderschön geschnitzten Fensterläden an den Häusern ließen mich oft langsamer werden, um sie bewundern zu können. Wenn ich mich einem Dorf näherte, verteidigten die Hunde ihre Territorien und bellten wie verrückt. Das machte ihre Besitzer aufmerksam, und die alten Frauen kamen, eingepackt in schwere Mäntel, dicke Schals und mit hohen Filzstiefeln an den Füßen, aus den Häusern und starrten uns an.

Im Sommer erhielten wir manchmal von Russen die willkommene Einladung, sie in ihrer Datscha – ihrem Landhaus – zu besuchen, und dort verbrachten wir dann einen oder auch mehrere Tage und sammelten Erfahrungen im Landleben. In den Häusern gab es oft weder Telefon noch fließendes Wasser noch eine Toilette, aber es machte uns trotzdem Spaß, und wir gewöhnten uns daran.

Fast jede Datscha hatte einen Garten, und die Besitzer verbrachten nahezu das ganze Wochenende damit – zwischendrin »überfraß« man sich an köstlichen Dingen –, ihn in Ordnung zu bringen. Sonntagabends zeugten meine abgebrochenen Fingernägel und schmutzverkrusteten Hände davon, daß ich ein paar wundervolle Tage verlebt hatte.

Die Heimfahrt war immer etwas Besonderes, denn dabei kamen wir durch Dörfer, in denen alte Frauen selbstgezogene Gartenerzeugnisse verkauften. Ungeachtet der Temperaturen trugen sie immer ein Kopftuch und einen dicken Pullover, wenn sie da auf einem Stuhl oder einer Bank neben ihren Ständen saßen.

In Kinderwagen standen mit Gladiolen gefüllte Flaschen. Auf Stühlen, Hockern und kleinen Tischen vor dem Haus waren Kartoffeln, Karotten und andere Gemüse, Dill, und sogar ein Glas mit hausgemachten Konserven aufgebaut. So wie wir hielten auch andere Autos an, und die Fahrgäste stiegen aus, um sich die Erzeugnisse genauer anzusehen und ohne Erfolg mit den »Babuschkas« zu feilschen, deren Festpreise manchmal höher waren als die Preise auf dem Markt. Die alten Frauen waren auch ebenso geschäftstüchtig wie alle anderen Verkäufer. In den großen Kartoffeltüten lag die gute Ware immer obenauf, aber wenn man dann etwas tiefer schaute, sah es anders aus. Das hielt die Menschen jedoch nicht davon ab, zu kaufen und die Sachen dann auf der Ablage des Heckfensters zu verstauen.

An anderen Wochenenden besuchten wir Plätze, die wir liebten, und einer davon lag etwa fünfzehn Kilometer vom Zentrum der Stadt entfernt. Tanja hatte uns dort einmal hingeführt, weil ihr Mann ihn schon von seiner Kindheit her kannte. Im Hinterland lagen dichte, kühle Wälder, und ganz in der Nähe strömte träge ein friedlicher Fluß dahin. Wenn man in die eine Richtung schaute, breitete sich, so weit man sehen konnte, flaches Land in einer Palette vieler Grüntöne aus. In der anderen Richtung erinnerten Industriegebäude und Hochhäuser an die traurige Tatsache, daß der Mensch die Natur mehr und mehr verdrängte und zerstörte.

Meistens übertönten die Geräusche der Frösche, Zikaden, Mücken und Vögel das gelegentlich auftauchende Motorboot oder Flugzeug, weil ihr Gesang ausdauernder war. Die Störungen durch diesen fremdartigen Lärm vergaß ich, sobald ich mich in die blaue Tiefe des unendlichen russischen Himmels versenkte.

Wir waren selten allein in unserem Stückchen Natur. Auch andere Menschen waren mit dem Bus, dem Auto oder auf dem Fahrrad dort hingefahren, um einen Tag auf dem Lande zu verbringen, und sie hatten eine Vielfalt an Picknickausrüstungen dabei, die jedem Anspruch gerecht wurde. Auf dem Platz, den die einzelnen Gruppen an diesem Tag für sich beanspruchten, wurde das Mitgebrachte ausgebreitet – ein Schirm, ein Transistorradio, Badeanzüge, Wodka- und Weinflaschen, Spielkarten, Angelzeug, rohe Kartoffeln, eine Gitarre und Bücher, um nur einiges zu nennen.

Eine Frau mittleren Alters lag in einer Hängematte, die sie zwischen den Bäumen aufgehängt hatte. Sie trug einen BH und eine voluminöse rosa Unterhose, die ihre imposante Figur mehr bedeckte als die zweiteiligen Badeanzüge, die fast alle anderen Frauen anhatten. Da ich aus einem Teil der Welt komme, in dem Schlanksein fast schon zur Besessenheit geworden ist und nur wenige Frauen ohne gute Figur einen zweiteiligen Badeanzug tragen würden, war ich überrascht, daß keine der Russinnen wegen ihres Umfangs Komplexe hatte. Später hörte ich, daß so gut wie keine einteiligen Badeanzüge zu bekommen sind und eine Frau schon deswegen ihre Fülle nicht verstecken kann, selbst wenn sie es wollte.

Ein Ehepaar saß auf stoffbespannten Klappstühlen und las in Zeitungen, die, wie ein Junge später zeigte, auch anderen Zwecken dienen. Richtig gefaltet wurden sie zu einem Hut und damit zu einem Sonnenschutz. Da sie sich immer Sorgen machten wegen der Empfindlichkeit des Kopfes bei Temperaturschwankungen, trugen die Russinnen nicht nur im Winter, sondern auch im Sommer Hüte. Auf das Drängen meiner Freundinnen setzte ich im Winter Kopfbedeckungen auf, aber meine Weigerung, das auch im Sommer zu tun, machte sie stets besorgt. Jede meiner körperlichen Beschwerden wurde auf diese Starrsinnigkeit zurückgeführt.

Viele Menschen sammelten verschiedene Kräuter, die für mich alle gleich aussahen. Einige wurden in Suppen getan und andere getrocknet, damit man sie im Winter als Gewürz verwenden konnte. Da sie wegen meines empfindlichen Magens besorgt war, ging eine meiner Freundinnen in eine bestimmte Gegend, um dort Kräuter zu sammeln, die aufgekocht angeblich ein heilendes Gebräu ergeben sollten. Bis heute habe ich noch nicht ausprobiert, ob sie recht hatte, und ich schäme mich deshalb ein wenig.

Die Kinder pflückten wildwachsende Blumen, und das störte eine Naturfreundin. Sie schimpfte mit ihnen und erzählte von einem roten Buch. Erst später wurde mir klar, daß sie die internationale Rote Liste Artenschutz gemeint hatte, in der die gefährdeten Pflanzen- und Tierarten aufgeführt sind.

Eine Gruppe junger Leute, die ausgestreckt auf einer Decke lagen, zog meine Aufmerksamkeit auf sich, weil ihre Gesichter starke Gefühle widerspiegelten. Sie lauschten der bekannten

Stimme Wladimir Wissotzkis, und während einige ihre Tränen abwischten, sprachen andere die Worte des Liedes nach, das er sang.

Wissotzki war ein Schauspieler, Dichter und Sänger, der ein Jahr zuvor – erst Anfang Vierzig – an den Folgen von Alkoholismus gestorben war. Er war populär geworden durch die Gedichte und Lieder, die er geschrieben und gesungen hatte und die sich mit sozialen Problemen beschäftigten.

»Wir haben ihn geliebt, weil er das Leben verstand und sich nie davor gefürchtet hat, unsere Schmerzen und Leiden zu beschreiben und zu besingen. Er hat nie Propaganda geschrieben und uns nie belogen«, sagte Rita. Obwohl die Regierung ihn offiziell als Sänger und Dichter nicht zur Kenntnis nahm, liebte und kannte ihn das Volk.

Über hunderttausend Menschen sollen ihm auf seinem Weg zum Friedhof das letzte Geleit gegeben haben, und seit seinem Tod besuchen Menschen täglich sein Grab, um dort frische Blumen niederzulegen, seine Gedichte zu rezitieren, seine Musik zu spielen und ihn zu beweinen.

Erst als die Wissotzki-Kassette zu Ende war, machte ich mich mit den anderen auf den Weg, um abgebrochene Zweige und Äste für das Lagerfeuer zu sammeln. Obwohl es verboten war, Lagerfeuer zu machen, riskierten wir es wie so viele andere auch, und wir wurden bei keiner der gelegentlichen Kontrollen der Miliz erwischt.

Dann packten wir unsere Lebensmittel aus: Schaschlik, das mehrere Stunden in einer Marinade aus Wein und Knoblauch gelegen hatte; Kartoffeln, die in der glühenden Asche gebacken und fast schwarz gegessen wurden; Eingelegtes, das wir auf dem Markt sorgfältig ausgesucht hatten, nachdem wir es ausgiebig probiert hatten, und Obst und Gemüse, das es an diesem Tag in den Geschäften gegeben hatte. Außerdem hatten wir ausreichend Brot dabei, das uns zu der notwendigen Unterlage verhalf, die wir bei dem beträchtlichen Bier- und Wodkakonsum brauchten. Aber bevor wir mit dem Trinken anfangen konnten, mußten wir entscheiden, wer an diesem Tag das Auto fahren würde.

Ausländern gegenüber waren die Verkehrspolizisten im allgemeinen großzügiger als gegenüber Russen. Ein betrunkener russischer Autofahrer lief Gefahr, seinen Führerschein für zwei Jahre zu verlieren und zu einer Geldstrafe von hundert Rubeln verurteilt zu werden.

Bei einem unserer Picknicks nötigten mir einige Nachbarn Bewunderung ab. Sie sahen aus wie erfahrene Camper, die an diesem Platz seit vielen Jahren Urlaub zu machen schienen. Auf einer Leine, die zwischen zwei Bäumen gespannt war, hing frischgewaschene Wäsche. Um ihr Zelt herum hatten die Leute einen Graben ausgehoben, damit das Wasser ablaufen konnte. Die Freiluftküche bestand aus einem Holztisch und Sitzgelegenheiten, die aus Baumstämmen gemacht worden waren. Die Küchenwerkzeuge waren aus Holz geschnitzt, das sie gesammelt hatten.

Ihr Essen bestand hauptsächlich aus Gemüse, Kartoffeln, Brot und Konserven. Sie hatten auch Beeren gefunden und Marmelade daraus gemacht. Frisch gefangener Fisch wartete in Eimern darauf, ausgenommen und wahrscheinlich gesalzen zu werden wie die anderen Fische, die schon zum Trocknen aufgehängt worden waren.

In diesem Augenblick wäre es mir nie in den Sinn gekommen, daß jemand wie ich mit seiner begrenzten Lebenserfahrung in der freien Natur und einer nur mäßigen Begeisterung für das Urwüchsige im darauffolgenden Sommer so wie diese Menschen leben würde. Nur sollten wir statt in den Außenbezirken Moskaus diese Zeit in den menschenleeren Regionen Sibiriens verbringen.

10. Kapitel

Mit Freunden
und Faltboot
unterwegs

1977 lud Gerd mich ein, ihn auf einer Arbeitsreise in das nordöstliche Sibirien zu begleiten. In Jakutsk lernten wir ein herzliches, gastfreundliches Ehepaar – Lena und Anatoli Pankow – kennen. Lena war sehr attraktiv – sie hatte kurze, graumelierte Haare, feine Gesichtszüge und Augen, mit denen sie zwinkerte, wenn sie glücklich war. Sie war Übersetzerin für Englisch am Dauerfrost-Institut in Jakutsk, und Anatoli, ihr Mann, war Journalist bei einer Lokalzeitung. Er war schmächtig und trug einen dunklen Vollbart, der ihm gut stand.

Anatoli war zu jener Zeit gerade dabei, ein Buch fertigzustellen, in dem er über seinen dreißig Tage dauernden und über zweitausend Kilometer langen Kajaktrip auf einem Fluß in Sibirien berichtete, und während eines gemeinsamen Essens erzählte er uns ein bißchen über seine Erlebnisse. Als Gerd Interesse zeigte, sagte Lena, daß sie im nächsten Sommer eine weitere Kajakfahrt machen wollten, und wir seien herzlich eingeladen, mit ihnen zu fahren.

Das war eine verrückte Idee, aber sie reizte uns, und wir versprachen, daß wir in Moskau herausfinden wollten, ob eine solche Fahrt möglich wäre. Gerd hatte als Journalist über Kriege berichtet und Staatsoberhäupter und Regierungschefs interviewt, aber noch nie in seinem Leben eine Fahrt in einem Kajak gemacht. Deshalb war er der Ansicht, daß dies eine Gelegenheit sei, die er sich auf keinen Fall entgehen lassen durfte. Ich war weniger begeistert von der Vorstellung, in einem Zelt schlafen zu müssen und in einem Kajak zu paddeln, weil es auch für mich das erstemal war. Aber die Möglichkeit, mit Lena zusammensein zu können, reizte mich.

Als wir nach Moskau zurückgekehrt waren, blieben wir mit den Pankows schriftlich in Verbindung, und Gerd versicherte ihnen, daß wir nach wie vor Interesse an der Fahrt hätten. Ich dachte weniger daran, da ich annahm, daß sowieso nichts daraus werden würde. Gerd war jedoch fest entschlossen, und als Anatoli uns die vorgesehene Reiseroute schickte, bat er das Presseamt des Außenministeriums um die offizielle Genehmigung.

Da man dort noch nie einen Antrag dieser Art vorgelegt bekommen hatte, brauchten die verantwortlichen Abteilungen und Leute mehrere Monate für eine Entscheidung. Voller Optimismus bestellte sich Gerd in dieser Zeit die nötige Ausrüstung für die Fahrt – Klepper-Kajaks und Schlafsäcke aus Deutschland, leichte Luftmatratzen, Weltraumrettungsdecken, ein Zelt und eine Angelausrüstung aus Amerika. Später sollte ich Gelegenheit haben, Gerds Planung und Weitsicht zu loben, denn die endgültige offizielle Genehmigung wurde erst wenige Tag vor der geplanten Abreise erteilt.

Aufgeregt und skeptisch zugleich ging ich mit Gerd und seinem siebzehnjährigen Sohn Boris an Bord des Flugzeugs. Boris verbrachte seine Schulferien in Moskau und hatte in letzter Minute die Erlaubnis bekommen, uns zu begleiten. Ich war froh, daß er dabei war, denn er hatte gerade ein Überlebenstraining in seinem Internat in Deutschland absolviert und war besser auf das vorbereitet, was uns in den nächsten Wochen bevorstand.

Der erste Abschnitt unserer Reise begann an einem Samstag, und wir waren zu siebt. Außer uns dreien waren vier Pankows dabei – Lena, Anatoli, ihr sieben Jahre alter Sohn Serioscha und Juh-Juh, ein lustig aussehender sibirischer Terriermischling. Ich erinnere mich an den Tag, weil wir uns mit unseren 250 Kilo Gepäck durch die Wochenendtouristen kämpfen mußten, die an Bord der Fähre gehen wollten.

Während der Fahrt über den Lena-Fluß zeigte mir Lena Pankow bestimmte Stellen am Ufer und erzählte mir Geschichten aus ihrer glücklichen Kindheit. Dabei fielen ihr die verstorbenen Eltern ein, und sie begann, mir von ihnen zu berichten. Ihre Mutter war Schullehrerin gewesen und ihr Vater Flußlotse, und beide waren am gleichen Tag gestorben, wenn auch im Abstand von fünf Jahren. Lena und ihre Schwester waren zu diesem Zeitpunkt bereits verheiratet und hatten jetzt nur noch einander. Als sie das sagte, wandte sie sich ab, um ihre Tränen nicht zu zeigen, und ich wurde wieder einmal daran erinnert, daß ich meinen Vater erst kürzlich verloren hatte.

Auf der anderen Seite des Flusses wurden wir von einem Fahrer erwartet, und wir stiegen alle auf den Lastwagen, der uns zum etwa 120 Kilometer entfernten Ausgangspunkt unserer Kajakfahrt bringen sollte. Lena und ich wurden auf den Vordersitz neben den Fahrer beordert, während die Männer eine Behandlung zweiter Klasse hinnehmen mußten. Sie saßen in dem dunklen, luftlosen hinteren Teil des Lastwagens, wo nur eine Lage frisch gemähten Grases sie ein wenig vor den Schlaglöchern der Amura-Fernstraße schützte.

Während wir vorne durchgeschüttelt wurden, Mücken erschlagend und den Staub aus unseren Gesichtern wischend, bewunderte ich die sibirische Taiga, die dichten Wälder aus Kiefern und Birken. Obwohl es gelegentlich Hinweise auf abseits der Hauptstraße gelegene menschliche Ansiedlungen gab, sahen wir keine, und wir genossen die friedliche Einsamkeit, die nur von entgegenkommenden Lastwagen unterbrochen wurde. Gegen Ende unserer dreistündigen Fahrt fragte uns der Fahrer, ob wie ein Gewehr dabeihätten. Ich schluckte und fragte Lena, warum das nötig wäre.

»Dort, wo wir hinkommen, könnte es Bären geben. Aber mach' dir keine Gedanken. Anatoli hat ein Gewehr, und wir haben Juh-Juh als Aufpasser mitgebracht«, bemerkte sie gelassen, während ich im stillen ihren Mut bewunderte.

Leider war Gerd in diesem Moment nicht in Hörweite. Denn jetzt war ich überzeugt davon, daß dies ein verrücktes Unternehmen war, und ich zweifelte an meinem Geisteszustand, weil ich mitgefahren war. Es war zu spät, um umzukehren, aber ich brauchte einige beruhigende Worte. Ich hatte nicht viel Zeit, mir Gedanken wegen der Bären zu machen, denn als wir von der Hauptstraße abbogen, hatten wir eine dreißigminütige alptraumartige Fahrt vor uns. Die Straße war voll tiefer Rinnen, umgestürzter Bäume und bedrohlich aussehender Felsbrocken, die jeden Augenblick eine Panne verursachen konnten. Wir hätten dann unsere Berge von Gepäck acht Kilometer weit schleppen müssen. Aber wir hatten Glück, daß wir einen so bemerkenswert geschickten Fahrer hatten, der den Lastwagen und uns unbeschädigt an das Ufer des Botoma-Flusses und zu unserem Startpunkt brachte.

Da wir fest davon überzeugt waren, daß außer uns niemand auf dieser Straße hatte fahren können, waren wir überrascht, am Flußufer andere Lastwagen, Touristen und sogar ein Personenauto anzutreffen. Die Wochenendurlauber hatten ihre Zelte aufgebaut und erholten sich. Sie spielten Volleyball oder kochten, bis wir kamen und eine interessante Abwechslung boten – meine Kamera. Die größte Sensation dort und später während unserer ganzen Fahrt waren meine Polaroid und ihre Sofortbilder.

Da wir die berühmte sibirische Einsamkeit der Gesellschaft von fidelen Campingfreunden vorzogen, beschlossen wir, an dem Abend noch eine Stunde zu paddeln. Das bedeutete, daß wir die Boote zusammensetzen mußten, was keine leichte Aufgabe war.

In der Zeit, in der die Pankows ihren Kajak für die ganze Familie fertig machten, hatten Boris und Gerd stolz Boris' Einsitzer zusammengebaut. Nun fingen sie damit an, auch den Zweisitzer schwimmbereit zu machen. Während ich hilflos danebenstand, halfen Lena und Anatoli mit Geschick. Schließlich legten wir um sieben Uhr abends, noch bei Tageslicht, ab. Die ersten hundert Meter flußaufwärts war das Wasser so ruhig, daß ich die atemberaubende Landschaft aufmerksam betrachten konnte, während Gerd fotografierte. Steile Felswände, die wie gemeißelt aussahen, erhoben sich über uns, und ich war von ihrem Aussehen so beeindruckt, daß ich zu spät merkte, was vor uns passierte.

Die Strömung war plötzlich wesentlich stärker geworden und begann, uns in die entgegengesetzte Richtung – flußabwärts – zu treiben. Der Abstand zwischen den Pankows, Boris und uns wurde zusehends größer. Gerd schrie mir zu, mit aller Kraft zu paddeln, was ich auch zunächst tat. Aber als ich sah, daß wir nicht vorwärts kamen, ließ ich es. Da ging Gerd in die Luft. Seine letzte Hoffnung war, mich zu bitten, auf das Ufer zuzusteuern, was ich gerade noch rechtzeitig schaffte. So konnte er aus dem Boot springen und unser Abdriften stoppen.

Nach dem Schock durch das kalte Wasser riß er die am Körper klebenden Jeans und das klitschnasse Hemd herunter. Er stand nur noch in Unterwäsche da, die aussah wie Moskitonetze. Ich hatte bewußt seine ältesten Unterhemden und

Unterhosen für die Reise ausgesucht, denn ich konnte ja nicht ahnen, daß er Gelegenheit bekommen würde, sie vorzuführen.

Beim Anblick der Löcher und aus Erleichterung über die Rettung brach ich in Gelächter aus, was mir die gerechtfertigte Strafe einbrachte, am Ufer entlanggehen zu müssen, statt im Kajak gezogen zu werden, das Gerd hinter sich herschleppte auf dem Weg zu unseren weit entfernten Reisebegleitern.

Für uns war das sicherlich eine harte »Taufe«, aber für unsere Gastgeber war es vielleicht noch schlimmer. Sie hatten angenommen, daß unser Talent ebenso groß wäre wie unsere Begeisterung. Als wir verzagt vor ihnen standen, begrüßten sie uns herzlich, während Boris die Frage stellte, die wohl allen auf der Zunge lag: »Was ist denn passiert?«

Die nächsten Tage waren voller Erlebnisse, und Lena und ich kamen uns noch näher. Sie nahm mich bei der Hand und zeigte mir die Blätter einer besonderen Johannisbeerart, die wir später zum Teekochen verwendeten, frischen Elchdung oder eine Herde halbwilder Pferde, die irgendwann wegen ihres Fleisches geschlachtet werden würden.

Wenn wir Pilze gesammelt hatten, zeigte sie mir, wie man sie auf eine Angelleine zieht, damit sie trocknen und im Winter für die Suppe verwendet werden können. Als Gerd sich einen Splitter aus der Hand zog, ließ sie ihn nicht das Desinfektionsmittel benutzen, das wir in unserer Reiseapotheke hatten, sondern suchte statt dessen eine besondere Heilpflanze.

Auch mit Serjoscha und Juh-Juh freundete ich mich an. Juh-Juh erinnerte mich an den Hund des Waisenmädchens Anni. Zuerst knurrte sie mich an, wenn ich ihr zu nahe kam. Aber nach einer Weile entschloß sie sich, das Knurren für ernstere Situationen aufzusparen. Einmal hörte ich mitten in der Nacht ein ratterndes Geräusch an der Außenseite unseres Zelts, als wenn ein Tier sich über unsere sorgfältig geschützten Vorräte hermachen wollte. Darauf begann Juh-Juh zu knurren. Bevor Anatoli feststellen konnte, was die Ursache des Geräuschs gewesen war, hatte unser unbekannter Besucher die Flucht ergriffen, und wir gingen alle wieder schlafen. Nur ich konnte vor Angst keine Ruhe mehr finden.

Serjoscha war ein Pfundskerl und beklagte sich während der ganzen Reise nicht ein einziges Mal. Als ihm eine Fischgräte im Hals steckengeblieben war, ertrug er das mehrere kritische

Minuten lang ohne einen Muckser. Und wenn wir gelegentlich bis Mitternacht paddelten und dann unsere Zelte aufbauten, half er beim Ausladen der Boote, obwohl er hungrig und müde war.

Seine ersten Campingerfahrungen hatte er mit zwei Jahren gemacht, als Lena und Anatoli ihn auf eine fünftägige Kajakfahrt mitnahmen. Seit jener Zeit hatte er eine Menge über die Natur gelernt, und er vermittelte mir sein Wissen mit viel Freude. Er brachte mir bei, daß grüne Äste oder junge Zweige zu frisch sind für ein Feuer, und er zeigte mir, welche Pilze eßbar und welche giftig waren.

Im Gegensatz zu der offenherzigen Lena war Anatoli sehr zurückhaltend und wortkarg. Er verbrauchte seine Energie hauptsächlich beim Paddeln, und Lena konnte sich oft ausruhen und eine Zigarette rauchen, während Gerd und ich atemlos versuchten, auf gleicher Höhe mit dem unerreichbaren Anatoli zu bleiben. An jenem denkwürdigen ersten Abend unserer Reise hatte er begriffen, wie unerfahren wir waren, und wenn uns die Strömung wieder einmal in unvorhersehbare Schwierigkeiten brachte, stoppte er und gab uns die nötigen Anweisungen. Bei den wenigen Gelegenheiten, bei denen ich die Probleme meisterte, erklang ein lautes »Hurra« von Lena, und Anatoli grinste mich aufmunternd an. Manchmal, wenn ich völlig erschöpft war vom Paddeln, und jeder einzelne Knochen in meinem Körper nach einer Pause verlangte, sah der schlanke, muskulöse Anatoli so aus, als wäre er noch nicht einmal warm geworden. Deshalb hielt ich ebenso durch wie Serjoscha und traute mich nicht, meine Schwäche einzugestehen.

Zu Beginn unserer Reise lebten wir wie Gourmets von Konserven und getrockneten Lebensmitteln, und jedes Essen war ein kulinarisches Abenteuer, das ich nicht unbedingt noch einmal erleben möchte. Das Pferde- und Elchfleisch sowie die Rentierwurst, die Gerd und Boris verschlangen, ließen mich zur Vegetarierin werden. Erst als wir unsere Nahrung fast ausschließlich in der freien Natur fanden, begann ich wieder mich richtig satt zu essen.

Für das Kochen waren Lena und ich verantwortlich, und wir hatten jeden Tag viel Freude daran, aus unseren begrenzten Lebensmittelvorräten neue Gerichte zu zaubern. Am besten schmeckten mir frisch gefangene Lachse und Hechte, die wir entweder kochten, brieten oder trockneten. Aber auch das wurde nach wenigen Tagen etwas eintönig.

Während ich jetzt dabei bin, über unsere Fahrt zu schreiben, erinnere ich mich wieder deutlich an den Besuch, den wir bei einem Meteorologen und seiner Familie machten. Sie lebten in einer der wenigen menschlichen Ansiedlungen, die wir auf unserer Fahrt an einem weitgehend unbewohnten Fluß antrafen.

Anatoli wollte uns zeigen, wie die Menschen draußen in der Wildnis lebten, und so legten wir eine willkommene Pause ein. Obwohl wir ihnen völlig fremd waren, begrüßten uns unsere Gastgeber wie alte Freunde. Wir hatten uns kaum vorgestellt, als wir auch schon aufgefordert wurden, uns in die Sonne an einen hölzernen Eßtisch zu setzen, der sich nach und nach mit Essen füllte. Ljuba, unsere kleine, rundliche Gastgeberin, die ein Hauskleid und Hausschuhe trug, brachte Gurken, Rettiche und Zwiebeln aus dem Garten. Danach holte sie aus der Küche selbstgebackenes Brot und Fischsuppe.

Sascha, unser jungenhaft aussehender Gastgeber, bestand darauf, daß wir von dem getrockneten, gesalzenen Fisch probierten, der an einer Ecke des Hauses an einem Haken hing. Der Fisch war köstlich, aber Ljubas in Öl gesottenes süßes Gebäck, das es danach gab, schmeckte noch besser. Nachdem wir die Teller geleert hatten, füllte sie sie ganz schnell noch zweimal nach.

Während wir die Spezialitäten des Hauses genossen, erzählten Ljuba und Sascha uns von ihrem Leben. Sie waren beide Meteorologen und schon seit sechs Jahren hier stationiert. Aber sie wollten bald weggehen, denn sie wollten nicht von ihrer zehnjährigen Tochter getrennt leben, die nur im Sommer zu ihnen auf Besuch kommen konnte. Während die Tochter mit Serjoscha spielte, erzählten Ljuba und Sascha uns, daß das Mädchen bei ihrer Großmutter in der Stadt lebte. Sie ging dort in die Schule, da es draußen in der Wildnis keine Unterrichtsmöglichkeiten gab.

»Ich fühle mich hier nie einsam, aber meine Tochter fehlt mir«, sagte Ljuba, während sie ein Küken in Sicherheit brachte, das in den Suppentopf auf dem Boden gefallen war. »Denn gelegentlich haben wir Besucher wie euch, und einmal hat uns ein Freund aus der Tschechoslowakei besucht.«

Probleme mit Lebensmitteln gab es für die beiden nicht, denn sie lebten von dem Vorrat, den sie einmal im Jahr bekamen. Sie hatten, als wir bei ihnen waren, sechsundfünfzig verschiedene Sorten Nahrungsmittel auf Lager, und wenn ihnen einmal etwas ausgegangen war, fuhren sie mit dem Motorboot in die 156 Kilometer entfernt gelegene Stadt. Das war aber nur in wenigen Monaten im Jahr möglich, bevor der Fluß zufror. Im Winter, wenn die Temperaturen im Durchschnitt bei fünfzig Grad unter Null lagen, konnten sie nicht aus dem Haus, aber sie waren jederzeit erreichbar. In Notfällen konnte ein Hubschrauber in vierzig Minuten bei ihnen sein.

Während seiner Freizeit ging Sascha zum Angeln, und er hatte eine Jagderlaubnis, die ihn berechtigte, auch Bisamratten, Eichhörnchen, Zobel, Bären, Elche und Waschbären zu schießen. Er zeigte uns das Foto eines kleinen Bären, den er bei einem seiner Jagdausflüge gerettet hatte, nachdem die Mutter getötet worden war. Er hatte das Bärenjunge mit nach Hause genommen, und das Tier hatte ein Jahr bei ihnen gelebt. Nachdem wir uns die Bäuche mit Ljubas Köstlichkeiten gefüllt hatten, zeigte sie mir das einfache Haus mit seinen drei Zimmern.

In der Küche stand ein Herd, der auch das benachbarte Schlafzimmer und den Arbeitsraum heizte. Das einzige andere bemerkenswerte Objekt war eine ausgestopfte Eule, die an der Wand hing und mich anstarrte.

Die Einrichtung des Arbeitszimmers bestand hauptsächlich aus einem Rundfunksender, den Ljuba bedienen konnte. Sie übermittelte jeden Tag die meteorologischen Daten, die sie und Sascha gesammelt hatten, in die Stadt.

Als die beiden uns zu den Booten begleiteten, kamen wir an einem hölzernen Klohäuschen vorbei. Daneben stand ein Schuppen, wo ihr langhaariger Jagdhund im Schatten an einer Kette lag und hechelte. Das letzte Gebäude, das wir passierten, war eine Hütte, in der sich die »Banja«, das Schwitzbad, befand.

Als wir ablegen wollten, füllte Ljuba unsere Hände noch mit dem Gebäck, das uns so gut geschmeckt hatte, und reichte uns außerdem noch eine Tüte mit dem getrockneten, gesalzenen Fisch. Danach gab Sascha Gerd noch ein unvergeßliches Andenken an unseren Besuch – einen Mammutzahn, den er am Flußufer gefunden hatte. Als ich protestierte, beruhigte mich

Lena, indem sie sagte: »Das ist die auf dem Land typische Gastfreundschaft. Sie mochten euch und wollten euch etwas schenken, was auch ihnen etwas bedeutet. Das ist ein Geschenk, das von Herzen kommt.«

Nach diesem Besuch schien uns die Reise für eine Weile weniger beschwerlich. Das Paddeln ermüdete nicht mehr so, und das Leben im Freien schien nicht mehr so anstrengend. Die Blasen, die Feuchtigkeit und die niedrigen nächtlichen Temperaturen, die mich immer frösteln ließen, wurden erträglicher. Ich hörte sogar auf, mich ständig über die unermüdlichen Armeen hungriger Moskitos zu beklagen, die mich überfielen, wenn ich wehrlos am Boden hockte.

Die Landschaft, durch die wir auf dem Wasser dahinglitten, veränderte sich jeden Tag. Wir kamen an bizarr geformten Klippen, an Sümpfen, kahlen Bergen, fruchtbaren Tälern und Dauerfrostgebieten vorbei, in denen die Erde schon zwanzig bis fünfundzwanzig Zentimeter unter der Oberfläche ständig gefroren ist. Hier sahen wir auch tote Bäume am Ufer liegen, die umgestürzt waren, weil der Fluß den ewig gefrorenen Boden an seinem Ufer aufgetaut hatte.

Durch ihre Arbeit am Dauerfrost-Institut war Lena eine wahre Schatztruhe an Informationen. Sie kannte den Namen jeder Blume, jedes Baums und jeder natürlichen geologischen Formation, und sie war froh, ihr Wissen an mich weitergeben zu können. Abends, wenn wir uns um das Lagerfeuer setzten, um uns aufzuwärmen, und schweigend in den sternenübersäten Himmel schauten, sagte Lenas auf meiner Schulter ruhende Hand mehr, als Worte jemals sagen konnten.

Erst am siebten und vorletzten Tag unserer geplanten Zehntagesfahrt war ich soweit, daß ich genug von allem hatte. Es goß in Strömen, der Wind blies, und die Wellen schwappten ins Boot. Außerdem war ich wütend auf Gerd. Er hatte sein Gewicht im Kajak verlagert, und dabei war ich ins Wasser gefallen. Während er völlig unschuldig tat, war ich triefendnaß und fühlte mich elend.

Nach der Wettervoraussage sollte es weiter regnen, und so fanden wir alle, daß es wenig sinnvoll wäre, die Fahrt fortzusetzen. Also beschlossen wir, bei der nächsten Siedlung haltzumachen. Nachdem wir stromaufwärts gegen aufgewühlte Wellen und in eiskaltem Regen gepaddelt waren, erreichten wir den willkommensten Anblick meines Lebens – eine Siedlung mit der Bezeichnung »Baustelle Nummer 6«.

In dem strömenden Regen sah die Siedlung so aus, als ob sie im Morast schwamm, aber in unserem ausgehungerten, erschöpften und klitschnassen Zustand waren wir dankbar für alles, was uns Schutz und Unterschlupf bot. Aber es war nicht einfach, an diesen Zufluchtsort zu gelangen. Er lag an einem Steilufer und mindestens fünfzehn Meter über dem Fluß. Rutschend, gleitend und fallend kamen wir trotz des aufgeweichten Bodens schließlich oben an.

Unsere erste Anlaufstelle war der Gemischtwarenladen, um dort zu fragen, wo wir essen und übernachten könnten. Einer der Kunden schickte uns zur Kantine, und so platschten wir die Straße hinunter, in der ein häßliches Holzhaus neben dem anderen stand. Obwohl in der Kantine praktisch schon Feierabend war, begannen die Frauen ohne zu klagen wieder mit dem Kochen und bereiteten uns eines der umfangreichsten und besten Essen, an das ich mich erinnern kann. Dankbar verschlang ich die fünf Spiegeleier, vier dicke Scheiben Brot, drei Krapfen und trank mindestens einen Liter Tee.

Wir erlebten einmal mehr, wie gastfreundlich die Menschen in den Dörfern waren. Sie machten uns nicht nur etwas zu essen, sondern hängten auch unsere nassen Sachen beim Küchenherd auf und gaben uns dafür warme, trockene Kleidung. Nachdem sie unsere Bedürfnisse befriedigt hatte, setzte sich die Küchenmannschaft an unseren Tisch und erzählte uns von der Siedlung und ihrem Leben.

Die Siedlung war für die Männer errichtet worden, die die einzige Hauptstraße im Nordosten Sibiriens ausbesserten und bauten, die zur BAM, der noch nicht fertiggestellten neuen sibirischen Eisenbahnlinie, führte. Es gab eine Klinik, eine Kinderkrippe und einen Kindergarten für die hundertdreißig Menschen, die in den dreißig einstöckigen Häusern lebten.

Als ich die jungen und etwas älteren Frauen fragte, wo sie herkämen, antworteten sie, daß sie aus Leningrad, Moskau und Gorki seien, und jede nannte mir einen anderen Grund, weshalb sie zum Arbeiten nach Sibirien gekommen war. Die eine wollte nicht mehr länger bei ihren Eltern wohnen, eine andere etwas Neues erleben. Einige der Frauen waren unverheiratet und hatten Kinder. Sie meinten, das Leben hier draußen se leichter für sie. Außerdem könnten sie in Sibirien doppelt soviel Geld verdienen, wie sie für die gleiche Arbeit in ihrer Heimat bekämen.

Neben den wesentlich höheren Löhnen und Gehältern, unterbrach Lena, gäbe es eine Reihe weiterer Vorteile, die jemanden reizen könnten, in Sibirien zu arbeiten. Als Übersetzerin in Jakutsk hätte sie zweiundvierzig Tage Urlaub im Jahr, während ihre Kolleginnen in Moskau nur vierundzwanzig Tage bekämen. Entsprechend der Zeit, die jemand in Sibirien gearbeitet hat, erhält er einen kostenlosen Hin- und Rückflug zu jedem beliebigen Urlaubsort in der Sowjetunion. Außerdem sei seine Chance größer, mit einer Reisegruppe ins Ausland fliegen zu können. Und bei der Rückkehr in den Heimatort käme man an die Spitze der Warteliste für den Kauf eines Autos.

Als wir merkten, daß es schon nach zweiundzwanzig Uhr war, und hörten, daß das Personal am nächsten Morgen um sechs Uhr wieder mit der Arbeit anfangen mußte, begaben Lena und ich uns in das leere, für Lastwagenfahrer bestimmte Haus, in dem wir übernachten konnten. Wir waren kaum in unserem Zimmer, als ich bemerkte, daß Lenas Stimmung sich geändert hatte. Ich fühlte, daß sie traurig war. Vielleicht erinnerten das bequeme Bett und der warme Raum sie daran, daß unsere Reise fast vorüber war, und daß sie nun bald wieder vor den Schwierigkeiten stünde, die unser Aufenthalt in der Natur sie vorübergehend hatte vergessen lassen.

Die Arbeit sollte Anatoli in Kürze in seinen Geburtsort Moskau zurückführen, und davor hatte Lena Angst. Sie war in Jakutsk geboren und groß geworden, und sie liebte wie ihre Freunde die Natur und das einfache Leben dort.

Ihre Schwester lebte in Moskau, und seit sie sie dort besucht hatte, wußte sie, daß das Leben in der Hauptstadt anders war. Sie faßte ihre Empfindungen so zusammen: »In Moskau haben die Menschen andere Wertvorstellungen. Die äußere Erscheinung, materielle Besitztümer und Beziehungen spielen dort eine wichtige Rolle. Ich bin siebenunddreißig, und es wird schwierig werden, mich in meinem Inneren zu ändern. Das heißt, ich werde sehr einsam und unglücklich sein.«

Sie war jedoch entschlossen, darauf zu achten, daß Serjoscha seine Jakutsker Wertvorstellungen nicht verlieren würde. Als sie das sagte, wurde mir bewußt, warum Serjoscha so anders war als viele der heranwachsenden Kinder, die ich kennengelernt hatte. Er war unverdorben, verantwortungsbewußt und diszipliniert.

»Als ich noch Studentin war, bekam ich nur die Hälfte des Geldes, das die jungen Leute heute bekommen, und ich war doch gut genug angezogen, ohne aufzufallen. Ich lernte den Wert des Geldes schätzen und mußte sparsam damit umgehen. Heute aber wollen die Studenten Jeans für zweihundert Rubel, und die Eltern geben ihnen das Geld dafür. Das wird uns mit Serjoscha nie passieren, denn er wird ebenso denken wie wir«, schloß sie.

Als unsere Männer kamen, veränderte sich die Atmosphäre, und wir hatten keine Gelegenheit mehr, unser Gespräch fortzusetzen; auch später nicht. Die Männer hatten unsere Rückreise nach Jakutsk für den darauffolgenden Tag organisiert.

Das Kantinenpersonal kam am nächsten Morgen ans Flußufer, um uns nachzuwinken, als wir in Motorbooten wegfuhren. Nachdem wir den Fluß überquert hatten, brachte man uns zu einem Bus, mit dem wir nach Jakutsk fahren konnten. Es waren erst acht Tage seit dem Beginn unserer Kajakfahrt vergangen, aber in dieser Zeit waren die Temperaturen von zweiundzwanzig auf zwölf Grad gefallen, und ich war froh, daß wir nicht länger in Zelten schlafen mußten.

Bevor wir die Rückfahrt nach Moskau antraten, hatten wir zwei Abschiedsessen. Jede der beiden Familien gab eines. Das erste fand in unserem Hotel statt, dessen Atmosphäre ein wenig von unserer Traurigkeit ablenkte. Als wir in das Hotel kamen, begrüßte uns »Ra-Ra-Ra-Ra-Rasputin, Russia's greatest love machine« – ein Lied, das trotz der offiziellen Kritik immer noch zu hören ist und dessen Popularität sich von Moskau aus zehntausend Kilometer weit über den ganzen Kontinent ausgebreitet hatte.

Im Speisesaal fielen wir auf, weil wir praktisch die einzigen gemischten Paare in dem Raum waren. Die Mehrzahl der Tische war mit gutangezogenen Frauen jüngeren und mittleren Alters besetzt. Während sie dasaßen und sich unterhielten, hofften sie auf einen Tanzpartner, selbst wenn er so betrunken sein sollte, daß die Frau ihn hätte stützen müssen.

Nachdem wir das Restaurant verlassen hatten, sahen wir draußen die entsprechenden Szenen. Die meisten Männer lagen auf den Fußwegen und waren nicht mehr in der Lage aufzustehen. Als Lena mein Gesicht sah, erklärte sie mir: »Das ist in Sibirien üblich. Die Männer langweilen sich und verbringen ihre Freizeit mit Trinken.«

Am Tag unserer Abreise frühstückten wir mit den Pankows in ihrer Zweizimmerwohnung, und sie nutzten die Gelegenheit, uns mit Geschenken zu überschütten. Lena gab mir einen Ring mit einem seltenen grünen Stein, den man in Sibirien findet, und Anatoli überreichte Gerd eine Tasche mit getrocknetem Elchfleisch und gesalzenem Fisch.

Als bleibende Erinnerung an die Kajakfahrt gab Lena jedem von uns ein Stück Birkenrinde, in das sie eine besondere Botschaft geritzt hatte. Auf meinem stand: »Es wird hiermit bestätigt, daß Lois Fisher den wildesten Fluß von Jakutien bezwungen und den Angriffen der Moskitos auf unserer hundertzwanzig Kilometer langen Kajakfahrt widerstanden hat. In Anerkennung dieser Leistung und als Zeichen unserer Liebe und Bewunderung überreichen wir Dir diese Urkunde. gez. Lena und Anatoli Pankow.«

Nachtrag

Zwei Jahre später war ich mit Begeisterung dabei, als Gerd eine zweite Kajakfahrt in der Sowjetunion machen wollte. Aber auch diesmal war es mehr wegen der Gesellschaft als wegen des Sports. Bei dieser zweiten Fahrt waren wir Gäste von Valentin Sujew und seiner Frau Janna Bitschewskaja, die man die »russische Joan Baez« nennt.

Ich hatte Jannas Stimme zum erstenmal auf einer Schallplatte gehört, die Gerd aus Leningrad mitbrachte. Er hatte dort in einem Musikgeschäft die Schlange ihrer Fans gesehen, die ihre neueste Platte kaufen wollten. Die Auskunft, die er über sie bekam, hatte ihn bewogen, sich anzustellen und diese Platte zu kaufen.

Nachdem Jannas Stimme und der Klang ihrer Gitarre Einzug bei uns gehalten hatten, wurden sie zum Bestandteil unseres Lebens. Es verging kaum ein Tag, an dem ich mir nicht ihre Interpretation alter russischer Volkslieder anhörte. Obwohl ich die Texte zunächst nicht verstand, brachte Jannas Musik mir die russischen Menschen, ihre Traditionen und ihren Charakter näher.

Ich wollte sie gern kennenlernen, und als Gerds Büro einen Empfang gab, fragte ich, ob man Janna nicht auch dazu einladen könnte. Ihre Erinnerung an unsere erste Begegnung ist ebenso lebendig wie meine, obwohl wir uns beide ganz verschiedener Dinge erinnerten. Ihre bescheidene, zurückhaltende Art und ihre dunklen warmen Augen, die denen eines furchtsamen Rehs glichen, hatten bei mir einen tiefen Eindruck hinterlassen. Dagegen erinnerte Janna sich an mein Kleid, das ich längst vergessen habe, und an meine ersten Worte: »Ich wollte Sie schon lange kennenlernen.« Sie dachte auch später noch an unseren ersten Händedruck, bei dem sie gefühlt hatte, wie rauh meine Hände waren, was, wie sie mir sagte, mich ihr sympathisch machte. Denn das ließ darauf schließen, wie sie meinte, daß ich kein faules, bequemes Leben führte. Sie lachte, als ich ihr bei einer späteren Gelegenheit erklärte, daß ich mir nach dem Abwaschen die Hände nicht eincremte.

Nach unserer ersten Begegnung hatten wir bald die Gelegenheit, uns wiederzusehen, weil Gerd eine Radiosendung über Musik in der Sowjetunion machte. Durch diese Sendung ergab sich dann auch für Janna die Gelegenheit zu Auftritten in Deutschland, die ein großer Erfolg waren.

Obwohl Janna und ihr Mann, der sie bei ihren Konzerten auf dem Flügel begleitete, die meiste Zeit außerhalb Moskaus und in den sozialistischen Ländern auf Tournee waren, trafen wir uns, wann immer sie in Moskau war. Aber unsere Begegnungen waren immer viel zu kurz, weil sie ständig im Streß und von ihrer Arbeit erschöpft war.

Als die beiden erzählten, daß sie ihre Sommerferien im allgemeinen zu einer Kajakfahrt und zum Zelten nutzten, fragten wir spontan, ob wir sie nicht begleiten dürften. Wir waren mit den Pankows in Sibirien auf Kajakreise gewesen. Warum also sollten wir nicht unseren nächsten Sommerurlaub zusammen mit Janna und Valentin verbringen?

Dafür brauchten wir natürlich wieder eine offizielle Genehmigung. Nachdem wir über die vorgesehene Reiseroute gesprochen hatten – in der Hoffnung, daß Ausländer dorthin durften –, reichten wir unseren Reiseplan beim Außenministerium ein und warteten auf die Antwort. Wir bekamen die Genehmigung, aber mit einer Einschränkung: wir mußten mit dem Zug zu unserem Ausgangspunkt fahren, statt die schnellere und direktere Route mit dem Auto oder dem Bus zu nehmen. Es liefen Gerüchte um, nach denen Manöver in der Gegend abgehalten würden. Wir schlossen daraus, daß wir deshalb nicht die Straße benutzen dürften.

Also drängten wir, unsere Gastgeber und ein weiteres Ehepaar – Freunde von Janna und Valentin, die später auch die unseren werden sollten – uns mit unseren zahlreichen Gepäckstücken in den Zug, der uns an den Pra-Fluß, ungefähr hundertachtzig Kilometer südöstlich von Moskau, bringen sollte.

Janna machte es sich gleich bequem, indem sie Hausschuhe anzog. Wir waren alle in Ferienstimmung, lachten, erzählten Anekdoten, spielten eine Pantomime und unterhielten uns über populäre russische Gesprächsthemen wie Parapsychologie, unbekannte Flugobjekte und Träume.

Als Gesundheitsfanatikerin, die im Krankheitsfall nur Kräutermedizin verwendete, verurteilte Janna die chemischen Zusätze in Lebensmitteln, die im Westen üblich sind. Sie sei sich zwar im klaren darüber, daß die Lebensmittel in der Sowjetunion schneller schlecht würden, aber dafür seien sie gesünder, weil sie keine Konservierungsmittel enthielten. Als sie das sagte, fiel mir ein, welche Schwierigkeiten ich mit meinem empfindlichen Magen im Westen gehabt hatte, und wieviel besser es damit in Moskau geworden war. Aber ihrer Ansicht, daß die Plastiktassen und -teller, die ich auf ihr Drängen hin nicht mitgenommen hatte, Krebs verursachten, konnte ich nicht zustimmen.

Valentin, der unser Kapitän war und uns als seine »Matrosen« bezeichnete, war nicht so unbeschwert wie wir. Er wußte, daß der Zug an dem Bahnhof, an dem wir mit unseren zwanzig Koffern, Taschen und Rucksäcken aussteigen mußten, nur dreißig Sekunden Aufenthalt hatte, und machte sich Sorgen, daß wir es nicht schaffen würden. Glücklicherweise hielt die Zugbegleiterin ihre rote Fahne viel länger hoch, während wir unser Gepäck hastig aus den Fenstern warfen. Erst als wir sahen, daß es auf dem Nebengleis gelandet war, bemerkten wir, daß der Bahnhof so klein war, daß das Zugende, in dem wir gesessen hatten, nicht neben dem Bahnsteig stand. Und so wurden wir beim Aussteigen von einem Empfangskomitee schnatternder Gänse begrüßt.

Als nächstes mußten wir Mittel und Wege finden, um an den zehn Kilometer entfernten Fluß zu kommen. Valentin sprach ein paar Jungen an, die uns neugierig anstarrten, während sie übten, Zigaretten auf Lunge zu rauchen. Einer von ihnen holte seinen älteren Bruder, der uns versprach, sofort einen Traktor mit einem offenen Anhänger zu bringen.

Es dauerte über eine Stunde, bis er kam. Nachdem wir unser Gepäck auf den Anhänger geladen hatten, begann eine unvergeßliche Fahrt. Die schmale, ungepflasterte Straße zum Fluß war voller Pfützen, und bei dem Tempo, mit dem der junge Mann fuhr, waren unsere Gesichter und unsere Kleidung nach kurzer Zeit schmutzübersprietzt. Unser hysterisches Gelächter und Gekreisch trieb den Fahrer nur noch mehr an, bis uns ein Kaninchen über den Weg lief. Das führte zu einem unvorhergesehenen Halt, während der Fahrer und sein Begleiter das

Karnickel jagten. Wir baten die beiden, das arme Tier doch in Ruhe zu lassen, aber sie hörten nicht auf uns. »Das ist wahrscheinlich seit langer Zeit das erste Mal, daß sie Fleisch zu sehen bekommen«, sagte jemand. Es ist allgemein bekannt, daß es in den Läden dieser Dörfer kein Fleisch zu kaufen gibt.

Zehn Minuten später kamen die beiden zu unserer Erleichterung mit leeren Händen zurück, und wir konnten unsere Schüttelfahrt wieder gutgelaunt fortsetzen.

Als wir an den Fluß kamen, hatte niemand mehr die Kraft, die Reise noch am gleichen Abend zu beginnen. Wir schlugen unsere Zelte auf und machten uns erst am nächsten Morgen auf den Weg.

Diese Flußfahrt unterschied sich von unserer ersten ganz erheblich. Wir fuhren durch eine fruchtbare Landschaft, in der alles üppig gedieh. Wir ließen uns Zeit, und der Fluß strömte gemächlich dahin. Ich war froh, daß wir flußabwärts paddelten, statt stromaufwärts gegen die Strömung kämpfen und dauernd nach Felsklippen Ausschau halten zu müssen. Nur umgestürzte Bäume, die manchmal unter der Wasseroberfläche lagen, bildeten hier und da ein Hindernis. An einigen Stellen versperrte ein Stamm uns an Flußengen die Weiterfahrt, und wenn wir uns mit Säge oder Axt keinen Durchgang verschaffen konnten, waren wir gezwungen, unsere Kajaks und das schwere Gepäck zu Lande an dem Hindernis vorbeizuschleppen. An jeder Flußbiegung veränderte sich das Landschaftsbild – Teppichen gelber Wasserlilien folgten grüne Birken- und Kiefernwälder. Dann passierten wir Sümpfe, in denen der königliche Reiher herrschte.

Unsere Reise war gemächlich. Einen Tag paddelten wir, am nächsten und manchmal auch am übernächsten legten wir eine Rast ein, um die neue Umgebung zu erforschen. Dadurch hatten wir auch Zeit, Beeren und alle möglichen Pilze zu sammeln, die Fleischersatz für uns waren, weil die Fische nicht anbeißen wollten.

Der Höhepunkt der Fahrt war das Zusammensein mit Janna, die in der freien Natur förmlich aufblühte. Sie sprach auch zum erstenmal mit mir über ihre traurige Kindheit und den Tod ihrer Mutter, die gestorben war, als Janna erst fünf war. Dadurch war sie allein mit ihrem Vater, der trank und regelmäßig andere »Mütter« mit nach Hause brachte. Da Janna und ihr

Vater arm waren, mußte sie ihre Kleider selbst nähen, was sie auch heute noch tut. Selbst schwierige Arbeiten im Hause wurden für sie schon in früher Kindheit zur Selbstverständlichkeit.

Das erklärte auch ihre Kraft und ihre »goldenen Hände«, mit denen ihr alles gelang. Sie war nur einen Meter vierundsechzig groß, und obwohl sie kräftig gebaut war, weil sie Schokolade über alles liebte, gern fetten Speck aß und zu allem – von Bratkartoffeln bis zu Pilzen – Mayonnaise nahm, hatte sie kein Gramm Fett zuviel an ihrem Körper. Ihr Gesicht, das sie manchmal älter als ihre etwa fünfunddreißig Jahre aussehen ließ, zeigte Spuren des schweren Lebens, das sie gehabt hatte. Aber wenn sie lächelte, und das tat sie oft, waren sie wie weggewischt. Sie haßte ihre »Kartoffelnase«, wie sie sie nannte, aber auch ich war nicht besonders glücklich mit meiner »Wurzelnase«.

Wann immer etwas repariert oder in Ordnung gebracht werden mußte, stellte Janna sich und ihr Wissen zur Verfügung, und sie fand für jede Schwierigkeit unweigerlich eine Lösung. Als wir unsere Faltboote zusammenbauten und feststellten, daß ein wichtiges Teil fehlte, schnitzte sie ein Stück Holz passend zurecht. Sie kümmerte sich auch nicht um unsere ständigen Bitten, vorsichtig zu sein, damit sie ihre Hände nicht verletzte. Da sie nicht gern kochte, bestand sie darauf, mir wenigstens bei den Vorbereitungen zu helfen, und schnitt sich zweimal in die Finger. Das hielt sie aber nicht davon ab, mit ihren verbundenen Händen auch weiter zu arbeiten. Aber sie mußte ihre täglichen Gitarrenübungen unterbrechen, worüber ich enttäuscht war.

An den Tagen, an denen sie nicht üben konnte, bat sie mich, ihr nützliche englische Ausdrücke beizubringen. Sie hatte von den Liedern, die sie hörte und sang, schon einen großen Wortschatz, konnte aber kaum sprechen. Ich erinnerte mich daran, daß sie ein computerähnliches Gedächtnis für Telefonnummern hatte, so daß mich ihr schneller Fortschritt beim Lernen nicht überraschte.

Als ihre Wunden geheilt waren, nahm Janna die Übungen wieder auf, und ich hatte manchmal das Gefühl, daß sie das nur meinetwegen tat. Sie bemerkte jede Veränderung meines Gesichtsausdrucks, und bevor ich mir überhaupt selbst bewußt wurde, daß ich an ihre Lieder dachte, holte sie ihre Gitarre aus dem Zelt. Dann suchte sie sich ein stilles Plätzchen in meiner Nähe, wo ich dann ihrer bemerkenswert kraftvollen Stimme lauschen konnte. Und wie oft ich auch ihre bekannten Lieder gehört haben mochte – sie schaffte es jedesmal, mich zum Weinen oder zum Lachen zu bringen. Es war unmöglich, ihr beim Singen zuzuhören, ohne in irgendeiner Form zu reagieren. Die Lieder von Liebe, Einsamkeit und Trauer schienen, wenn wir abends um das Lagerfeuer saßen, in die Landschaft zu gehören. Ich bemerkte, daß der Großteil ihrer Lieder Geschichten des Leides waren, und mir fielen die Worte einer Freundin ein, die gesagt hatte: »Die Russen leiden gern, und dieses Gefühl läßt sie einander näherkommen.«

Viele ihrer Lieder hatte Janna in Dörfern entdeckt, und wenn unsere Reiseroute uns in die Nähe von Orten führte, die sie und ihr Mann vorher schon einmal besucht hatten, bat sie uns anzuhalten. Wenn wir unser Lager dann aufgebaut hatten, wanderten wir – meistens barfuß – die paar Kilometer in Richtung der Holzdächer und Schornsteine, aus denen Rauch aufstieg.

Lange bevor wir das Dorf erreicht hatten, waren die Bewohner durch bellende Hunde auf uns aufmerksam geworden, aber sie taten so, als sähen sie uns nicht. Wenn wir dann die Dorfstraße entlanggingen, die im allgemeinen nicht mehr als ein Feldweg war, nahmen uns nur die flüchtenden Hühner, Gänse, Enten und die Dorfsäufer zur Kenntnis. Die anderen Menschen versteckten sich hinter halbgeöffneten Türen oder Vorhängen, die sich manchmal bewegten, wenn sie uns nachschauten. Wir waren Fremde, und man konnte uns nicht trauen. Wir könnten etwas stehlen oder sonst Schwierigkeiten machen.

Andere Dorfbewohner blieben draußen und fuhren mit ihrer Arbeit fort – dem Zusammenrechen von Heu oder dem Wasserholen aus dem Dorfbrunnen –, als wenn wir nicht da wären. Jannas freundlicher Gruß wurde von vier kräftig gebauten und warm eingewickelten alten Frauen mit Schweigen beantwortet.

Als wir an dem Dorfladen vorbeikamen, gingen wir hinein, um zu sehen, was es dort zu kaufen gäbe. In einsamen Dörfern wie diesem mit nicht mehr als fünfzig älteren Einwohnern hatte Janna manchmal Haushaltsgegenstände und -geräte gefunden, die es in Moskau nicht gab.

Das Angebot in dem Laden war sehr begrenzt. Wodka- und Cognacflaschen nahmen mindestens ein Viertel der Verkaufsfläche ein. Daneben gab es noch ein paar Konserven mit Fisch zum Beispiel und Gläser mit Obst und Gemüse. Außerdem waren Zucker, Mehl und andere Getreideprodukte vorrätig, aber wir sahen kein Brot. Da unsere Vorräte zu Ende gingen, fragten wir danach, aber der Verkäufer sagte uns, daß es nur einmal in der Woche Brot gäbe und daß jede Familie nur zwei Laibe pro Angehörigen bekäme. Die Bauern hatten in den vorangegangenen Jahren Brot an Vieh verfüttert, weil es billig war. Die neuen Vorschriften und Zuteilungen sollten verhindern, daß sie das auch in Zukunft täten.

Mit ein paar Keksen in der Hand verließen wir den Laden und gingen auf der Dorfstraße weiter. Ich sah zum erstenmal jemanden unter sechzig. Vor einem Haus spielten zwei blonde, blauäugige Kinder mit kleinen Katzen. Der Anblick der beiden ließ die trostlose Umgebung, die bis dahin von alten Frauen und ihren betrunkenen Männern beherrscht worden war, plötzlich freundlicher aussehen.

Janna schien zu wissen, wo sie war, als sie an die Tür eines Hauses klopfte, jedoch lange warten mußte, bis sich schließlich langsam ein Spalt öffnete. Zusammengekniffene Augen sahen uns aus einem unbeweglichen Gesicht abschätzend an. Wir trugen lange Röcke, hauptsächlich wegen der Mücken, und unser Aussehen schien der alten Frau Angst einzuflößen. Bevor Janna etwas sagen konnte, schloß sie die Tür, und wir hörten sie nur noch sagen: »Zigeuner.«

Wir wollten Gemüse und frische Milch kaufen, aber die Antwort, die wir bekamen, war in jedem Haus die gleiche: »Wir haben selbst nicht genug.«

Unser letzter Versuch führte uns zu einem Haus, wo Hühner im Hof umhertrippelten und eine Kuh graste. Janna erkannte die Babuschka, die dort arbeitete. Sie ging auf sie zu und sagte mit zärtlicher Stimme: »Liebe Babuschka, erkennen Sie mich nicht mehr? Vor ein paar Jahren haben Sie mir Lieder beigebracht, die Sie als Kind und als junges Mädchen gesungen haben.«

Janna begann, eines dieser Lieder zu singen, und aus den ersten Anzeichen eines Wiedererkennens wurde bei der Babuschka ein strahlendes Lächeln, wobei die alte Frau mit ihrem müden, abgekämpften Gesicht nickte. Janna fragte sie, wie ihre Gesundheit sei, und die Babuschka verlor ihre Schüchternheit. Sie erzählte von den vergangenen Jahren und von dem, was sie hatte durchmachen müssen. Um ihre Gesundheit stand es schlecht, und ihr Mann konnte nicht mehr arbeiten. Ihr Sohn hatte das Elternhaus verlassen, um sich Arbeit in der Stadt zu suchen, und nun mußte sie alles allein machen. Die Tränen liefen ihr übers Gesicht, als sie weitererzählte, was alles passiert war, und in Jannas Gesicht zeigte sich tiefes Mitgefühl. Vielleicht dachte sie an ihre eigene schwere Vergangenheit.

Während die Babuschka von ihren Sorgen und Nöten berichtete, unterbrach Janna sie nur, um ihre Hand zu streicheln oder ein paar beruhigende, tröstende Worte zu sagen. Nachdem sie der mitfühlenden Janna ihr Herz ausgeschüttet hatte, schien sich die alte Frau erleichtert zu fühlen. Janna erinnerte sie daran, daß sie vor ein paar Jahren den letzten Vers eines Liedes nicht mehr gewußt hätte, den sie ihr beigebracht hatte. Als Janna begann, das Lied zu singen, stimmte die Babuschka ein. Als die beiden zum Ende des Liedes kamen, fiel ihr plötzlich der fehlende Vers ein. Während des Singens lächelte sie, und ihr Gesicht wurde wieder jung. Vielleicht erinnerte sie sich an die Zeit, als ihr Leben noch glücklicher und unbeschwerter war.

Dann fragte die Babuschka, warum Janna so dünn sei. Als Janna ihr darauf erwiderte, daß ihr Magen ihr Probleme bereite, verschwand die alte Frau im Haus und kam nach wenigen Minuten mit vollen Händen wieder. Sie gab uns Eier, frische Milch, Quark und selbstgezogenes Gemüse – all die Dinge, die man uns im Dorf nicht hatte verkaufen wollen. Sie wollte uns die Sachen schenken, aber Janna bestand darauf, zu bezahlen. Als wir gehen wollten, zog die Babuschka eine einfache Metallikone aus der Tasche und gab sie Janna. Sie sollte Gesundheit und Glück bringen. Als wir die Dorfstraße zurückgingen, drückte Janna mir die Ikone in die Hand und sagte: »Du mußt sie immer bei dir tragen.«

Ich habe sie bis heute immer in meiner Handtasche dabei.

11. Kapitel

Eine Oase der Ruhe

Nach den Kajakreisen hatte ich den Wunsch, mehr Zeit mit meinen russischen Freunden in ländlicher Umgebung zu verbringen; denn da waren sie entspannter und vergaßen die zahlreichen Unzulänglichkeiten des Alltagslebens leichter. Es gab keine Schlangen, und auch das äußere Erscheinungsbild, materieller Besitz und »Blat« spielten dort keine Rolle mehr. In der freien Natur fühlten sie sich sicher und frei, konnten sie selbst sein und ohne Hintergedanken oder Mißtrauen reden.

An einem Winterabend ergab sich unerwartet die Möglichkeit, Freunde aufs Land zu begleiten. Wir waren bei Rita und Kolja, und als es gegen Mitternacht nach dem Ende des Fernsehprogramms zu schneien begann, hatten weder Tanja noch ich große Lust, schon nach Hause zu fahren. Unsere Männer waren nicht da, und außerdem war Freitag, so daß wir das ganze Wochenende noch vor uns hatten.

Wir hatten uns das abendliche Fernsehprogramm angesehen – die übliche russische Art der Entspannung –, und ich schlug vor, einen Spaziergang zu machen, um Ritas verräucherter Küche zu entkommen.

»Aber wohin sollen wir gehen?« fragte Tanja.

Da erinnerte Kolja sich an einen Freund aus seinem Büro. Der hatte ihn eingeladen, doch einmal bei seiner Datscha vorbeizuschauen, wenn er am Wochenende Zeit hätte. Tanja und Rita waren schon einmal dort gewesen und hatten mir voller Begeisterung von der wundervollen Lage und der schönen Umgebung erzählt. Die Datscha lag etwa fünfundzwanzig Kilometer außerhalb Moskaus, umgeben von Wäldern.

»Warum fahren wir nicht einfach raus und überraschen sie?« schlug Kolja vor. Ich meinte, daß die anderen ohne mich fahren sollten, denn da ich Schenja, Koljas Freund, nicht kannte, wußte ich nicht, was er davon halten würde, eine Ausländerin zu Gast zu haben. Die drei versicherten mir, daß das überhaupt kein Problem wäre, weil er bei ihrem letzten Besuch auch einen Ausländer in seiner Datscha zu Gast gehabt hätte. Außerdem sagten sie, daß sie auf keinen Fall ohne mich fahren würden.

Also drängelten wir vier uns in Koljas Auto und machten uns auf die einstündige Autofahrt, die weniger erholsam als vielmehr abenteuerlich werden sollte. Jedes Jahr, wenn der Winter zu Ende geht, sind die Straßen in Moskau in einem gefährlichen Zustand. Eigentlich sollten sie jedes Jahr ausgebessert werden, aber das kommt selten vor. Unmarkierte Schlaglöcher sind eine ständige Gefahr, und auf den unbeleuchteten, kurvenreichen Straßen muß man mehr kriechen als fahren.

Einige Male konnten wir nur im letzten Moment verhindern, daß wir Gruppen schwankender oder hingefallener Dorfbewohner überfuhren, die als Anhalter mitgenommen werden wollten. Sie waren am Freitag nach Moskau gekommen, um zu feiern, und das bedeutete nach alter russischer Tradition, daß sie nicht gingen, bevor alle Flaschen auf dem Tisch leer waren.

Sonst ereignete sich nichts Bemerkenswertes auf unserer Fahrt, bis wir von der Schnellstraße abbiegen mußten, um in das Dorf zu kommen, in dem Schenja lebte. An der Kreuzung stürzte ein Polizist aus einem Häuschen, die in der Sowjetunion als Kontrollpunkte an den Hauptstraßen stehen, und machte ein Zeichen, daß wir halten sollten. Er erschien unerwartet und ohne erkennbaren Grund, so daß ich glaubte, seine Anwesenheit müsse irgend etwas mit mir zu tun haben. Aber nach wenigen Minuten zeigte sich, daß meine Befürchtungen grundlos waren.

Es war eine Routinekontrolle, und er wollte nur Koljas Führerschein und die Wagenpapiere sehen. An den Wochenenden halten die GAI-Polizisten Ausschau nach betrunkenen Autofahrern und gestohlenen Wagen. Ich atmete erleichtert auf, als unser Polizist feststellte, daß alles in Ordnung war, und uns eine gute Weiterfahrt wünschte.

Die Landstraße war schwieriger zu fahren als die Hauptstraße. Die Temperaturen außerhalb Moskaus waren viel niedriger, und unter dem Schnee, der die Straße bedeckte, war eine Eisschicht. Wir waren so weit gefahren, um einen Spaziergang in der freien Natur zu machen, aber die Dunkelheit und die schneebeladenen Bäume schienen nun eher feindselig als einladend zu sein.

Schließlich hielten wir vor einem Eisentor an, und als Kolja den Motor abschaltete, entspannte ich mich zum erstenmal, seit wir die Stadt verlassen hatten. Da wir keine offene Eingangstür zu dem Grundstück fanden, das von einem hohen Holzzaun umgeben war, klopften wir an das Tor. Dann entdeckten wir jedoch eine Klingel neben der hölzernen Pforte, und wenig später hörten wir die Schritte des durch den Schnee stapfenden Eigentümers.

Als er die bekannten Gesichter seiner Freunde sah, lachte er erfreut. Er schloß das massive, knarrende Eingangstor auf, und wir fuhren hinein. Von der Einfahrt bis zum Haus waren es mindestens dreißig Meter. Das ganze Haus war erleuchtet, als wenn Gäste erwartet würden.

Unsere unerwartete Ankunft nachts um zwei erforderte keine Erklärung oder Entschuldigung.

»Freunde sind uns jederzeit willkommen«, sagte Natascha, Schenjas Frau, als sie uns umarmte. Die formelle Vorstellung verschoben wir auf später. Uns war kalt, und Natascha sagte, daß wir schnell hereinkommen sollten, wo das Feuer uns schon rösten würde.

Wir stapften durch die geschlossene Veranda, in der es so kalt wie in einem Kühlschrank war. Überall bis in den kleinsten Winkel standen Lebensmittel und Kochtöpfe. In der Eingangshalle zogen wir unsere mit Schnee bedeckten Stiefel und unsere Mäntel aus und schlüpften in Hausschuhe, die für Gäste bestimmt waren. Dann öffneten wir die gepolsterte, isolierte Zimmertür und gesellten uns in dem warmen, gemütlichen Wohnzimmer, das durch ein Feuer im Kamin beleuchtet wurde, zu unseren Gastgebern. Als wir uns am Feuer zusammenkuschelten, hörte ich Nat King Cole im Hintergrund singen und fühlte mich wie zu Hause.

Da sie sah, daß wir nach unserer Fahrt durchgefroren waren, und annahm, daß wir hungrig seien, ging Natascha nach nebenan in die Küche und fing an, Gläser, Teller und all das, was sie im Kühlschrank finden konnte, hereinzutragen, während ich gebannt die tanzenden Schatten der Geweihe betrachtete, die an den Wänden hingen.

Von anderen Gelegenheiten wußte ich, daß die Hausfrauen erst dann zufrieden sind, wenn der Tisch voll ist, und so war es auch hier. Denn Natascha bat Schenja, in den Keller zu steigen, um noch mehr zu essen zu holen. Der Kellereingang war jedoch im Wohnzimmer unter der Schlafcouch, auf der einige von uns saßen. So schoben die beiden Männer sie zur Seite, nachdem wir aufgestanden waren, damit unser Gastgeber die in den Fußboden eingelassene Tür hochheben und in die Kammer im Untergrund hinabsteigen konnte.

Als er meine neugierigen Blicke sah, forderte er mich auf, mit in den Keller zu kommen. Ich stieg die sieben Stufen hinab und mußte unten meinen Kopf einziehen. Die Decke in dem gemauerten Raum war zu niedrig für mich, während Schenja und Natascha noch genügend Kopffreiheit hatten. In den winzigen, mit Vorräten vollgepackten Raum paßten nicht mehr als zwei Personen zur gleichen Zeit. Auf dem Fußboden und in den Regalen standen ordentlich aufgereiht und gestapelt gekaufte Konserven, Eingemachtes und Flaschen in allen Größen und Formen, während in einer Ecke Zwiebeln, Kohlköpfe und ein riesiger Sack mit Kartoffeln lagen.

Schenja zeigte auf eine Reihe nicht etikettierter Wein- und Wodkaflaschen und fragte mich, ob ich schon mal selbstgemachten Wodka probiert hätte. Ich schüttelte den Kopf, worauf er mir eine Flasche in die Hand drückte, die ich mit hinaufnehmen sollte. Mit den Spezialitäten des Hauses bepackt, tauchten wir aus dem Keller wieder auf.

Nachdem wir den Rotwein und den Wodka probiert hatten, beschlossen alle, beim Wodka zu bleiben. Als ich in die Sowjetunion gekommen war, hatte ich Tee allen anderen Getränken vorgezogen, bis mir die Russen, und Tanja war die erste gewesen, das Wodkatrinken beibrachten. Durch Training hatte ich Geschmack an diesem Getränk gefunden, aber meine Erfahrungen hatten mich auch gelehrt, Wodka nie zusammen mit Wein, Champagner oder irgendwelchen süßen Alkoholika zu trinken, wenn ich nicht am nächsten Morgen mit einem Kater aufwachen wollte.

Ich hatte gelernt, daß man zum Trinken eine gute Basis braucht, und so probierte ich Nataschas Spezialitäten, zu denen eingelegte Knoblauchzehen und Gurken gehörten. Mit Käse, Brot, Wurst und gesalzenem Fisch verschaffte ich mir die nötige Grundlage für die zahlreichen Toasts, die ausgebracht wurden. Während die beiden Männer, wie es die russische Tradition verlangt, jedesmal ihr Glas leerten, tranken wir Frauen langsamer. Die Trinksprüche nahmen kein Ende, aber nur der dritte blieb mir in Erinnerung.

»Dieser Toast ist immer unseren Eltern gewidmet«, sagte Natascha. Im gleichen Maß, wie die Nacht dem Tag wich, verdunkelte sich meine Erinnerung. Frank Sinatra hatte Nat King Cole abgelöst. Alle wollten das Rezept für die eingelegten Sachen haben, die weitaus besser schmeckten als all das, was wir bis dahin auf dem Markt gekauft hatten. Gegen vier Uhr früh schlug Kolja vor, Schaschlik zu machen. Also legte Schenja Holz nach, weil das Feuer sehr heiß sein mußte, um die Poren des Fleisches zu schließen.

Das letzte, was mir von jenem Morgen in Erinnerung geblieben ist, war eine Bemerkung Nataschas. Sie meinte, wieviel netter es doch sei, mit Freunden zu Hause beisammen zu sein, die man kenne und denen man vertrauen könne, als sich in einem Restaurant zu treffen. »Zu Hause kann die Seele ruhen und sich öffnen«, sagte sie.

Dann begann Tanja, Gedichte Puschkins, eines der beliebtesten russischen Dichter, zu sprechen, und die anderen fielen ein.

Während die anderen weiter Gedichte rezitierten, fielen mir die Augen zu, wie sie mir später erzählten, und Natascha brachte mich ins Schlafzimmer, das gleich neben dem Wohnzimmer lag. Die anderen feierten weiter, und ich bemerkte gar nicht, wie warm und gemütlich mich Natascha im Bett eingepackt hatte, bis ich ein paar Stunden später plötzlich aufwachte und mich fragte, wo ich war.

Auf der Fensterbank sah ich einen riesigen Hundekopf, aus dem mich untertassengroße Samtaugen anstarrten, und ich hörte ein Winseln, das mich offenbar wecken sollte. Der Kopf gehörte Sascha, dem Hund unserer Gastgeber, der normalerweise draußen blieb. Aber nachdem er ein offenes Fenster entdeckt hatte, stand er jetzt dort auf seinen Hinterläufen und suchte Gesellschaft. Zuerst dachte ich, er sei ein Bernhardiner, aber Schenja erklärte mir später, das Sascha eine aus Collie, Bernhardiner und Schäferhund neugezüchtete Hunderasse sei.

Ich sah den Hund nachdenklich an und versuchte, den späteren Teil des vergangenen Abends zu rekonstruieren und herauszufinden, wie ich in diesem gemütlichen, warmen Bett gelandet war und wer mich mit der warmen, weichen, roten

Decke zugedeckt hatte, während frische, kalte Luft durch das Fenster ins Zimmer drang. Unsere Gastgeberin hatte sogar ein Glas Wasser ans Bett gestellt, damit ich meinen Nachtdurst löschen konnte.

Nach und nach hörte ich auch die Geräusche, die aus dem Dorf herüberklangen. Hähne krähten, ein Zug fuhr vorbei, Hunde bellten. Ich erhob mich und war überrascht, daß ich keine Nachwirkungen von der langen Nacht des Trinkens verspürte. Mein Kopf war klar, wenn auch etwas leicht, aber ich hatte keine Kopfschmerzen, und mir war weder schwindlig noch schlecht. Ich erinnerte mich, daß Schenja mir versichert hatte, daß sein Wodka rein sei und ich keinen Kater davon bekommen würde. Aber es war das erste Mal, daß ich mich nach einer solchen Nacht so wohl fühlte.

Als ich aus dem Fenster schaute, war ich überrascht, wie hoch der Schnee lag. Ich war beeindruckt von der Schönheit der von der Morgensonne beschienenen Umgebung. Die Birken und Kiefern auf dem Grundstück gaben mir das Gefühl, im Wald zu sein. Es war Zeit für meinen lange überfälligen Spaziergang, den wir für den Abend vorher geplant hatten.

Die Tür des Schlafzimmers führte in das Wohnzimmer, in dem es nach Schaschlik, Zigaretten und glühendem Holz roch. Natascha hatte den größten Teil der schmutzigen Teller und Gläser abgeräumt, um Platz für die unerwarteten Schlafgäste zu schaffen – für Rita, Kolja und Tanja, die friedlich schlummernd auf dem Sofa und dem Fußboden lagen. Ich schlich auf Zehenspitzen an ihnen vorbei und packte mich warm in geliehene Kleidungsstücke ein, denn draußen lagen die Temperaturen unter zehn Grad.

Der Hund freute sich, daß er Gesellschaft hatte, und führte mich herum. Ungefähr fünfzehn Meter vom Haus entfernt stand ein Schuppen, in dem das Holz, das Schenja gehackt hatte, sorgfältig gestapelt war. Ein Stückchen weiter war Saschas Hütte, in der er manchmal schlief. Der Schnee lag so hoch, daß die beiden Wasserhähne, von denen man früher das Wasser hatte holen müssen, fast zugedeckt waren. Dahinter stand ein hölzernes Klohäuschen, das aber nicht mehr benutzt wurde.

Im Gegensatz zu anderen Datschas, in denen ich gewesen war, war diese mehr modern; sie hatte eine Toilette im Haus, fließend warmes und kaltes Wasser sowie Heizung. Außerdem stand sie auf einem ungewöhnlich großen Grundstück. Da ich wußte, wie schwierig und teuer es war, an etwas so Luxuriöses zu kommen, nahm ich an, daß unsere Gastgeber über viel »Blat« verfügen mußten.

Sascha lief neben mir her zu einem kleinen Teich, den Schenja ausgehoben und in dem er Karpfen ausgesetzt hatte, wie er mir später erzählte. Aber die waren jetzt im Winter natürlich nicht zu sehen. Neben dem Küchenfenster standen Bäumchen, die erst vor kurzem gepflanzt worden waren und versuchten, ihre dünnen Ästchen aus dem Schnee zu strecken.

Plötzlich wurde ein Fenster geöffnet, und Natascha wünschte mir laut und fröhlich einen »guten Morgen«. Die Lautstärke ihres Morgengrußes zeigte mir, daß auch die anderen wach waren, und ich ging ins Haus zurück, um beim Abwaschen und beim Zubereiten des Frühstücks zu helfen.

Erst als ich neben Natascha stand, merkte ich, wie klein und rund sie war, aber das beeinträchtigte ihre Beweglichkeit nicht im geringsten. Sie flitzte in der Küche hin und her, und zwar mit einer Grazie, die man eher von einer ausgebildeten Tänzerin erwartet hätte. Gleichzeitig redete sie wie ein Wasserfall und lachte oft, so daß ihre rosigen Wangen ständig in Bewegung waren. Sie hatte ein sympathisches Gesicht, aber ihr pechschwarzes Haar mit den kurz eingedrehten Locken und dem Pony paßten nicht zu ihrem Alter. Ich schätzte sie auf etwa fünfzig.

Es war inzwischen kurz nach Mittag, und da unsere Gastgeber auf unsere Invasion nicht vorbereitet gewesen waren, erboten wir uns, ins Dorf zu fahren, um Brot und andere Dinge einzukaufen. Da er den Weg kannte, beschloß Schenja, den Wagen zu fahren, und drängte uns zur Eile, weil die Geschäfte mittags von eins bis zwei geschlossen wären. Bevor ich aus der Tür rannte, gab Natascha mir vorsichtshalber ihre gefütterte Winterjacke statt meines Pezmantels, mit dem ich nur aufgefallen wäre.

Wir verloren viel Zeit und schließlich auch die Geduld, als wir endlos lange an einem geschlossenen Bahnübergang warten mußten. Weder Schenjas Hupen noch der Lärm anderer Wagen brachten den Bahnwärter dazu, die Schranken zu öffnen, obwohl der letzte Zug längst nicht mehr zu sehen war.

Als wir schließlich im Dorf ankamen – normalerweise dauerte die Fahrt dorthin nicht länger als fünf Minuten, wenn die Bahnschranken nicht geschlossen waren –, fuhren wir an Einheimischen vorbei, die kein Auto hatten und noch weit längere Wege zu Fuß zurücklegten. Die Frauen hatten ihre Feiertagskleider an und sahen ebenso adrett aus wie die Moskauerinnen, wenn auch nicht so modisch.

Wir begegneten Anglern mit Rucksäcken auf dem Rücken und mit Handbohrern, mit denen sie Löcher in das Eis bohrten. Das regte Kolja und Schenja dazu an, sich über das Angeln zu unterhalten und Pläne für einen Angelausflug im Frühjahr zu machen. Sie wurden sich nicht einig darüber, welcher Fisch am besten schmeckte, aber sie versicherten uns voller Zuversicht, daß wir uns in ein paar Monaten auf ein Fisch-Barbecue freuen könnten.

Als wir unser Brot gekauft hatten, machten wir uns auf die Suche nach frischen Milchprodukten. Während es in den Moskauer Geschäften Fleisch, Butter, Wurst, Käse und zahlreiche andere Lebensmittel gibt, die man in den Dorfläden nicht bekommt, erhält man die frischeste Milch, Quark und dicken Sauerrahm entweder auf dem Markt oder bei den Bauern auf dem Land.

Die Regale in dem Laden, in dem wir nach frischer Milch fragten, waren hauptsächlich mit Konserven und Wodka gefüllt. Milch war schon ausverkauft, und deshalb riet uns eine der Kundinnen, zu den Bauern zu gehen, wobei sie in eine unbestimmbare Richtung zeigte, in der wir mit unserer Suche beginnen könnten.

Als wir an einem Haus mit angebauter Scheune vorbeikamen, ging Schenja hinein, um nach Milch zu fragen. Wenig später kam er zu unserer Freude mit einem vollen Behälter zurück, aber er sagte bedauernd, daß der Bauer leider keinen Sauerrahm und keinen Quark mehr gehabt hätte.

Wir konnten nicht abwarten, bis wir nach Hause kamen, und so ging der Kanister schon während der Fahrt von Mund zu Mund. Die lauwarme Milch schmeckte köstlich, und es störte niemanden, daß sie sich auch über unsere Kleider, unsere Gesichter und ins Wageninnere ergoß.

Nachdem wir unsere Einkäufe erledigt hatten, war es Zeit, nach einer Telefonzelle Ausschau zu halten, um in Moskau Bescheid zu sagen, wo wir waren. Das war jedoch schwieriger als unsere Suche nach Milch.

In Moskau ist es normal, daß viele Telefonzellen außer Betrieb sind. Aber da es dort in fast jeder Straße und an fast jeder Straßenecke eine Zelle gibt, findet man schließlich immer ein funktionierendes Telefon. Aber in einem Dorf, in dem es keine privaten Telefone gibt und die Menschen auf die öffentlichen Fernsprechzellen angewiesen sind, ist es ein weitaus größeres Problem, wenn der einzige öffentliche Apparat nicht funktioniert. Das mußten auch wir feststellen.

Ein unrasierter, schielender alter Mann, der sah, daß wir Schwierigkeiten hatten, kam zu uns herüber, um uns zu helfen. Er wollte in ein anderes Dorf mitgenommen werden, das nicht an unserem Weg lag, aber dort sollte es eine Telefonzelle geben. Da wir keinen anderen Ausweg sahen, luden wir ihn ein mitzufahren, und obwohl wir einen Umweg von dreißig Minuten machen mußten, lohnte es sich. Das Telefon war in Ordnung.

Als wir zur Datscha zurückkamen, war der Tisch schon gedeckt, aber der einzige Gegenstand, der meine Aufmerksamkeit erregte, war eine Wodkaflasche.

»Das ist bei einem Kater die beste Medizin«, erklärte mir Schenja, aber keiner von uns brauchte Medizin, und wir gratulierten unserem Gastgeber zur Reinheit seines Selbstgebrannten.

Während unserer gemeinsamen Autofahrt fühlte ich mich noch mehr zu Schenja hingezogen, dessen ruhige, zurückhaltende Art das vollkommene Gegengewicht zu der Lebhaftigkeit seiner Frau bildete. Er hatte ein freundliches, jugendliches Gesicht, an dem zwei Leberflecken und die warmen braunen Augen das Bemerkenswerteste waren.

Es war schon nach zwei Uhr, als wir schließlich zu unseren Frühstück kamen, und obwohl der Küchentisch eigentlich für vier Personen gedacht war, paßten wir auch zu sechst hin. Mit angelegten Ellbogen eng beieinander sitzend, bedienten wir uns des reichen Angebots. Als Schenja nach der fetten, würzigen Wurst griff, ermahnte Natascha ihn wahrscheinlich zum hundertstenmal, wegen seines Magengeschwürs nichts davon zu essen. Er überhörte die mütterliche Mahnung und sagte wie ein unartiges Kind, daß ihm die Wurst zum Frühstück eben schmecke, und kaute weiter.

Als ich nach dem Käse griff, fiel jemandem ein Löffel herunter, und Natascha sagte sofort: »Eine Frau wird kommen.«

Daraufhin meinten die Männer scherzend: »Wir brauchen keine mehr. Der Tisch ist schon voll davon.«

Wie so viele Russinnen und Russen, die ich kannte, war auch Natascha abergläubisch. Man hatte mir schon vorher einmal gesagt, daß ein Mann kommen würde, wenn ein Messer herunterfiele, denn das Wort Messer ist im Russischen männlichen Geschlechts, während Gabel und Löffel weiblich sind.

Viele der abergläubischen Vorstellungen meiner russischen Freunde sind genau die gleichen wie bei uns im Westen, aber manche sind anders. Statt unseres Freitags ist dort Montag der dreizehnte ein Unglückstag. Während die Amerikaner sagen »Klopf auf Holz« und die Deutschen »toi, toi, toi«, drehen die Russen den Kopf zu ihrer linken Schulter und sagen »twui, twui, twui«.

»Das ist wegen der beiden Engel«, erklärte Natascha. »Der gute lebt auf der rechten, der böse aber auf der linken Seite. Damit der böse Engel nicht die Kraft hat, das Glück eines Menschen zu zerstören, muß man so tun, als wollte man ihn bespucken, und dabei dann ›twui, twui, twui‹ sagen.«

Natascha ging hinaus, um den Samowar zu holen. Wir hatten uns in Moskau einen elektrischen gekauft, aber bei der traditionellen Teezubereitung verwendet man einen mit Holzkohle befeuerten Samowar. Solche Samoware werden nur noch bei besonderen Gelegenheiten benutzt, weil sie mehr Arbeit machen und mehr Zeit brauchen. Die brennende Holzkohle bringt das Wasser, das man zur Zubereitung des Tees nimmt, zum Kochen.

Während ich beim Teekochen in eine mit Teeblättern gefüllte Kanne eine größere Menge sprudelnden Wassers gieße, haben die Russen eine andere Methode der Teezubereitung. Sie füllen eine größere Menge Teeblätter in eine kleine Kanne und fügen nur sehr wenig Wasser hinzu. So entsteht das, was sie Tee-Extrakt nennen. Dann gießt jeder so viel von diesem Extrakt und vom Wasser in seine Tasse, wie es ihm am besten schmeckt.

Statt nun einen Kessel mit kochendem Wasser auf den Tisch zu stellen, wie ich es in den russischen Küchen bis dahin kennengelernt hatte, machte Natascha auf dem Tisch Platz für den drei Liter fassenden dickbäuchigen Samowar. Nachdem sie die winzige Teekanne mit dem Extrakt oben auf den Samowar gestellt hatte, wo er warm blieb, forderte sie uns auf, uns selbst zu bedienen – zuerst mit dem Konzentrat und dann mit dem kochenden Wasser, das aus dem Hahn des Samowars tröpfelte.

Da ich eine passionierte Teetrinkerin bin, merkte ich gleich, daß dieser Tee besser schmeckte als die meisten anderen Sorten, die ich bis dahin getrunken hatte. Ich fragte nach dem Geheimnis. Natascha behauptete, daß das Wasser in einem Samowar höhere Temperaturen erreichte und daß dadurch der Geschmack des Tees günstig beeinflußt würde. Außerdem sei ihre Mischung nicht von der üblen Sorte, fügte sie hinzu. Sie hätte Beerenblätter im Garten gesammelt und sie unter die verschiedenen Teesorten gemischt. Das schien mir eher der Grund für das wunderbare Aroma zu sein.

Während ich mich entspannt zurücklehnte, die Teetasse in der Hand, bewunderte ich, wie gemütlich Natascha diesen Lieblingsraum jeder russischen Wohnung eingerichtet hatte. An den Wänden hing Dekoratives neben Praktischem; Knoblauch, Zwiebeln, rote Chili und getrocknete Pilze neben einem mit bunten Figuren bemalten Hackbrett und einer Reproduktion eines Bildes von Breughel, das eine Kneipenszene zeigte.

Als ich die getäfelten Wände bewunderte, erzählte Schenja mir die Geschichte des Hauses, das er vor drei Jahren gekauft hatte. Zu jener Zeit war es unbewohnbar gewesen. Da er gern mit den Händen arbeitete, restaurierte und renovierte er das ganze Haus, wobei er nur das Fundament und die Außenmauern stehen ließ. Er veränderte auch die Innenaufteilung, so daß es jetzt im Erdgeschoß ein Wohnzimmer, zwei Schlafzimmer, eine Küche, die Veranda und die Toilette gab. Er hatte ein weiteres Stockwerk mit drei Räumen auf die Datscha gesetzt, das aber noch nicht bewohnbar war, solange er keine Heizung installierte, denn die Temperaturen in diesen Räumen lagen im Winter unter dem Gefrierpunkt.

Das Herrichten des Hauses hatte ein ganze Jahr harter Arbeit an den Wochenenden, den Feiertagen und während des Urlaubs gekostet. Aber die größte Schwierigkeit war die Beschaffung des Baumaterials gewesen. »Gott sei Dank habe ich gute Freunde, die mir geholfen haben, aber auch die örtlichen Behörden haben das ihre dazu beigetragen.«

Da unterbrach ihn die offenherzige Natascha und sagte: »Schenja ist immer viel zu schüchtern, um jemanden um Hilfe zu bitten, und so nehme ich das im allgemeinen in die Hand. Wir haben ein System der gegenseitigen Dankbarkeit in diesem Land, und dadurch konnten wir dieses Haus bauen.«

Später lüftete Kolja den Schleier des Geheimnisses um Natascha und Schenja, die, wie er mir sagte, beide aus einflußreichen Familien stammten. Das erklärte, warum sie soviel mehr Möglichkeiten hatten als beispielsweise ein Arbeiter, der zwar manchmal eine einfache Datscha hat, aber nicht solchen Komfort.

Während wir uns unterhielten, stellte Kolja das Radio an, das auf der Fensterbank stand, und fragte:

»Warum hören wir uns nicht die ›Stimmen‹ an? Vielleicht empfangen wir sie hier besser als in Moskau.«

Jeder wußte, was er meinte; die »Stimmen« waren die in russischer Sprache gesendeten Programme der BBC, der Stimme Amerikas, der Deutschen Welle und von Radio Freies Europa.

Als eine gut zu verstehende Sendung einer der »Stimmen« zu Ende war, nutzte Kolja die Gelegenheit, über Politik zu sprechen. Er hoffte wohl, daß ich darauf eingehen würde. Er hatte mich in der Vergangenheit in hitzige politische Diskussionen über unsere Systeme verwickelt, ihre Theorie und Praxis, und über die Lebensbedingungen in unseren Ländern. Ich schwor mir, diesmal ruhig zu bleiben.

Kolja begann: »Mein Vater war Mitglied der Kommunistischen Partei, und die ganzen Jahre hatten wir ernste politische Meinungsverschiedenheiten, denn ich glaube den ›Stimmen‹ und er an das, was Radio Moskau sagt. Er hat mir oft gesagt: ›Ich weiß, daß beide Propaganda machen, aber was du nicht verstehst, ist, daß ich die reine Propaganda durchaus erkenne und die Tatsachen heraushöre, während du alles glaubst, was du hörst.‹«

Rita fügte hinzu. »Die Tatsachen erfährst du schneller von der Stimme Amerikas als von Radio Moskau. Was du heute in den Sendungen der ›Stimmen‹ hörst, darüber berichten die sowjetischen Zeitungen erst mehrere Tage später oder gar nicht. Durch diese Sendungen erfahren wir mehr über unser Land. Das ist der Grund, warum so viele Menschen bei uns sie hören.

Wußtest du, daß die ›Stimmen‹ uns über den Tod Breschnews früher informiert haben, als er hier offiziell bekanntgegeben wurde?«

»Ich habe in der letzten Zeit festgestellt«, ergänzte Tanja, »daß unsere Presse auf die sogenannten ›Stimmen unserer Feinde‹ reagiert. In einer der Zeitungen, die ich gelesen habe, hieß es: ›Und wieder einmal verbreitet die Stimme Amerikas Lügen über die Sowjetunion‹, und in dem Artikel war dann die angebliche Wahrheit zu lesen. Unsere Regierung weiß, daß die meisten Leute diese Programme und Sendungen hören, und deswegen versuchen sie, sie zu stören.«

Natascha fügte hinzu: »Die einfachen Leute glauben das, was sie in der Zeitung lesen und im Fernsehen sehen, und es gibt sogar manche, die glauben, daß das Leben in Amerika schlechter ist als hier. Unsere Propaganda konzentriert sich auf eure Schwierigkeiten, nicht auf eure Stärken. Wir wissen das, aber wir haben gleichzeitig Zugang zu mehr Informationen als den offiziellen in der Presse, und wir können uns deshalb eine eigene Meinung bilden.«

Bis dahin hatte ich schweigend zugehört, aber jetzt beschloß ich, von den Erfahrungen zu erzählen, die ich in den letzten Wochen gemacht hatte.

Ich hatte für einige Zeit kein Auto gehabt, und aus Spendierlaune heraus war ich in Taxis und jedem anderen Auto gefahren, dessen Fahrer bereit gewesen war, mich mitzunehmen. Da es manchmal schwierig ist, ein Taxi zu bekommen, weil es nicht genug gibt, verdienen sich die Fahrer von Privatwagen, Regierungsfahrzeugen und Lieferwagen während und nach ihrer Arbeitszeit etwas dazu, indem sie Leute wie mich mitnehmen. Wenn ich eingestiegen war und gesagt hatte, wo ich hinwollte hatten mich die Fahrer jedesmal genau angeschaut und gefragt wo ich herkäme. Ich hatte diese Frage so oft gehört, daß ich mit ihnen jedesmal ein Ratespiel machte.

Mein weißes, feingestricktes Kopftuch, das ich von Rita bekommen hatte, ließ einen Fabrikarbeiter vermuten, daß ich eine ungarische Zigeunerin wäre. Selbst als ich ihm sagte, daß ich aus Amerika käme, glaubte er mir nicht.

»Welcher Nationalität sind Sie?«

Als ich meine Antwort wiederholte, wurde er ungeduldig.

»Hören Sie, ich bin sowjetischer Staatsbürger, aber mein

Nationalität ist russisch. Sie müssen doch auch eine Nationalität haben. Wo sind denn Ihre Eltern geboren?«

Ein anderer Fahrer vermutete, daß ich aus der Republik Moldau stammte, die an der Grenze zu Rumänien liegt. Und ein dritter glaubte, ich wäre Tschechin.

Als ein weiterer Fahrer sich überhaupt nicht vorstellen konnte, wo ich her wäre, sagte ich ihm, daß ich Amerikanerin sei. Als er das hörte, erwiderte er: »Und ich komme aus Taschkent, und wir beide haben einen Akzent.«

Während er mir von den Gebräuchen in Taschkent erzählte, wies er darauf hin, daß sie sich von denen in Moskau unterschieden. Ich hatte das Gefühl, daß er sich selbst auch als Ausländer fühlte.

Die wenigen Fahrer, die meine Nationalität erraten hatten, verwickelten mich in höchst interessante Diskussionen.

»Es ist nicht Ihr Akzent und auch nicht Ihr Aussehen, was vermuten läßt, daß Sie Amerikanerin sein könnten. Sie könnten ebensogut aus dem Baltikum oder aus Georgien sein. Es ist Ihr Gesichtsausdruck, und es sind Ihre Augen. Sie sind frei«, sagte einer zu mir.

An dieser Stelle unterbrachen Rita und Kolja mich, um zu sagen: »Das ist doch genau das, was wir immer gesagt haben, aber du hast uns nicht geglaubt.«

Taxifahrer wiederholten oft Sätze, die ich von Freunden gehört hatte: »Die Amerikaner sind ähnlich wie wir. Sie sind offene, freundliche und einfache Menschen, und, was das wichtigste ist, sie haben eine Seele.«

Die lehrreichste und beunruhigendste Unterhaltung hatte ich mit einem Taxifahrer, der so aussah, als wäre er Anfang Zwanzig. Er sagte: »Wir mögen die Amerikaner und wissen wahrscheinlich mehr über Amerika, als sie über uns wissen. Wir können nicht ins Ausland reisen, und so müssen wir uns auf das Fernsehen verlassen. Obwohl unsere Auslandskorrespondenten Ihrem Land kritisch gegenüberstehen, sind wir nicht sehr an Politik interessiert. Darüber entscheiden die da oben«, und er zeigte in den Himmel. »Uns interessiert, wie Sie leben und sich kleiden.«

In den vergangenen Wochen hatte das Spätprogramm des Fernsehens Demonstrationen von Arbeitslosen in Amerika gezeigt und die Schlangen der Hungrigen, die vor den Kirchen auf

Essen warteten, und die bedürftigen alten Menschen, die durch die Straßen New Yorks zogen, Papiertüten in der Hand, um etwas Eßbares in den Mülltonnen zu suchen.

Darauf sprach mich der Taxifahrer an und sagte, daß er entsetzt sei und das für Propaganda halte.

»Wie ist es möglich, daß es so etwas in Ihrem reichen Land gibt?« fragte er ungläubig. »Bei uns muß jeder arbeiten. Einige arbeiten gut und andere schlecht, aber jeder bekommt sein Gehalt, trotz allem, und keiner muß hier verhungern.«

»Und«, fuhr er fort, »ich verstehe nicht, warum die Arbeitslosen demonstrieren. Sie sehen glücklich aus. Sie sind gut angezogen, und keiner ist hungrig. Wenn sie so gut ohne Arbeit leben können, müssen sie ja nicht arbeiten.«

Bis dahin hatte Schenja nur zugehört. Seine ruhige, ernüchternde Unterbrechung war nun willkommen: »Die sowjetische Propaganda richtet sich eindeutig gegen ein System wie zum Beispiel den Kapitalismus, aber nie gegen die Menschen oder das Volk. Warum richtet sich die amerikanische Propaganda nicht nur gegen das System, sondern auch gegen ein Volk? Präsident Carter hat das vorgeführt, als er den amerikanischen Sportlern nicht erlaubte, an den Olympischen Spielen 1980 in Moskau teilzunehmen. Einige unserer Freunde haben unser Land verlassen und leben jetzt in Amerika. In ihren Briefen schreiben sie, welche Schwierigkeiten sie am Anfang hatten und über die Vorurteile der Amerikaner gegenüber Russen, die jeden Russen für einen Kommunisten oder einen Spion halten. Wir sind Menschen, und das vergeßt ihr.«

»Ich möchte dies Land nicht für immer verlassen«, sagte Schenja. »Aber ich würde gern ins Ausland reisen und mir ansehen, wie die Menschen in anderen Ländern leben.«

»Aber da liegt ja die Gefahr«, unterbrach ihn Kolja, »und das ist der Grund dafür, daß wir nur die sozialistischen Länder besuchen dürfen, und das ist schon schwierig genug. Wenn du erst einmal anfängst, dein Leben mit dem im Westen zu vergleichen, wirst du nie wieder zufrieden sein.«

Das Läuten der Türklingel unterbrach unsere lange Frühstücksdiskussion, und wir waren alle erleichtert, daß wir das Thema wechseln konnten. Außerdem war die Zeit gekommen, zu der im Fernsehen ein Fußballspiel übertragen wurde. Während sich die Männer ins Wohnzimmer zurückzogen, um es sich anzusehen, begann ich, die Küche aufzuräumen. Etwas später kam Natascha zurück und erzählte mir, daß ein Milizionär dagewesen wäre, um das Sicherheitssystem zu überprüfen. Rowdies waren in mehrere Häuser in der Nachbarschaft eingebrochen, und vor einigen Tagen hatten sie vor einem ihrer Fenster ein Brecheisen gefunden.

Viele unserer Moskauer Freunde hatten Angst vor Einbrechern, und sie hatten deshalb für die Zeit, in der sie auf Urlaub waren, Alarmanlagen installiert. Diese Anlagen waren nicht teuer, aber wirkungsvoll, vorausgesetzt, sie wurden regelmäßg auf Defekte überprüft.

»Bei uns gibt es nicht so viele gefährliche Kriminelle wie angeblich in New York«, sagte Natascha. »Bei uns haben sie keine Gewehre oder andere tödliche Waffen. Manchmal stehlen sie, entweder weil sie betrunken sind oder weil sie Langeweile haben, aber es gibt auch Leute, die Geld brauchen, und die stehlen nur das, was sie auch verkaufen können.«

Nachdem der Mann von der Miliz wieder gegangen und das Fußballspiel zu Ende war, begannen wir, uns zu verabschieden. Aber wir durften nicht heimfahren, bevor wir nicht noch einmal ein anständiges Essen zu uns genommen hatten. Und so wurden die Speisen, die in den Töpfen auf der Veranda gekühlt wurden, aufgewärmt.

Wir begannen mit einer köstlichen, typisch russischen Pilz- und-Grütze-Suppe. Die Pilze stammten aus dem Garten und dem nahe gelegenen Wald, der ein gutes Revier für Schenjas Hobby, das Pilzesammeln, war. Dann gab es noch einmal Schachlik, und schließlich kam noch mein Lieblingsessen, Blinis (flache Pfannkuchen) mit Honig, auf den Tisch.

Das Essen, die Menschen und die Gespräche hatten mir ausnehmend gut gefallen, und ich bedauerte es, diese gelöste Atmosphäre verlassen zu müssen. Natascha schien das gleiche wie ich zu empfinden, denn sie sagte: »Ich wäre zufrieden und glücklich, wenn ich den Rest meines Lebens hier in der Datscha verbringen könnte. Hier habe ich Ruhe und Frieden.«

Schließlich war es Zeit zu gehen, und nachdem Schenja und Natascha mich umarmt und dreimal geküßt hatten, wie es alte russische Sitte ist, sagten sie, sie hofften, mich bald wiederzusehen, und daß ich zu jeder Tages- und Nachtzeit willkommen sei.

Ich war als Fremde gekommen und ließ neue Freunde zurück. Aus dem Autofenster rief ich ihnen zu, eines Tages würden sie hoffentlich in meiner Küche zu Gast sein können.

Als sie das hörte, winkte Natascha mir zu, lächelnd und mit Tränen in den Augen.

LOIS FISHER-RUGE

Alltag in Peking

Eine Frau aus dem Westen
erlebt das heutige China.
304 Seiten, zahlreiche Fotos, gebunden

»Lois Fisher-Ruges Buch vermittelt eine
so hautnahe Bekanntschaft mit chinesischen
Menschen, daß der Leser am Ende
eine konkrete Kenntnis von Land und
Leuten gewonnen hat.«
Werner Höfer

»Was wir wirklich entdecken müssen,
das ist der chinesische Mensch in seinen
Gewohnheiten, in seinem Alltag, in seinem
kulturellen Erbe. Niemand hat diese Aufgabe
seit der Machtergreifung Maos wohl
überzeugender gelöst als Lois Fisher-Ruge,
unter deren Feder ein lebendiges Bild
des Pekings von heute entsteht.«
Peter Scholl-Latour

ECON

Postfach 9229, 4000 Düsseldorf 1

Band 3061

Lois Fisher-Ruge ist sicher eine der ganz wenigen Frauen aus dem Westen, die das heutige China aus eigener Anschauung kennengelernt haben. Sie lebte mit ihrem Mann Gerd Ruge, einem der ersten westlichen Korrespondenten, dreieinhalb Jahre in Peking. Nach den ersten Monaten einer oftmals nicht leichten Umstellung in einer so fremden Welt wich das ursprüngliche Mißtrauen einer Faszination für diese vollkommen andere Gesellschaft und ihre Menschen.

„Über China sind Spekulationen immer noch leichter zu haben als Informationen. Am wenigsten weiß die Welt über die Chinesen selber, wie sie leben, denken, reden. Lois Fisher-Ruge vermittelt in ihrem Buch eine so hautnahe Bekanntschaft mit chinesischen Menschen, daß der Leser am Ende eine konkrete Kenntnis von Land und Leuten gewonnen hat."

(Werner Höfer)

Fischer Taschenbuch Verlag

Klaus Mehnert
Ein Deutscher in der Welt

Erinnerungen 1906–1981
Fischer

Band 3478

Alt genug werden und Muße finden, das Erlebte aufzuzeichnen, heißt zum zweitenmal leben. Mit einem Unterschied. In der Erinnerung erscheinen alle Farben heller. „Was vergangen, wird uns lieb", sagt ein altes russisches Sprichwort. Dieses Buch erzählt, wie der Autor schon früh auf den Weg eines Beobachters der Politik geriet, wie er, einen roten Koffer und eine Schreibmaschine in der Hand, rund hundert Staaten besuchte, sechzehnmal um die Erde reiste und was er dabei erfuhr. Der rote Faden ist durchweg die Weltpolitik, also nicht das Reisen an sich, erst recht nicht das Reiseabenteuer, dieses allenfalls als Nebenerscheinung.
In seinem Buch will der Autor weder ein intimes Porträt seiner selbst zeichnen, noch zu den vielen Weltgeschichten der letzten 75 Jahre eine weitere hinzufügen. Vielmehr möchte er zeigen, wie ein Deutscher die Weltpolitik unserer Zeit erlebte, der nicht als Kaufmann durch die Länder fuhr, auch nicht als Tourist, sondern als einer, dem das politische Beobachten zum Beruf wurde.

Fischer Taschenbuch Verlag

**Barbara Tuchman
In Geschichte
denken**

Essays ❋ Fischer

Band 4304

Geschichte aufzuarbeiten, in Geschichte zu denken, ist eine existentielle Notwendigkeit der Menschheit. Nur so wird sie es lernen, zumindest ihre monströsesten Irrtümer nicht zu wiederholen.
Die Autorin teilt die vorliegende Essay-Sammlung in drei Bereiche auf: Am Anfang stehen Arbeiten über ihr Handwerk als Historikerin, in denen sie über Mittel und Methodik berichtet. Im zweiten Teil entfaltet sie ihre Methodik und erzählerische Meisterschaft am speziellen Stoff. Im dritten fragt sie, ob und inwieweit es möglich ist, aus der Geschichte Lehren für die Zukunft zu ziehen.
Im Vordergrund des historischen Denkens der Autorin steht immer, was sie »Unerkennbare Variable« nennt, der Mensch.
Bei aller Skepsis ist die Autorin der Meinung, daß die Beschäftigung mit der Vergangenheit Orientierung stiften kann im gegenwärtigen Handeln: „Es das nächste Mal besser zu machen, steht in unserer Macht; die Zukunft vorauszusehen anscheinend nicht."

Fischer Taschenbuch Verlag